評価規準と評価基準表を使った授業実践の方法

ポートフォリオを活用した教科学習、総合学習、教師教育

安藤輝次 編著

黎明書房

はじめに

　2000（平成12）年12月の教育課程審議会答申以来，"絶対評価"が注目され，"自己評価"にも目が向けられ始めました。翌年4月の指導要録改訂に伴って，通信簿も変わらざるを得ません。今や"学びの過程"が重視されるようになる中で，新しい評価の在り方が重大な関心事になっています。そのような状況を反映してでしょうか，最近，学校の先生方から次のような声が聞かれるようになりました。

　Ⓐ　全国の評価規準を参考にして学校で評価規準を明確にするようにいわれていますが，各教科それぞれの時間について作成していくことは時間と労力のいることだと思います。

　Ⓑ　観点ごとの評価規準が具体性に欠けるため，ペーパーテストの数値化されたデータに頼りがちになってしまいます。

　Ⓒ　教科のテスト等成績が点数となって表されるものは絶対評価で評価していけますが，歌唱，絵などの表現技能についてはどのように評価したらよいのかわかりません。

　Ⓓ　どこまでできたら評価規準を達成したかという絶対評価の線引きが，教師の間でまちまちになっています。

　Ⓔ　児童の意欲や態度を活動の様子から評価する場合，教師の主観によって評価が変わる可能性があります。

　本書は，これらの声を真正面から見据え，その誤解を正したり，解決策の提示として豊富な実践例を紹介すると同時に，新しい評価観に基づく力量形成の具体的な方法を示しています。私たちは，総合的な学習を支持しますが，イベントや活動だけの総合的な学習は否定してきました。読書算に関するドリル学習も取り入れていますが，それだけで十分とは考えていません。教科の学びを生活に関連付けたり，応用することを重視しています。もっと実験や観察をさせる必要があると思います。そして，子どもの学力を保障し，個性的な学びを生かすのがポートフォリオを活用した"教科総合学習"ではないかと考えています。

　さて，Ⓐに関しては，評価規準の重要性を理解することから始める必要があります。「いわれたからやる」のではだめだということは，日頃から子どもにいってきた言葉でしょうが，先生の学びでも同じです。本書では，様々なワークショップを通して，その学びの疑似体験をすることができます。なお，Ⓐのように教科の授業時間ごとに評価規準を位置付けると，子どもの反応に応じた柔軟な展開ができません。子どもと一緒に評価規準を創らないと，労力ばかりを要して「評価のための評価」に陥ってしまいます。注意したいものです。

　私たちの授業実践を通して断言できることですが，できるだけ息長く使えるような一般的な評価規準を採用し，それを学習指導要領の目標や内容に位置付けておくことが大切です。そして，本書で提案している「書き方」のように，教科や学年や校種を通した評価規準や評

価基準表があれば，一層強力な評価と学びの連動を生み出しうるのではないかと思います。

　Ⓑに対しては「数値化されたデータが子どもの学びのすべてを反映していますか」と問いかけたいと思います。確かにペーパーテストは浅い知識を測定するには便利ですが，思考・判断や関心・意欲・態度の評価には不向きで，Ⓒのような技能の評価にも適していません。

　ではどうするかというと，ポートフォリオを採用することです。そして，どの教科でも多様な評価規準を設けて，ペーパーテストだけでなく，子どもの学びの過程で生み出されてきたものを通して，そのつどの学びを評価していくことです。私たちが推奨しているポートフォリオは，単に子どもが学んだものをファイルしたものではありません。それは，テストだけでなく作品（下書きを含む）や記録などを総合的に振り返って評価し，その「できること」を足場にして次に「できそうなこと」に挑戦するための作戦基地です。

　確かにⒹのように，評価規準を設定しても，それだけでは絶対評価はできません。しかし，Ⓒのように，テストでしか絶対評価できないという考え方は間違いであって，評価規準の学びのレベルを質的に記述した評価基準表を使えば，絶対評価をすることができます。本書の第Ⅰ部のワークショップで評価基準表の意義を体感した後，第Ⅱ部に紹介した評価基準表を使った実践例をお読みになって，ご自分の実践の参考にしていただければ幸いです。

　私たちは，Ⓔの関心・意欲・態度の評価については慎重なスタンスを取っています。情意面は，感想文で書いてあったからとか挙手の回数で評価するのは間違いです。それは，発展性のある課題を設定し，長期的な学びの中で多様な形で現れるものではないでしょうか。子どもの自己評価や保護者などの他者評価を絡めて評価に客観性をもたせなければなりません。とすれば，その道具としてポートフォリオが必要なことは明らかでしょう。

　以上の説明では「まだわからない」とか「ちょっとおかしい」と思われる方は，本文の関係箇所を読んでいただければ幸いです。本書は，私自身の大学での実践や教職員向け研修を念頭に置き，小中学校や養護学校の実践から学んだりしながら，理論化したものですが，解明しきれていない部分もありますし，私たちの見過ごしている事柄もあるでしょう。そのような点に関して，忌憚のないご意見・ご批正をいただければと思います。なお，文中の子どもの名前は仮名です。

　私とポートフォリオとの出会いは，研究室に所属していた現職大学院生の修士論文指導からでした。当時の早川きよみ校長先生（福井県森目小学校）の支えもあって，小さな研究の輪から本書に寄稿していただいたような大きな輪が生まれました。その間，私自身，多くのことを学ばせていただきました。心から感謝しています。

　なお，本書を編むにあたって，黎明書房の武馬久仁裕社長や編集部の都築康予氏にはいろいろお世話になりました。本当に有難いことです。御礼申し上げます。

　　2002年1月

　　　　　　　　　　　　　　　　　　　　　　　　　　　　　　　安　藤　輝　次

目　次

はじめに　1

第Ⅰ部　絶対評価と個人内評価の両立

第1章　21世紀の学習観と評価観へシフトせよ …………… 6

1　わかっちゃいるけど　6
2　自分の評価観をチェック　7
3　課題と評価は表裏一体　10
4　「幸せなら手をたたこう」をやってみよう　13
　　——「評価とは何か」を学ぶゲーム——

第2章　ポートフォリオで本物の学びを支える …………… 19

1　子どもあっての学校　19
2　本物の学びと評価の必要性　20
3　総合的な学びのモデル　23
4　ポートフォリオとは何か　25
5　「小さいことは，いいことだ」をやってみよう　27
　　——「プロジェクト学習」を体験するゲーム——

第3章　評価規準と評価基準表の創り方と生かし方 …………… 36

1　身近にある評価規準　36
2　絶対評価を可能にする評価基準表　39
3　「小さいことは，いいことだ」で評価規準と評価基準表を創る　41
4　「クリスマスケーキを食べよう」で課題特定的評価基準表を学ぶ　45
5　「できない，良くなった…」で実感する最強の評価基準表とは　51

第4章　評価を活用した授業実践と評定法 ……………………………… 60

1　私たちの授業実践の到達点と課題　60
2　エントリー・ポイントによる学びへの可能性の拡げ方　67

第Ⅱ部　評価事例集

第5章　小学校と養護学校におけるポートフォリオ実践 ……………… 80

1　1年算数ポートフォリオで振り返って学ぶ　80
2　算数と総合的な学習を関連付ける　89
3　自己評価で進める総合的な学習　101
4　ポートフォリオで子どもの健康教育を　112
5　養護学校におけるポートフォリオ検討会　122

第6章　中学校におけるポートフォリオ実践 …………………………… 130

1　評価基準表づくりとその効果　130
2　評価規準の理解を徹底する授業　142
3　評価規準づくりを通して地理の学習課題を吟味する　146
4　評価基準表を使って評定する　156
5　評価規準で「読む」と「書く」活動をつなげる　161
6　単元統合した理科ポートフォリオの実践　170
7　美術ポートフォリオで創ってつなげる　181

第Ⅰ部

絶対評価と個人内評価の両立

第1章 21世紀の学習観と評価観へシフトせよ

1 わかっちゃいるけど

　「結局，教師の学習観や評価観がなかなか変わらない。それが一番の問題です。今回の通信簿を少しずつ先生の使いやすいように手直ししていきたいと思います。」
　最近，通信簿を学期ごとではなく9月と2月の年2回に分けて渡すように変更した福井県中名田小学校の森下博校長先生は，このような決意を述べました。通信簿改革のことを2001（平成13）年7月17日付けの「よみうり教育メール」（http://www.yomiuri.co.jp/kyoiku/02a/2001071/wm01.htm）を通して知っていたので，10月になろうという頃に「どうですか？」とおたずねした時のことです。
　教育メールによれば，この小学校では，例えば「体育では『25メートル泳げたか』などの具体的な項目を挙げ，目標に到達していれば全員に『3』の評価を与えるなど，絶対評価の要素を加味した」といいます。つまり，通信簿には，教師が単元ごとに何をねらったのかという項目を載せ，そこでの子どもの学びに対する評定を記しています。したがって，通信簿は，毎回新しいものを用意しなければなりません。学習した単元が違うからです。1学年1学級の小規模校なので，同じ学年の異なる学級間の格差を調整する必要もありません。そして，通信簿は，子どもに渡すだけでなく，教師自身の指導の効果を確かめるためにも役立てようというねらいも込められています。教師の授業改革まで視野に入れているのです。
　2002（平成14）年度からは，学校週5日制が完全実施され，すべての土日が休みになり，そのために3学期の授業日数が約50日程度まで減ってしまうので，このような工夫をした学校も増えるかもしれません。しかし，どうも校長先生が期待するほどには，学校の先生の意識がすぐには変わっていかないようです。
　確かに，2000（平成12）年12月に教育課程審議会が答申「児童生徒の学習と教育課程の実施状況の評価の在り方について」を提出して以来，新しい学習観や評価観に転換する必要性が強く叫ばれるようになってきました。各地の評価の研修会も花盛りです。そして，翌年4月に文部科学省が指導要録改訂の通知を出してからは，いよいよどのような通信簿にするのかということが差し迫ったことになってきました。
　前述の小学校の先生たちもこれらの答申や通知を読み，新しい学習観や評価観とは何かと

第1章 21世紀の学習観と評価観へシフトせよ

いう理解はしていたはずです。しかし，教師の意識は，これらの答申や通知を読んだり，新しい学習観や評価観に関する講演などの話を聞いただけで容易に変わるものではありません。このような改革を行っている先進校でさえ，教師が新しい評価観や学習観について「頭で理解していても，行動が変わる」までにはなかなか至りません。

お話としてはわかっちゃいるけど，実際にはこれまでの評価観や学習観に基づいて子どもの学びを評価したり，通信簿などの評定を下したりしがちです。子どもだけでなく教師も本を読んだり，話を聞くだけでなく，実際にやってみて，試行錯誤を繰り返すことによって物事を本当に深く理解するようになるものです。

とはいえ，このような評価や評定に関わる改革の取り組みは，今まさに始まったばかりです。この分野の先進校でさえ，まだ試行錯誤の段階で成果を世に問うまでには至らない学校も多いのです。したがって，ほとんどの教師の評価や学習に対する考え方は従来通りというのが実情です。

2　自分の評価観をチェック

「よく知っている」と思っていても，何かの拍子に「実はあまり知らなかった」という経験をした人は，少なくないでしょう。【問1】は，そのようなきっかけになることを期待して作ったものです。評価先進校の先生にとっては，簡単すぎるかもしれませんが，満点をとるのは難しいと思います。まず，自分自身の評価観をチェックすることから始めましょう。

【問1】　教育課程審議会答申（2000年12月4日）や文部科学省の指導要録改訂の通知（2001年4月27日）の中で打ち出された考え方は，次のうちのどれでしょうか。該当する番号に○をつけてください。
(1)　学力は，知識の量だけでなく自ら学び自ら考える力などの「生きる力」によって捉える。
(2)　子どもの通信簿は，他の子どもの成績と比べて小学校中学年からは3段階，中学校は5段階で評定する。
(3)　評価は，目標や内容の検討の頃から考慮する。
(4)　子どもが物事を理解しているかどうかは，書かせるか話させるだけでわかる。
(5)　総合的な学習の評価は，各学校で指導の目標や内容に基づいて定めた「観点」を設け，それぞれの観点にそってどのような力が身に付いたかを文章記述する。
(6)　評価は，どの教師でも同様に実施できるような共通の手順にそって整然とやっていく。
(7)　子どもの学習の到達度を評価するための評価規準，評価方法等は各学校で研究開発する。
(8)　観点別学習状況の評価をどのように評定に総括するのかの具体的方法については，

各学校によって工夫する。
(9) 考え方の評価は,「高める」とか「豊かにする」という表現で示す。
(10) 何をどのように評価したのかということは,教師が責任をもって行うべきで,保護者や子どもにまで知らせる必要はない。

　さて,どれだけ○をつけましたか？　ちょっと意地悪い"ひっかけ問題"もありますので,この問題で8問ぐらいできれば,合格です。教育課程審議会答申や指導要録改訂の通知は,文部科学省のホームページの「報道発表一覧」の項目をクリックすれば,手に入れることができます。詳しくは,それをご覧になって確かめてください。
　(1)は,1991(平成3)年の指導要録改訂に関わって「新しい学力観」を示した中で学力には「生き方」まで含むと明言したことを今回の答申でも継承したものです。(3)は,答申では,「指導と評価の一体化」という表現で述べられていますが,そのためには,目標や内容を検討する時から評価をどうするのかということを考えざるを得ないということです。したがって,(1)と(3)は○です。それに伴って「評価が児童生徒の学習の改善に生かされるよう,日常的に児童生徒や保護者に学習の評価を十分説明していくことが大切である」と述べていますので,(10)は間違いです。
　(2)は,答申では,従来は評定では相対評価,観点別学習状況の評価は絶対評価という「絶対評価を加味した相対評価」の考え方を取っていましたが,これからは評定においても目標に準拠した評価(いわゆる絶対評価)に転換することをはっきりと打ち出していますので間違っています。(4)は,答申において「学習活動の特質に応じ,学習過程における児童生徒のレポートや作品など具体的な事例を保存し,学習の進め方などの指導に役立てる評価も有効であると考えられ」としているので,これも間違いです。
　(5)は,正しいように思いがちですが,答申の「指導要録の取扱い」のところで,総合的な学習の時間では,「『学習活動』を記述した上で,指導の目標や内容に基づいて定めた『観点』を記載し」と述べています。つまり,(5)では,総合的な学習の時間では「学習活動」の記述が抜けているので正解ではありません。
　(6)については,前述の(4)の「レポートや作品などの具体的な事例を保存し」というポートフォリオ的なアプローチの仕方を考えれば,マニュアル化された評価法で「整然とやっていく」ことなどはないということがわかるはずです。(7)は,国立教育政策研究所の教育課程研究センターや都道府県や市町村の教育センターまたは教育研究所,あるいは教員養成大学・学部等の「関係機関」において「評価規準や評価方法等の研究開発を行い,各学校の評価活動を支援する」としています。学校レベルでは,それを参考にして「評価規準の改善を図ること」が望まれています。したがって,(6)と(7)は間違いです。
　(8)は,今回改訂された指導要録で,小学校でも中学校でも,評定は「各教科の学習の状況を総括的に評価するもの」,観点別学習状況で掲げた観点は,「分析的な評価を行うもの」

第1章　21世紀の学習観と評価観へシフトせよ

と区別し，観点別学習状況の評価から評定への総括の仕方は，各学校に委ねられています。したがって，これは○です。

観点別学習状況の観点は，従来と同じ「関心・意欲・態度」「思考・判断」「技能・表現」「知識・理解」の4観点であり，高校では，「各教科の評価の観点及びその趣旨を示しているので，この観点を十分踏まえながらそれぞれの科目のねらいや特性を勘案して具体的な評価規準を設定する」として小・中学校より学校裁量の余地を広げています。

ところで，戦後初期の学習指導要領の教育目標では，「『豊かにする』とか『高める』といった指導のめあてが多く，これらは目標を具体的・実体的にではなく，方向を連続性において示す点に特徴をもっている。そしてこのことが，教育評価の改善を困難にする大きな要因であったし，指導要録や通信簿に五段階相対評価法を導入せざるを得ない要因の一つになった」（天野正輝『教育評価史研究』東信堂，1993年，286頁）といいます。このような問題を解消し，いわゆる絶対評価を徹底させるためには，評価規準の質的レベルを表にして示した「評価基準表」を採用しなければなりません。今回の答申では，「評価規準，評価方法等」という表現しかしていませんが，この「等」の中に評価基準表を含めて考えてよいでしょう。したがって，(9)は間違いです。

要するに，正解は(1)(3)(8)で，その他はすべて間違いということです。しかし，【問1】があまりよくできなかったからといって，がっかりする必要はありません。第Ⅱ部に紹介するように，具体的な実践例を通して，評価規準や評価基準表をどのように使うのかということがわかれば，【問1】は簡単に答えることができるようになります。

ここでは，とりあえず教育課程審議会答申や指導要録改訂の要点をまとめて整理しておきましょう。なお，「通信簿づくりのポイント」は，関連文献（小島宏編『小学校通信簿作成の手引き』明治図書，2001年，43頁）も参考にして作成したものです。

教育課程審議会答申（2000年12月）
これからの評価の考え方
①学力を知識の量のみでなく自ら学び自ら考える力など「生きる力」でも捉える。
②絶対評価を重視し，個人内評価を工夫する。
③指導と評価の一体化を図り，子どもや保護者に学習の評価を十分に説明する。
④子どもの成長の状況を総合的に評価する。
⑤評価について教員間の共通理解を図り，自己研鑽に努めて，専門的力量を高める。

教育課程審議会答申（2000年12月）
学習状況を客観的に評価する方策
㋐ 評価基準・評価方法等を，関係機関において研究開発する。
㋑ 各教科の評価基準は，「関心・意欲・態度」「思考・判断」「技能・表現」「知識・理解」の4観点に基づいて研究開発する。
㋒ 評価事例集を作成したり，各県で評価に関する研修を充実する。
㋓ 学校では，評価の校内研究・研修を行う。

小・中学校の指導要録 の改訂個所 (2001年4月27日)	通知表づくりのポイント
・各教科の評定は，指導要領に示す目標に照らして実現状況を評価する。 ・総合的な学習は，学校で評価の観点を定め，文章記述する欄を設ける。 ・「生きる力」の育成を踏まえて，「行動の記録」の項目を見直す。 ・成長の状況を総合的にとらえる工夫ができるように，所見欄等を統合する。	・励ますための評価。　・個人の進歩や良さを評価する。 ・家庭と双方向性を。 ・発達に応じた評価。　・数字や記号だけでなく文章記述も。 ・観点別学習状況を。 ・達成状況のわかる評価。　・保護者への面談の活用。 ・日常の具体的な行動や事実を記載。　・子どもが目当てをもてるように。

3　課題と評価は表裏一体

　ちょっと大げさな言い方かもしれませんが，20世紀は，教師が「やった，やった，やった⇒できた⇒よかった」という「教授」の時代であったと思います。例えば，ヘルバルト派の教授5段階説（予備，提示，比較，概括，応用）が学校で広く採用され，最終的には導入，展開，結末というような段階に帰着しました。戦後，学習という考え方が強調され，今でも教師用指導書などで，「つかむ⇒しらべる⇒まとめる」などの学習段階が使われていますが，それも現実には，子どもにあれこれを学ばせるために，教師が「これを用意してやった，あれも用意してやった」とお膳立てをするという教授の段階にすぎないように思います。

　他方，21世紀は，学び手が「できない⇒やった⇒よくなった」に代表される「評価」の時代でしょう。子どもが「できない」ということがわかるためには，教師は，一人ひとりの子どもの学びを評価する必要があります。ところが，「できない」という理由には，その子どもの意欲とか動機付けのような情意面が影響している場合も少なくないのです。とすれば，教師は，単に新しい学習に入る前に診断的評価をすればよいのではなく，子どもの学びの過程を普段から評価しなければなりません。教育課程審議会答申にいうように，自ら学び自ら考える力など「生きる力」の育成に伴う「過程評価」が求められているのです。さらに，この「学び手」には，教師も含まれます。つまり，教師自身も絶えず自分は何ができて，何ができないのかと問いかけ，力量形成を重ねていかなければならないということです。

　したがって，私たちは，20世紀のような教授段階のモデルではなく，学びの過程のモデルを描く必要があります。そして，教師があれこれと資料を提示したり，学びの機会を設けるのではなく，子どもが失敗をしたり，自ら学び考えるような展開にするためには，そのきっかけを与える課題とはどのようなものかということを明らかにしなければなりません。教師が示した「課題」を基にして，子どもは，自分で解けるような「問題」に作り直して，自分

第1章　21世紀の学習観と評価観へシフトせよ

なりの学びを推し進めていくのです。このような課題と評価の関連について、次の中学校理科の具体的な課題を通して考えてみましょう。

> 【課題1】　工場でお中元向けのドリンク・セットを出荷しようとしたところ、炭酸入りの缶ジュースに不良品があることが判明しました。このセットには、同じ材質の缶で同じ容積のジュースも含まれていましたが、悪いことは重なるもので、一部のジュースは、炭酸入りジュースの缶に間違えて詰めてしまう間違いまでしていることがわかりました。それで、果汁のみのジュース缶と炭酸入りジュースの缶を緊急に判別する必要に迫られました。どうすればよいのでしょうか？

　この課題は、現実にも起こりそうであり、切実な解決を迫られるものです。その解決法を見出すためには、まず「炭酸水とは何か」ということから明らかにしなければなりません。確かに、本から調べるのが常套手段です。炭酸水は、水に圧力を加えて二酸化炭素を加えて溶かしたものであるという知識を得ます。しかし、それだけでは、この課題を解決できません。そこから何が本当の問題かということを見つけ出さなければなりません。それがはっきりすれば、半ば解けたも同然です。このような特定の目的にそって計画し、実行する学習を"プロジェクト学習"と呼びます。

> 【課題2】　果汁のみの缶ジュースと炭酸入りの缶ジュースがある。それを水に入れれば、どのようになるでしょうか。次の中から選びなさい。
> 　　①　どちらも沈む。
> 　　②　どちらも浮かぶ。
> 　　③　果汁のみの缶ジュースだけ沈む。
> 　　④　炭酸入りの缶ジュースだけ沈む。

　この仮説実験授業風の課題を読んで、【課題1】の答えのヒントは、水に入れることではないかと思う人もいるでしょう。確かに、その通りですが、では、【課題2】の答えは、どれでしょうか。ちょっと考えてください。

　結論からいうと、多くの人が、③の果汁入りジュース缶は沈んで、炭酸入りジュース缶は浮くと解答しがちです。「じゃあ、やってみよう」ということで、実際に2種類の缶を水に入れると、④の炭酸入りジュース缶だけが沈むのです。子どもたちに選択肢を選ばせ、その根拠を話し合った後、実験というパフォーマンスで検証する授業です。

> 【課題3】　夏季キャンプにいって、何本かの缶ジュースを冷やすために、川の水に浸しておいたところ、炭酸入り缶ジュースだけが沈んで、果汁入りジュースは浮いたのを見て、「不思議だなあ」と思いました。

　缶ジュースの中には、浮かぶものと沈むものがあるということは、誰しも生活の中で経験的に知っているでしょう。【課題3】では、浮かぶのが果汁入り缶ジュースであると限定していますが、そこまでわかって「不思議だなあ」と思っても、それ以上の追究はしないこと

が多いようです。現実的には起こりうるが、切実性の乏しい課題です。

【課題4】 次の空所に適切な言葉を入れなさい。			
二酸化炭素の特質			
性　　質	色	(1)	
	におい	(2)	
	その他	(3)	
集め方		(4)	

　これこそ教科書を読めば簡単に解けます。教科書では、二酸化炭素について、酸素や窒素や水素など他の気体と一緒に説明されていて、単元末にそれぞれの気体の特性をまとめた表が載せられています。それを見れば、(1)と(2)は「なし」、(3)は「空気より重い（空気の1.5倍の重さ）」「水溶液は酸性で、石灰水を白くする」、(4)は「水上置換と下方置換」ということがわかります。しかし、【課題4】は、現実的にある状況を設定したのでもなく、子どもがどうしても解かなければならないという切実性もありません。子どもは、このような課題がペーパーテストに出るから勉強しているにすぎないのです。

　以上のように、現実性と切実性の点から4種類の課題が考えられます。そして重要なことは、課題の種類によって、知識・理解の深まりの度合いも異なり、知識・理解の評価方法も異なるということです。

　例えば、【課題4】は、教師が説明し、子どもが聞くという伝統的な授業の中で生まれたもので、ペーパーテストのみで知識・理解を測ろうとします。しかし、国際教育到達度評議会（IEA）の第3回調査によれば、わが国の子どもは、理科の知識や概念は国際水準より上だが、生活への応用面が弱く、興味関心は最低レベルであるということです。本来、知識・理解は、情意面をも含み、その領域に特有な知識が豊富になってこそ深まっていくものです。とすれば、【課題4】は、浅い知識・理解に留まっているといわなければならないでしょう。

　【課題3】のような場面は、小学校生活科では見られるかもしれませんが、たいていは日常生活で遭遇するのであって、なかなか意図的な教育作用を及ぼすことが難しいはずです。したがって、知識・理解の評価は、教師がそのつど子どもにたずねて、気付いたことをメモすることになりますが、質問を重ねれば、案外深く考え、理解しているかどうかを評価できます。ただし、多数の子どもに一斉に実施することは困難です。

　【課題2】の答えは、4つの選択肢の中に必ずあります。そのことによって子どもの注意を集中させ、教えたい内容に到達させることができます。知識・理解も討論の様子や事後の感想文を通して比較的深いところまで知ることができます。しかし、子ども自ら解答の選択肢を作ったのではありませんから、学ぶ意味付けも弱いものです。

　結局、深い知識・理解まで評価するには、【課題1】のようなプロジェクト学習が必要になります。子どもは、教師が提示した複雑な現実的状況の中で、何が問題かということを見

極め，振り返りながら解決策を協働で探っていく。ここには，炭酸を学ばなければならない意味付けがあります。もちろん，教師は，追究の段階で，基礎的な知識・理解を問うテストを実施してもよいのです。しかし，子どもは，皆で試行錯誤を繰り返し，その特定の範囲内の知識を丹念に洗い出し，缶を水に入れて実験して確かめる過程で，「炭酸とは何か」ということを本当に理解するようになるのです。

　そのような知識を構成し，深い理解にまで導くための課題は，本質的な概念に関わっており，学問追究と同じような過程をたどり，しかも複数のアプローチが可能で，他の問いにまで発展し，子どもの発達から見ても適切でなければなりません。そして，これらの学びを評価するためには，学びの過程で生まれた記録や振り返りなどあらゆる学習物等を含めたポートフォリオが不可欠です。ただし，これには，多くの時間を要するので，総合的な学習とタイアップして実施するような工夫が必要でしょう。

4　「幸せなら手をたたこう」をやってみよう
――「評価とは何か」を学ぶゲーム――

　教師は，子どもに何かを話すのが商売だと思っている人は多いのですが，子どもの話を聞かなければ話せないということを知っている人は少ないようです。というのは，教科を教える際に，その内容である知識や技能を「どのように」伝達するのかということばかりに関心が向いているからです。具体的に言えば，限られた時間内にこの知識や技能を教えるためには，どのような発問や資料が必要で，それをどのような手順で進めていくのかということのみに考えを巡らせがちです。時には，「どうしてこれを教えなければならないのか？」と考えることもあるかもしれません。しかし，やや辛口の表現ですが，「自分のやっていることは正しいのだろうか？」と振り返ってじっくり考えるような教師は少ないように思います。

　「皆さん，笑っておられますが，このようなことは，ご自分の授業でも，成績をつけたり，テストをする際にやっているんじゃありませんか？」

　このように言うと，先生方は一斉にシーンとなりました。これは，石川県金沢市の小立野小学校で行った「幸せなら手をたたこう」と題するワークショップでの話。

　このワークショップは好評で，全国各地で，あるいは，私の大学の公開講座で教職員を対象にもう十数回はやってきました。そして，「子どもの立場になってはじめて評価の大切さや恐ろしさに気付いた」とか「評価規準の必要性が一発でわかった」という声が数多く寄せられています。これは，アメリカの教員研修で考案された活動（See Northwest Regional Educational Laboratory, *Improving Classroom Assessment*, Regional Educational Laboratory Network, 1998, Activity 1.3.）を原型にして，実践を繰り返しながら修正し，改良をしたゲームですが，次の手順にそって一度やってみてください。なお，以下に紹介するどのワークショップにおいても，パソコンのプロジェクターまたはOHPの設備が必要です。

1

ロールプレイング・ゲーム
「幸せなら○○○○こう」

安藤　輝次（福井大学）

2

ロールプレイング・ゲーム
「幸せなら手をたたこう」

目的
・「評価とは何か」ということがわかる。
・良い評価や悪い評価が子どもに及ぼす影響についてわかる。

3

「幸せなら手をたたこう」の
場面設定

最低人数：
進行係1名
評価者3名
子ども役4名

進行係
評価者A　　子ども1
評価者B　　子ども2
評価者C　　子ども3
評価者D　　子ども4
評価者E　　子ども5
観客

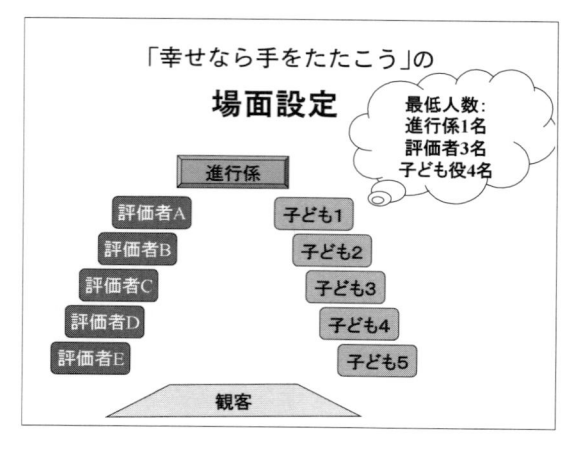

1 まず、「幸せなら○○○○こう」とリズムをつけていうと、参加者からはほぼ間違いなく「手をたたこう」が出てきます。

参加者全員の人数分の机と椅子、評価者の人数分の筆記用具と紙片を用意するだけで簡単にできます。Simple is Bestで効果絶大！「このゲームで評価規準の重要性がわかった」という声が多数寄せられています。

参加者は、最低8名は必要で、最大60名以内、時間は、およそ1時間を要します。ただし、最後の活動を省略すれば、45分で終了します。

2 最初に、「評定」とは、通信簿に代表されるような学期末や学年末の総括的評価であり、「評価にはもっと広い意味がある」といってください。良い評価や悪い評価は、子どもの頃に気付いていましたが、先生になると、子どもの立場で評価を考えることは少ないかもしれません。ここでは、そのような経験を思い出したり、新たに気付くことを目的としています。

また、隠されたねらいとして、評価規準の重要性があるので、「実は、もう一つ大切な目的が隠されています」といっておいてください。

3 左のような形に机と椅子を配置しましょう。そして、自発的にワークショップで実演しようという参加者10名（または、吹き出しに示すように最小グループの場合には8名）に自由に席についてもらってください。

あなたは、進行係です。そして、他の人は、「観客」となって、進行係からの「質問に答えていただくかもしれません」とお願いしておいてください。

そして、図の左右どちらかの列の人に「子ども役がいいか、先生である評価者がいいか」とたずねてください。役柄を決めます。

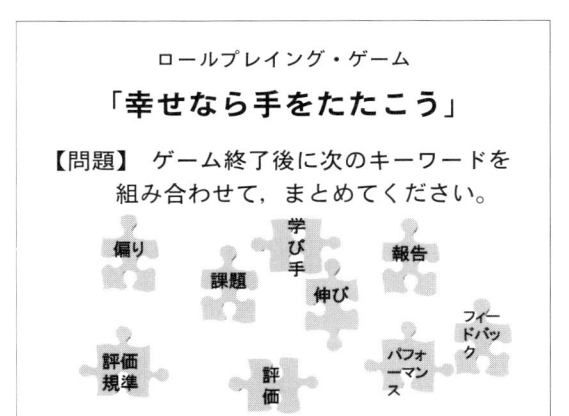

第1章　21世紀の学習観と評価観へシフトせよ

4

ロールプレイング・ゲーム
「幸せなら手をたたこう」

【問題】　ゲーム終了後に次のキーワードを組み合わせて，まとめてください。

（パズルピース：偏り／学び手／課題／伸び／報告／評価規準／評価／パフォーマンス／フィードバック）

5

基本用語

【パフォーマンス】
　物事を深く理解したり，習得するためにやり抜く行為やそこでの表現のこと。
【評価（アセスメント）】
　学び手が知っていることやできることに関する情報を集めること。
【フィードバック】
　何を学んだかについての情報を次の学びに生かすための調整活動のこと。

6

「幸せなら手をたたこう協会」の
評　価　規　準

　◇音　　量
　◇適　切　性
　◇創意工夫

4 観客が，見ているだけのお客さんにならないようにするために，ゲーム後に左の用語を関連付けて説明する課題を与えておきましょう。

　まず，評価は，特定の「課題」に照らして「伸び」ているかどうかを「評価」するものです。その際に「評価規準」が問題になります。「学び手」は，普通は「子ども」ですが，教師用ポートフォリオでは「教師」になります。「報告」は，通信簿や懇談会やポートフォリオ検討会のことです。評価に「偏り」が生まれるのは，先入観やテスト不安がある場合です。

5 基本用語の中で「パフォーマンス」とは，例えば手をたたくことであり，「評価」と通信簿をつける評定とは違うという点を確認してください。

　その後，子ども役に精一杯うまく手をたたくようにイメージさせてください。

　そして，子ども1に手をたたく状況を説明させた後，手をたたかせ，評価者に5点満点（小数第2位四捨五入）で評価してもらった後，同様のやり方で次の子ども役に移ってください。なお，集計には電卓があれば便利です。

6 子ども1の評価規準はバラバラですから，子ども2が手をたたく前に，評価者全員に左の規準を示します。「音量」は，大きければよいとは限りません。手をたたく場面にふさわしいという「適切性」と関連しています。手をたたく際の「創意工夫」があるか否かも規準とします。

　子ども3では，評価規準を評価者と共有して手をたたかせます。子ども4は，3つの評価規準に希望に応じた傾斜配点をしたり，第4の評価規準があれば加えることを認め，子ども5には，1回目に手をたたいた後，採点と講評を受け，もう一度手をたたく機会を与えます。

7

> **【討論】次の問題を考えてみよう**
>
> 子ども役に対して
> (1) 手をたたく前や後に，どう感じましたか？
> (2) 評価者に対してどのようなことを求めたい（知りたい）と思いましたか？
>
> 評価者に対して
> (3) 一人ひとりの子どもの評価についてどのように思いましたか？
> (4) 他の評価者の評価結果に影響を受けましたか？
> (5) どのような点を注意したり，改善したいですか？

7 子ども3の時に，子ども役や評価者の人に左のスライドにあるような質問をしなさい。

　子ども1から子ども5に移るにつれて，評価規準が明らかにされ，テスト不安も少なくなり，評価者の偏り（バイアス）も取り除かれる様子がわかるはずです。この場面で笑いも起こるでしょうが，「評定のための共通の評価規準を持っていますか」「教室の子どもがこのようなことを感じていないって自信をもっていえますか」と問いかけると，「ハッ」とする先生方が多いはずです。

8

> **まとめ**
>
> 【自由勝手型】とにかく子どもにやらせてみて，勝手に評価する。
> 【規準確認型】評価者の間でのみ評価規準を話し合って，共有する。
> 【規準提示型】子どもが評価者から評価規準を教えてもらって，やってみる。
> 【相互合意型】評価のための規準を子どもと話し合い，子どもがやってみる。
> 【評価再挑戦型】子どもがやってみて，評価情報を得た後，もう一度やってみる。

8 「手をたたこう」のゲームが終わった後，まとめをします。左の評価型の特徴付けは，子ども1から子ども5に対応しています。

　【自由勝手型】は，総合的学習でも見られる評価不要論にも繋がります。それは，評価者でさえ安定した評価ができないので，少なくとも【規準確認型】が必要で，子どもの意欲付けも考えれば【規準提示型】を採用すべきでしょう。そして，できれば【相互合意型】にすれば，自学の要素も増えます。そして，本来の学びの姿である【評価再挑戦型】がもっとも望ましいでしょう。

9

> **【ポイント】**
>
> ・大人も子どもも学び方は（　　）である。
> ・それを（　　）みなければ，評価できない。
> ◇基本用語を使って自分なりのまとめをしてください。
>
> （パズルピース：偏り、評価規準、課題、評価、報告、伸び、パフォーマンス、報告、フィードバック）

9 この問題は，時間がなければ，省略してもかまいませんが，研修会の評価情報になりますので，まとめの後で可能な限り実施してください。

　正解は，一番目が（同じ），二番目が（やって）です。とりわけ，思考・判断や関心・意欲・態度のような場合，ポートフォリオのように，長期的で多面的多角的な評価の必要性に留意させてください。

　そして，最後に左のキーワードを並べて，研修のまとめを各自に書いてもらった後，数人に発表してもらって，終了してください。

このワークショップは，何回も教職員対象に行ってきましたが，だいたい同じような結果が得られています。参加者の人数が少ない時には，子ども2の【規準確認型】を抜いて実施しています。また，私の大学で教育実習前の2年生を対象とした授業（受講生54名）でも取り上げたことがあります。そこでも，同様の結果でした。

　例えば，私の授業では，子ども1から子ども5までは，次のような評価（5点満点）となりました。なお，【相互合意型】の子ども4は，評価規準（音量，適切性，創意工夫）の中で特に音量を細かく見てほしいとの希望を入れて，音量を10点とし，適切性5点と創意工夫5点を満点として，4で割り，さらに評価者の人数で割って，小数点第二位四捨五入で出しています。また，【評価再挑戦型】の子ども5は，音量，適切性，創意工夫に加えて第4の評価規準として「動作」を加えて，算出しました。

　　子ども1　【自由勝手型】　　　　4.2
　　子ども2　【規準確認型】　　　　3.7
　　子ども3　【規準提示型】　　　　3.7
　　子ども4　【相互合意型】　　　　3.9
　　子ども5　【評価再挑戦型】　　　3.7（1回目）⇒　3.9（2回目）

　確かに，「手をたたく」という表現が得意な人もいれば，得意でない人もいます。したがって，これらの点数のうち，どの子どもの点数が一番高いかどうかということはそれほど問題ではありません。このワークショップを通してわかる点は，次のようなことでしょう。

　第一に，子ども1の【自由勝手型】は，ほとんど当てにならない評価であるということです。この場合，評価者一人ひとりにどこを見て評価したのかとたずねると，皆別々の評価規準をいいます。したがって，この数字は，あまり信頼できません。とはいえ，現実には，【自由勝手型】のように，同じ学年や同じ教科であっても，ペーパーテストだけで評定をつける教師もいれば，提出物や平生点も考慮して評定を下す教師もたくさんいるのです。それが，どれだけ不公平なことであるかということが，このワークショップで子どもの側に立ってみて，はっきり意識できます。

　第二に，子ども2に評価者が影でこそこそ評価規準について話し合っている姿を見て，「どのように思いましたか？」とたずねると，「いやな気分だった」とか「どんな評価規準か教えてほしい」と思い，必ずしも良い気持ちを抱いていないようです。そのような一種の不満や"テスト不安"は，自分が手をたたくということにも何らかの影響を及ぼすはずです。とすれば，評価に偏りが生じる可能性があるということです。

　第三に，子ども3の【規準提示型】では，子どもは，何を評価規準にするのかということがわかるので，精神的に安定した状態で手をたたくことに臨めます。教科の授業で，評定は，テストが何点で，提出物は何点と子どもに発表する先生がいますが，その場合は，このタイプに当たります。

第四に，子ども４の【相互合意型】や子ども５の【評価再挑戦型】は，まだほとんどの学校では行われていませんが，子どもの学ぶ意欲が高まるということです。【相互合意型】から，子どもは教師にやらされているのではなく，教師と一緒に評価規準を創って，自ら学ぼうという意欲が高まるように思います。

　第五に，子ども５の【評価再挑戦型】では，3.7から3.9に伸びたように，伸びがみられるということです。ここでは，一回目に手をたたき，評価者一人ひとりが採点した後，評価規準を基に「ここをこのように改善すればよい」というような講評をします。子ども５は，それを参考にして，もう一度手をたたくと，必ずといってよいほど得点が上昇します。評価は，本来，このような評価情報を与えて，次の学びにフィードバックするという役割を担っているのではないでしょうか。中間発表会があって，失敗しても，それを糧に他者評価や自己評価をして，もう一度敗者復活のチャンスにかける。評価は，そのような役目を果たしているように思います。そこでの鍵は，子どもが評価規準を内面化するかどうかということにあります。

　そして，最後に，観客の皆さんに前述のキーワードを使って自分なりのまとめを書いてもらいます。ただし，この学部の授業では，まとめの時間までとれませんでした。以下に示すのは，大学院の授業で院生に書いてもらったまとめ（キーワードは下線で記す）です。

> 　学び手である子どもに与える課題を教師自身が実際にやってみることで，評価の偏りに気づくことができる。この問題を是正するためには，評価規準が必要で，それを評価者同士が確認するだけでなく，子どもに提示することで，質の高いパフォーマンスの実現につながる。さらに，その規準に準拠した評価情報の報告を行った後，再挑戦させると，子どもはフィードバック情報を得ているので，より良いパフォーマンスが望める。再挑戦後，質の高まったパフォーマンスについての報告を行えば，子どもは，自分の伸びを実感し，次への動機付けにもなる。

　このまとめでは，「評価」のキーワードの説明が不十分ですが，その他のキーワードに関しては，かなり正確に理解し，相互の関連付けもできていることがわかります。ともかく，時間的な余裕があれば，数人の観客にこのようなまとめを発表してもらって，「幸せなら手をたたこう」のワークショップの理解度を確かめたほうがよいと思います。　　　　（安藤輝次）

第2章 ポートフォリオで本物の学びを支える

1　子どもあっての学校

　日帰り温泉が人気です。先日，公営の温泉施設に行って，レストランで昼食をとろうとして，次のようなやり取りがありました。
「店の入り口に出ている一膳を二つ……」
「あれは，定食といいます。定食といってください。では，よろしいでしょうか。」
「あっ，そう。それから，子どもがいて，まだ注文があるかもしれないので，メニューは置いておいてくれませんか。」
「申し訳ありませんが，メニューはお下げすることになっております。」
　ここの温泉は，本当によいお湯だった。レストランの料理も美味しかった。でも，ウエイトレスさんの話し方を聞いて，「ここはお客さんより売り手中心なんだ。ウエイトレスさんは，公営施設に勤める公務員。もう何をいってもむだ。せっかくのお湯もお料理も値打ちが下がる」という思いをしました。
　その時は，ちょうどお昼ご飯時で，ウエイトレスさんは，忙しかったのかもしれません。しかし，「忙」のりっしんべんは「心」を意味し，「亡」は「なくなる」という意味です。そのような時こそ，忙しさに紛れて，心を失うことなく，自分の行為をじっくりと振り返ってみることが大切であるように思います。
　ところで，このような話は，公立学校でもあるのではないでしょうか。ウエイトレスさんを学校の先生，私を保護者と置き換えてみましょう。お客さんあってのレストランであるように，子どもあっての学校です。事実，少子化の影響で，子どもが少なくなった学校では，閉校や他の学校との統合も行われています。しかし，現実には，ここに紹介したようなエピソードのように，教師あっての学校ということになっていないでしょうか。もっと学校教育を子どもに引き寄せて考える必要性を痛感します。
　子どもが学んでいく過程で「こうしたい」とか「ああしてほしい」という注文も出してくるかもしれませんが，それに対応する方策を講じなければなりません。保護者に対する説明責任もあります。実は，このような教育的要請に応えるのがポートフォリオなのです。

2　本物の学びと評価の必要性

　まず，【問2】をやってみてください。これは，2001（平成13）年に作ったものですが，それぞれは，独立した問題ですから，わかるものから答えて結構です。

【問2】　次の数字は何でしょうか？
　(1)　94年　3％台，　98年　4％台，　01年　5％台
　(2)　3年連続　3万人超
　(3)　3年連続減　461万
　(4)　01年　－0.5％

　このような問いかけに対して，あなたはどの程度正しく答えることができるでしょうか。(2)は，「不登校の児童生徒の数」であると答える先生が少なからずいます。しかし，それは正解ではありません。不登校の児童生徒の数は，1999（平成11）年度では，約13万人です（http://wwwwp.mext.go.jp/jyy2000/index-61.html）。その数の把握に10万人の開きがあることは，自分の学校で不登校の子どもに個別に対処することはあっても，わが国の学校教育が抱える共通の問題として全体的に捉えることの弱さを示しているのではないでしょうか。
　(4)は，「公定歩合」と答えた中学社会科の先生もいます。まさか日本銀行から借りて，利子を払うどころか，儲かるというようなわけもないでしょう。これも間違いです。
　正解をいいますと，(1)はわが国の「失業率」です。朝日新聞社のホームページ（http://www.asahi.com/edu/ichi/ichi0826a.html）によれば，わが国の失業率は，「高度成長時代には1％台，整理解雇が相次いだ第一次石油ショック後も2％台にとどまっていた。しかし，94年に3％を超え，98年には4％台に乗り，いまや5％に」といいます。
　(2)の正解は「年間の自殺者数」です。警察庁のまとめでは，「事業不振や失業などの『経済・生活問題』を理由に自殺した人が2927人で前年比5.3％増。うち50歳代の男性は1150人と前年より約10％増えた。不況による倒産やリストラなどの影響がうかがえる」ということです（http://www.asahi.com/lite/medic/081-a.html）。
　(3)の正解は，わが国の民間企業で働く人の2000（平成12）年の平均年収で，国税庁の民間給与実態統計調査の結果，判明したということです（福井新聞2001年9月27日）。
　(4)も同じ日の福井新聞の記事ですが，国際通貨基金（IMF）の「世界経済見通し」で予測したわが国の2001（平成13）年における国内総生産（GDP）の実質成長率です。そして，この数字は，アメリカ同時多発テロの影響を受けてさらに下落することが確実視されています。
　このようにわが国は，1990年代以降の長期の不況下にあって，デフレ・スパイラルに入り，賃金が低くなり，失業者が町にあふれ，自殺者まで増加の一途をたどっています。製造

業の海外進出による国内経済の空洞化によって国際競争力が弱くなり，構造改革が迫られています。今やこの国をどうすべきかということを真剣に検討し，実行すべき時代です。

　ところが，小学校や中学校では，子どもたちは，自然に触れることが少ないという理由で，単に森にいって自然に親しむという体験だけで終わったり，外国人を招いて，その国の料理を作って食べて，料理体験のまとめをして終わりというような「牧歌的な」総合的な学習が行われています。あるいは，この内容を発表したいという特別な目的もなく，パソコンやOHPの使い方だけを教え込もうとする「学び方一点張り」の総合的な学習が行われています。"未来の街づくり"と称して「こうなったらいいなあ」という夢を語るだけで，実現可能性などまったく考えていない「空想的な」総合的な学習もあります。自分の住む地域を調べて伝統や地場産業に注目するだけで，自分たちはどう関わるのか，何ができるのかという視点を欠いた「お国自慢的」総合的な学習が行われています。

　このような総合的な学習で育てられた子どもたちは，学校外で起こっている厳しい社会現実とはまるでかけ離れた温室で育てられた花のように純粋培養され，実社会に出れば，弱々しくて枯れてしまうのではないでしょうか。少なくとも子どもたちは，家に帰れば，親の給料が下がったとか，リストラで失業した，仕事が見つからないという話に接するとすれば，あまりにも大きな学校と社会とのギャップに驚かざるを得ないのではないでしょうか。

　他方，教科学習は，1990年代に新学力観が流布されるにつれて，子どもの関心・意欲・態度だけを重視した生ぬるい楽しいだけの実践が多くなり，教材開発研究が停滞し，学問の本質に迫るような面白い授業が少なくなりました。そして，最近では基礎学力批判が叫ばれる中で，学校でも塾と同じようにペーパーテストを徹底的にやろうという動きさえあります。とすれば，教科学習でも，実社会と切り結んだ実践が少ないといわざるを得ません。

　ところで，先生たちと話している間に子どもの学習意欲が低いことが話題になり，「好きな教科の上位にランクされている体育や音楽は別だけど」という話になりました。その時，「子どもは理科も好きなんです」という声が上がりました。確かに，理科は子どもが好きな教科です。その事実と国際教育到達度評議会（IEA）の調査で理科や数学の学力はトップレベルだが，好きだというのは最低であるという結果をあわせて考えると，わが国では，子どもが好きな教科である理科でさえ国際的には学ぶ意欲の低い教科であり，わが国の学校で教えるすべての教科に対して，国際比較においては，学習意欲が減退しているということになります。

　このような教科学習で学んだ子どもたちは，ペーパーテストの点数は高いかもしれませんが，「なぜこれを学ぶのか」という意味付けをして学んでいないように思います。もしも親や教師がいうから勉強しているならば，希望の学校に入ったとたんに学ぶ意欲を失うでしょう。また，いわゆるできる子どもは，概念や原理は知っているかもしれませんが，それを実験で確かめたり，生活に応用して本当にわかったという実感をもっているのでしょうか。で

ないとすると，生涯学習が叫ばれ，創造性が求められている現代社会で通用する人間が育ちそうにもありません。

　つまり，今の学校は，実社会とはかなり乖離しており，そのために問題が生じているということです。学問研究も含めて実社会では，単に机上で学ぶだけでなく，実際に応用して確かめたり，失敗から学ぶという要素も重視されます。そして，評価の面でも，ペーパーテストだけで採用や昇進を決めることはありません。

　このような実社会で行われる学びや評価は，「本物の（authentic）」という言葉で表現できます。「本物の学び」とは，学んだことを実際に応用することです。すると，不備な点や不十分な所がでてくるので，再び学び直すこともあります。それが本物の学びです。

　そして，本物の学びに対する「本物の評価」は，次のような要素によって構成されています（Burke, K. *The Mindful School : How to Assess the Authentic Learning* [*Revised Version*]. IRI/Skylight Training and Publishing, Inc., 1994, p.xix.）。

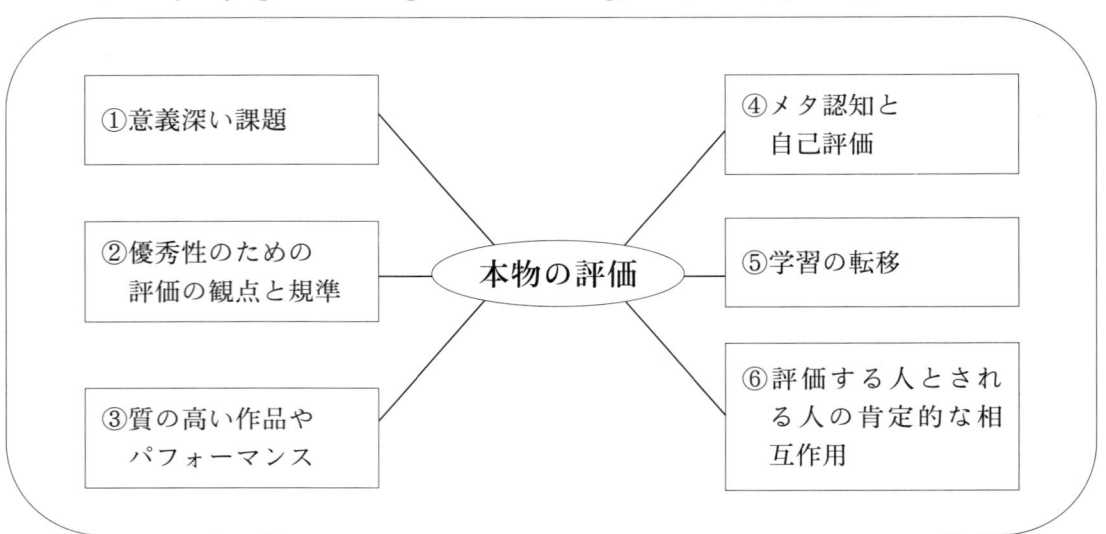

```
                ┌─────────────────┐              ┌─────────────────┐
                │ ①意義深い課題   │              │ ④メタ認知と     │
                │                 │              │   自己評価      │
                └─────────────────┘              └─────────────────┘
                ┌─────────────────┐  ╭───────╮   ┌─────────────────┐
                │ ②優秀性のための │  │本物の │   │ ⑤学習の転移    │
                │   評価の観点と  │──│ 評価  │── │                 │
                │   規準          │  ╰───────╯   └─────────────────┘
                └─────────────────┘              ┌─────────────────┐
                ┌─────────────────┐              │ ⑥評価する人と  │
                │ ③質の高い作品や │              │   される人の肯  │
                │   パフォーマンス│              │   定的な相互作用│
                └─────────────────┘              └─────────────────┘
```

　①は，第1章で紹介した【課題1】のように，子どもが伸びたり，変容するような意義深い課題です。②は，何をどこまで期待しているのかに関して，評価の観点や規準をはっきりと示すことです。③は，子どもが質の高い作品を作ったり，パフォーマンスを発揮して，深い理解に至ることです。④は，目的意識的な学びを展開し，何を考えていたのかということを振り返る「メタ認知」をしたり，どこがポイントかということまで含めた「自己評価」をすることです。⑤は，学んだことを生活や他の場面に転移させたり，判断の際に使うことです。⑥は，学びのよさを認め，可能性をどのように切り拓くのかという点から評価する人と評価される人との間で肯定的な相互作用があるということです。

　要するに，これまでの総合的な学習の中には，特に②が欠落しているために，③や⑤などが不十分であったように思います。教科学習でも，ペーパーテストに依存しすぎて，息の長

い活動を促すような①の課題も少なく，③のように調べたり，発表したりするパフォーマンスの学びの余地もなく，したがって，②の評価規準を意識することもなく，⑤のような学んだことを集約・統合して，転移させることもほとんどなかったのではないかと思います。

3　総合的な学びのモデル

「総合的な学習の時間とかけて何と解く」と先生たちにたずねたところ，「迷路のようだ」という答えが返ってきました。その心は，「どこが出口かわからない」といいます。ここでは，どうすればよいのかということを【問3】を通して考えてみましょう。

【問3】　この表は，総合的な学習をデザインする際によく使われる動詞を並べたものです。表を縦の列で見るか，横の行で見るかによって総合的な学習の動詞の特徴がわかります。"縦の列"と"横の行"のどちらで見ればよいでしょうか。そして，総合的な学習の動詞にはどのような特徴があるでしょうか。

(a) 気付く	(b) 調べる	(c) 集める
(d) 考える	(e) 整理する	(f) 理解する
(g) 行動する	(h) 再現する	(i) 試す
(j) 発表する	(k) 協力する	(l) 学び合う
(m) 味わう	(n) 改善する	(o) 評価し合う

この問題では，"縦の列"に特徴があると考える先生が大多数です。つまり，総合的な学習には，(a)気付く⇒(d)考える⇒(g)行動する⇒(j)発表する⇒(m)味わう，あるいは，(b)調べる⇒(e)整理する⇒(h)再現する⇒(k)協力する⇒(n)改善する，または，(c)集める⇒(f)理解する⇒(i)試す⇒(l)学び合う⇒(o)評価し合う，という一連の流れで総合的な学習を捉える先生が多いということです。このような学習段階的な捉え方は，従来の教科学習が「つかむ，しらべる，まとめる」のような進め方をとってきたものと一脈通じるものがあります。確かに段階をきちんと踏めば，「出口がわからない」ということもありません。

しかし，その考え方は，子ども自身が問題を見つけ，追究し，できれば生き方にまでつなげるという総合的な学習の"ねらい"とは相容れません。というのは，総合的な学習の心を問うた時に「出口がわからない」と答えたように，現実には，子どもが体験をして，新たなことに気づき，調べ直すということもあるからです。発表会で評価し合って，不十分な学びを補う学びが展開されることもあるでしょう。それが本物の学びです。

総合的な学習について，一方では「どう教えればよいかわからない」と悩み，とかく子ども追随主義に陥りやすい傾向があります。他方では，もっともらしい学習段階があれば，それに飛びつこうとします。このようになるのは，従来の教科学習の考え方から脱しきれていないからです。総合的な学習を創る際には，子ども追随主義と教師主導主義を克服すること

から始めなければなりません。その成功の鍵は，これら二つの主義の間に隠されているといってよいように思います。

　【問3】の答えは，"横の行"から特徴を見つければよいのです。それは，図に示すように（加藤幸次・安藤輝次『総合学習のためのポートフォリオ評価』黎明書房，1999年，92頁），(a)から(c)までは❶「知る（調べる）」，(d)から(f)までは❷「知っている（まとめる）」であり，認知的な学びを特徴としています。つまり，教室内の座学でも成り立つ学びです。そして，(g)から(i)までは❸「やってみる（体験，ものづくり）」，(j)から(l)までは❹「なってみる（発表，協力，共感）」であって，パフォーマンスによる学びを特徴としています。

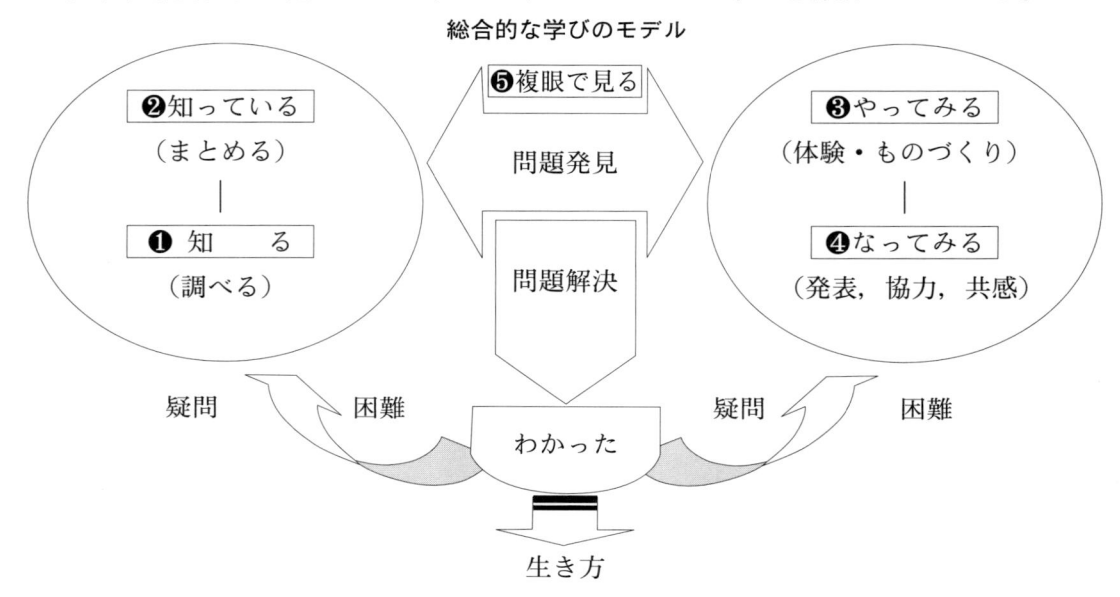

総合的な学びのモデル

```
    ❷知っている              ❺複眼で見る              ❸やってみる
    （まとめる）                                      （体験・ものづくり）
        |                    問題発見                      |
    ❶ 知  る                                          ❹なってみる
    （調べる）                                      （発表，協力，共感）
                             問題解決

    疑問   困難                                    疑問   困難
                            わかった

                            生き方
```

　ここで注意してほしいことは，❶から❹の順に進むのではないということです。例えば，子どもが調べて，まとめて，体験をした結果あるいは中間発表会の結果，新たな問題を発見し，調べ直すということがあります。そのような認知とパフォーマンスの橋渡しをするのが(m)から(o)の❺「複眼で見る」という学び方です。

　しかし，今回新設された総合的な学習や第1章で紹介した【課題1】のような新しい教科学習は，従来の教科学習に比べて，息長い大単元の授業です。つまり，本書で提唱している新しい教科学習は，本物の学びと評価の考え方を取り入れており，その結果，上のような総合的な学びのモデルにそった展開となります。

　そして，新しい教科学習を行うための鍵は，意義深くて明瞭な課題を設定する他に，【問3】の表に示した中でも(g)から(o)のようなパフォーマンスを伴う動詞を単元プランの中にしっかりと位置付けて，評価規準や評価基準表を導入することにあります。そうすれば，子どもたちは，辛抱強く諦めないで，やり抜くという関心・意欲・態度の持続もできます。このようなパフォーマンスを伴う動詞は，ブルーム（Bloom,B.）が行動目標の分類学の中で示し

た大部分の動詞のように個別に細分化されていません（See Rogers,S. and Graham,S. *The High Performance Toolbox* [3rd edition]. Peak Learning Systems, Inc., 1997, pp.330-334.）。だからこそ，子どもにとってもわかりやすくて，多様でダイナミックな学びを生み出すことができるのです。

以上をまとめると，総合的な学びは，次のような教科学習と総合的な学習に分けることができるということです。

○「生活」総合学習
  子ども中心 ⇒ 子どもが創る評価規準　｜
  社会中心 ⇒ 子どもも創る評価規準　｜ 総合的な学習の時間
○「教科」総合学習
  教科横断的 ⇒ 評価基準表が便利　　｜
  単一教科で ⇒ 評価基準表が必須　……　各教科の時間

子ども中心と社会中心の「生活」総合学習は，総合的な学習の時間に行われますが，教師からの課題の投げかけが強力であれば後者で，そうでなければ前者という捉え方でよいでしょう。例えば，教師が，「この川をきれいにしたい」という想いを強くして課題を提示する場合には，教師が意識している評価規準に子どもが修正付加するという意味で「子どもも創る評価規準」になります。そうでなくて，子どもが堤防を通りかかったり，川遊びをしていて，「この川を何とかきれいにしよう」という気持ちから始まれば，子どもが中心になって評価規準を創ることになります。ただし，これらの実践では，子どもたちにどこまで学ばせたいのかという到達度を設定することは難しいので，評価基準表まで用意することはしません。

しかし，教科横断的な「教科」総合学習では，評価基準表を創ることができるかもしれません。例えば，川の環境を学ぶにあたって，「科学，科学技術，社会（STS）」のような方法を使えば，川の自然保護の観点や社会的影響の観点からカテゴリー化して，それぞれのカテゴリーの内容を質的に記述すればよいのです。

単一教科の「教科」総合学習は，ここで何を学ばせたいかという点が明確です。また，基礎学力まで到達したかどうかということも問われます。したがって，評価基準表の作成は，比較的簡単で必須となります。

4　ポートフォリオとは何か

わが国でポートフォリオといえば，総合的な学習の評価法と思っている人が多いでしょう。しかし，実は，ポートフォリオは，評価法だけでなく，評価情報を手掛かりにして次の学びを展望する学習法としても役立ちます。また，総合的な学習が子ども自ら問題を見つけて，解決するというねらいから考えて，子どもがポートフォリオを作ると思っている人もあるか

もしれませんが，教師が自らの力量を形成するための教師用ポートフォリオもあります。結局，ポートフォリオとは何かといえば，次のように定義できるのではないかと思います。

　ポートフォリオとは
　Ⓐ　自分が自発的に，
　Ⓑ　学びの伸びや変容を
　Ⓒ　多面的多角的かつ長期的に評価し，
　Ⓓ　新たな学びに生かすために学習物等を集めたものである。

教師用ポートフォリオ

　Ⓐの「自分」が子どもなら「子ども用ポートフォリオ」ですが，さらに一人ひとりの子どもの個人ポートフォリオと班別のポートフォリオの2種類に分けることができます。そして，「自分」が教師なら「教師用ポートフォリオ」となります。例えば，ハーバード大学のガードナー（Gardner,H.）が提唱する多重知能理論（Multiple Intelligences Theory）の点から優れた学校として広く知られているキー・スクール（2000年度現在，小学校，中学校，高校1学年まで整備したインディアナ州インディアナポリス市の公立学校）では，写真のような教師用ポートフォリオを採用して，自らの力量形成に努めています。そして，子ども用のポートフォリオの中で一番優れた場面を集めてビデオに収め，学年ごとに集めて，次の年度や上級学校に受け継ぐようにしています。

　Ⓑの学びの伸びや変容は，以前の学習物と現在の学習物を比べて見出すものです。例えば，図に示すように（安藤輝次『ポートフォリオで総合的な学習を作る』図書文化社，2001年，163頁），教師によるポートフォリオ検討会では，特定の子どもの学習物を検討することを通して，自分の指導の在り方や保護者や校区の様子まで視野に入ってきます。子ども自身の学習物の検討や子ども同士のポートフォリオ検討会でも，「目当て」と称する評価規準（正確には「具体例」のこと）を意識して，1週間以上できれば1ヵ月ぐらいの期間を空けた学習物の新旧比較をすると，学びの伸びや変容を実感できます。

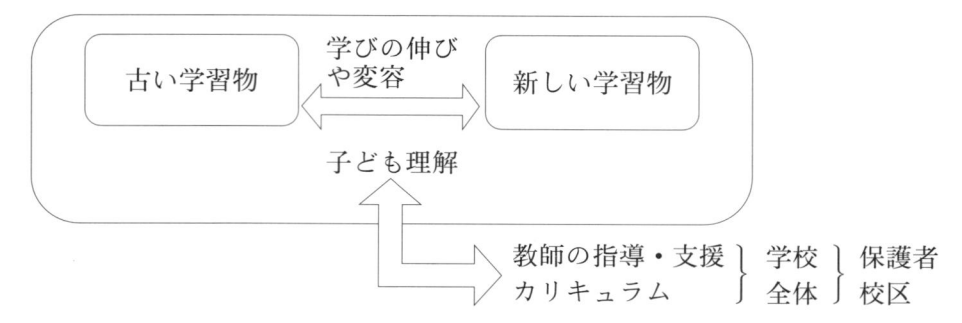

```
                     学びの伸び
                     や変容
  ┌─────────┐  ←──→  ┌─────────┐
  │古い学習物│         │新しい学習物│
  └─────────┘         └─────────┘
              子ども理解
                  ↑
                  └──→ 教師の指導・支援 ｝学校｝保護者
                       カリキュラム      ｝全体｝校区
```

　Ⓒの長期的評価とは，このような新旧の学習物を比べるという意味です。多面的評価とは，文字や記号などの「言語」だけでなく絵やマップやイラストのような「ビジュアル」な面，

プレゼンテーションや作品などの「行動」的な面からの評価をいいます。そして，多角的評価とは，自分自身だけでなく同僚教師や保護者やお世話になった地域の人等からの評価のことです。

Ⓓの「学習物等」とは，学習物と振り返り（自己や他者の評価）を合わせたもののことです。教師にとって，同僚教師，保護者や地域の人などの教室を超えた評価を受けることが難しいようです。しかし，ポートフォリオの主たる役割は，学びの途上における過程評価です。したがって，これらの外部評価を次の学びに生かすというような発想で臨むことです。

学習物：学びの目当て，学びの記録，アンケート結果，日誌や作文，写真やビデオテープ，絵やイメージマップ，インタビュー記録，チェックリストなど。

振り返り：自己評価，相互評価，教師評価，同僚教師からの評価，保護者からの評価，地域でお世話になった人々等からの評価。

実際，ポートフォリオは，灯台にたとえられるように，荒海にもまれる船が灯台を手掛かりにこれから進むべき進路を探るような役割を果たしています。

5 「小さいことは，いいことだ」をやってみよう
――「プロジェクト学習」を体験するゲーム――

第1章では，プロジェクト学習の課題を取り上げました。プロジェクトは，何を明らかにするのかという目的を明確にしながら，材料入手や期間等も考慮しつつ，計画を立て，実行する学習法です。しかし，頭でわかっていても，実際にやってみなければ，その本質はなかなかわかりません。

ここに紹介する「小さいことは，いいことだ」と題するワークショップは，アメリカの「ツールキット98」に収められている「小さく教えて，多くを学んでいるか?」という活動 (Northwest Regional Educational Laboratory, op. cit. Activity 2.4.) の考え方を使って「プロジェクト学習」を体験し，そこでの学びの過程を丹念に記録に残して「ポートフォリオとは何か」ということまで実感的にわかってもらおうという二重の目的をもっています。

ワークショップの山場は，最後に先生方が作った箱の模型を示し，その説明を書いた色画用紙を示しながら行うプレゼンテーションです。すでに10回近くやっていますが，いつも先生方のプレゼンテーションの巧みさやユーモアに驚かされます。

実は，このような模型づくりや発表は，そのつどの学びの成果を表出させ，コーチングや振り返り等の評価情報を受けて，学びの改善の手掛かりとし，次の学びを行っていく「パフォーマンス学習」と呼ばれるものです。ほとんどのプロジェクト学習では，最後に発表会をしたり，報告書を提出したりする場面が設けられています。したがって，プロジェクト学習には，パフォーマンス学習が組み込まれているといってよいでしょう。そのようなことも念頭に置きながら，「小さいことはいいことだ」のワークショップに取り組んでください。

1

```
ポートフォリオ理解
    のための
  プロジェクト学習
「小さいことは、いいことだ」


   安藤　輝次（福井大学）
```

2

```
ポートフォリオ理解のためのプロジェクト学習
       目　的

・「ポートフォリオとは何か」ということ
  をイメージできる。
・自己評価と相互評価の役立て方がわか
  る。
・評価規準を創って生かすことができる。
・評価基準表を創ることができる。
```

3

```
         基本用語
【プロジェクト学習】
　　問題解決や物事の習得のための目的ある
　学習行為をいう。
【ポートフォリオ】
　　特定の目的にそって，学び手が自発的に
　学びの努力や伸びや変容を多面的多角的か
　つ長期的に評価し，新たな学びに生かすた
　めに様々な学習物等を集めたもの。
```

1 これは，小学校算数の教科総合学習を基にして子ども用（班）ポートフォリオを作るというワークショップです。

　人数は，最大で70名以内で多少の準備物が必要です。班単位（6人位）で活動するので，机は，可動式のものを4つぐらい寄せ集めるか，大きな机をいくつか用意してください。

　各班で箱の模型を作って，色画用紙に発表内容を書き，ミニ・ポートフォリオを振り返りながら，プレゼンテーションをして終わるまでには，約2時間が必要です。

2 第一の目的は，班ごとにミニ・ポートフォリオを作りながら，「ポートフォリオとは何か」ということを参加者に実感を伴ってわかってもらうことです。

　そして，全体に対して作った模型を使ってプレゼンテーションをしてもらいます。ここまでで約2時間です。

　さらに，42－43頁に示すように，ポートフォリオに収められた付箋紙に自己評価や相互評価をして該当個所のカードやシートに貼り付け，評価規準を創り，さらに評価基準表づくりまで行うと，全体で約3時間が必要です。

3 ここで重要用語の確認をしておきましょう。総合的な学習で注目されている「プロジェクト学習」は，1918年，デューイの高弟のキルパトリックが提唱したものです。

　今回は，子ども用の中の班ポートフォリオ作りを通して，自己評価や相互評価をしつつ，書いたり，計算したり，デザインしたり，振り返りをして，その学びの中で生まれた学習物等をポートフォリオに綴っていきます。

　なお，「学び手」が教師の場合には，教師用ポートフォリオとなります。

第2章　ポートフォリオで本物の学びを支える

4

> **プロジェクト課題**
>
> 　田中君の学級では，"環境に優しい"ことを学ぶだけでなく，自分たちでも何かやれることはないかと考えた結果，お菓子の箱が過剰包装なので，それを節約する提案をしようということになりました。
> ●箱の素材は同じで，最も望ましいデザインをして，模型を作りなさい。
> ●現在の箱よりどれだけ素材を減らしたかということを数字で証明しなさい。

4 この課題のポイントは，「お菓子の内容物はそのままにして，もっとも小さい箱を作ろう」ということです。

　例えば，スーパーマーケットでクッキーを手にして，少し振ってください。ゴソゴソと大きな音のするものを選んで買ってきて，このような課題で使うとよいでしょう。

　参加者の意識は，「どれだけ素材を節約したか？」ということに向かうと思います。この時点では，それでよいのですが，実は，それ以外に評価すべき大切な事柄があります。

5

> **プロジェクト・チームの構成／準備**
>
> ・チームは5人から7人とする。
> ・「プロジェクト課題」と「手順（注意事項を含む）」は必ず守り，以下の準備物も使いながら，制限時間内に結果を出すこと。
> ＜準備物＞
> 　シート，鉛筆，色画用紙，セロハンテープ，ものさし，油性ペン，はさみ，付箋紙

5 班編成を行います。6人なら班で二人一組や三人一組になったりできるから最適です。

　左のような準備物を班ごとに用意してください。B6判程度のシートに穴を空けておくこと。大判の情報カードでもよいでしょう。鉛筆は人数分，色画用紙は四つ切り1枚，セロハンテープは1個，油性ペンは色違いで2本程度，はさみは1本，付箋紙は人数分に5倍を掛けた枚数を用意してください。

　なお，カードやシートを綴じるリングも一つあったほうがよいでしょう。

6

> **手順（注意事項を含む）**
>
> ①一つのデザインを考えて，計算するごとに，1枚の用紙を使う。
> ②したがって，失敗したデザインや計算も1枚の用紙に書き残す。
> ③用紙には，書いた人の名前と時間を記す。
> ④グループでもっとも良いデザインを選び，その説明をデザインも添えて別紙に書く。その際に，グループ名と時間も記す。

6 班ごとに机を寄せ集めた後，手順の説明に入ります。

　①②に関連して，カードはできるだけたくさん書くこと，③の「時間」は，何時何分ですが，実際のポートフォリオでは年月日を書くことになります。④の名前は，班内や他班の人に評価してもらうので必要です。

　なお，模型の箱の「のりしろは作らずに，セロハンテープで貼る」ようにいってください。

　では，プロジェクト課題を各班でやるように指示してください。1時間位の作業時間が必要でしょう。

7

**このプロジェクトを
どのように評価するか？**

○「どこを見てほしいか」をリストアップすると……
○結果だけでなく過程も見てもらおうとすると……
○グループだけでなく個人も見てもらおうとすると……

8

学びの表現形態

文字・記号 ⇔ 言語
マップ・イラスト ⇔ ビジュアル
体験・創る ⇔ やってみる

｝3点照合法

9

予想される評価規準

・測　定
・計　算
・割　合
・協　力
　……など

7 20分程度経過した後、「容器のモデル発表会」までのスライドを見せます。

「どこを見てほしいですか？」とたずねると、「紙の節約」という答えが返ってきますが、実は、これだけではありません。

「過程も見てもらおうとすると」と問い掛けると、ポートフォリオの必要性に気付くでしょう。「グループだけでなく個人でも見てもらおうとすると」、自分の名前と書いた時間の必要性がわかります。

このようにポートフォリオは、学びの過程を評価するための最適な道具なのです。

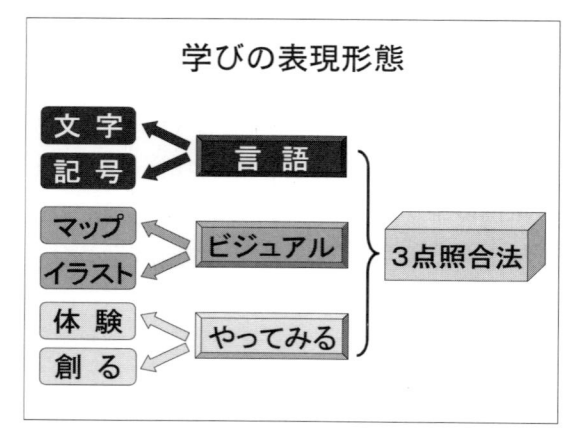

8 すでに何枚かカードを書いていることでしょう。そこには、箱のデザインを描き、その計算式が示されています。ちょっとしたアイディアもメモしてあるかもしれません。

つまり、計算式や文章のような「言語」、デザインのような「ビジュアル」、模型の箱を作るというような「やってみる」の3つの学びがなされ、それによって評価できます。

この3点照合法は、時間と手間を要しますので、プロジェクト学習でどうしても確かめたい事柄に絞って使うようにすることです。

9 「子どもは紙の節約（「割合」のこと）にばかり目が向きがちですが、教師の立場では、どのような評価規準で評価すべきでしょうか?」と問い掛けてください。しばらくして、「計算」や「測定」が出てくるはずです。

「協力」の評価規準は出ないこともあります。しかし、以前、「協力」が評価規準であることを参加者が意識すると、班内の協力が活発になったということもありました。

その他の評価規準として「プレゼンテーション能力」などが出てくるように思います。

10

評価の対象と方法のマッチング

評価対象	評価方法						
	選択式	小論文	短答式	口頭報告	パフォーマンス課題	教師観察	自己評価
知識	○	◎	◎	◎	◎	○	◎
技能	△	○	△	○	◎	◎	◎
思考判断	○	◎	○	◎	◎	△	◎
コミュニケーション	△	◎	△	◎	◎	△	◎
態度	△	△	△	△	○	◎	◎

11

ミニ・ポートフォリオを作る

12

最も小さくした容器のモデル

第2章　ポートフォリオで本物の学びを支える

10 ペーパーテストで実施する小論文式，短答式は，知識の評価は良いのですが，態度面は不適です。口頭報告は，小論文と同様，知識だけでなく思考・判断やコミュニケーション力を評価できます。

　箱作りのようなパフォーマンス課題では，態度以外は評価できます。教師観察は，技能や態度をよく見ることができます。また，自己評価は，評価規準や評価基準表を内面化していれば，すべてで最適になります。

　そして，これらの評価結果を総合したのがポートフォリオです。

11 ミニ・ポートフォリオ等の実物を見せるのがもっとも効果的です。そのようなものがない場合には，左のようなスライドが役立ちます。

　この課題では，様々なデザインをして計算し，一番よいデザインを選ぶ必要があります。

　班内の誰かがカードを一覧して学びの過程を書き，余裕があれば，各自で自分の学びの歩みを簡単に書くように指示してください。

　そして，カード右上の付箋紙のように，自分の学びで特徴的なカードを選んで，振り返りを記すようにしてください。

12 これは，最終的にでき上がった模型です。山本君の班は，元のクッキーの箱よりクッキーは同じだけの量であるにもかかわらず，55％に縮小しました。このように模型は，「のりしろ」を考慮しないで，セロハンテープで簡単に留めるだけでよいのです。

　ここでの強調点は，"実際にクッキーが入ったかどうかを見せて，はじめて合格"ということです。箱を小さくすることを意識して，計算上は成り立つけれども，実際にはクッキーが入らないことも珍しくありません。

⑬

容器のモデル発表会

⑭

この箱は，紙でできています。そして，直径25センチ，平均21メートルの木から90キロの紙が取れます。
　　　　そこで問題！

【問題1】
　20グラムの紙製の箱なら，その1本の木からどれだけの箱ができるでしょうか？

⑮

【問題2】
　あなたの住む市の人々全員が月に3個この箱を買うとすると，どれだけのこの木が必要ですか？

【問題3】
　もしもあなたの市の人々全員があなたの作った小さな箱を月に3個買うとすると，年間どれだけの木の節約になりますか？

⑬これは，模型づくりで使った色画用紙の残りを使ったプレゼンテーション用の作品です。誰がプレゼンテーションをするのかということも大切なポイントですので，人選は慎重にさせてください。

　なお，付箋紙がたくさん貼ってありますが，他の班の人に「良い点，学びたい点」を中心に相互評価をしてもらったものです。

　これらの4枚のスライド写真は，もっと作業が煮詰まってきても必要になるでしょう。その際にもサンプルとしても使ってください。

⑭班で作業すると，進み具合に遅い速いの差が出てきます。ミニ・ポートフォリオも作り，プレゼンテーション用の作品も仕上げて準備万端という班には，これらのスライドを見せて，問題を解かせてください。

　これは，アメリカの小学校算数の問題です。わが国の文章題は，そこにある条件をすべて使って解きますが，ここでは，日常出会う場合のように，問題を解くために何が必要な条件かを発見しなければなりません。それを「本物の問題」と呼びます。

⑮【問題2】を解くために，班で作った模型の計算を使います。【問題3】では，特定の市の人口を想定して計算してください。

　このようなプロジェクト課題を通して，算数の割合を学ぶ意味がはっきりしてくるのではないかと思います。

　現実には，クッキーの箱は小さければよいわけではありません。それではクッキーが潰れるかもしれません。

　クッキーを作っている企業に改善案を示すには，複雑な思考を要する総合的な学習に移行する必要があります。

第2章　ポートフォリオで本物の学びを支える

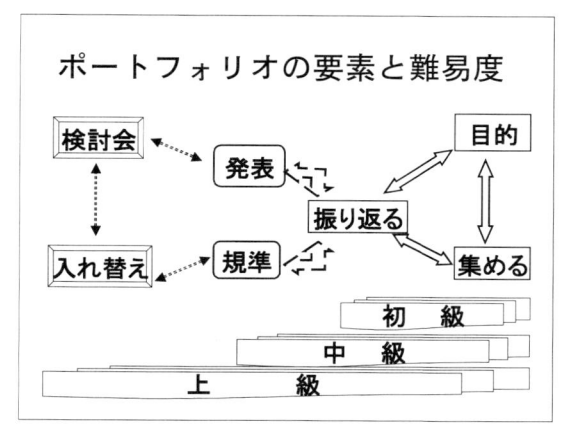

16 クッキーの模型が完成し，ポートフォリオも作り，班の歩みも書けたら，ポートフォリオの段階的導入法の説明をしましょう。

初級レベル，つまり，子ども用か教師用かの「目的」を明確にし，学習物を集め，振り返りメモを残すことから始めましょう。初級の要素に加えて，評価規準を設け，発表会をするようになれば中級です。さらに学び手の検討会をして，評価規準に照らして学習物の入れ替えができれば，上級です。この最高レベルまで達するには，10ヵ月位かかります。

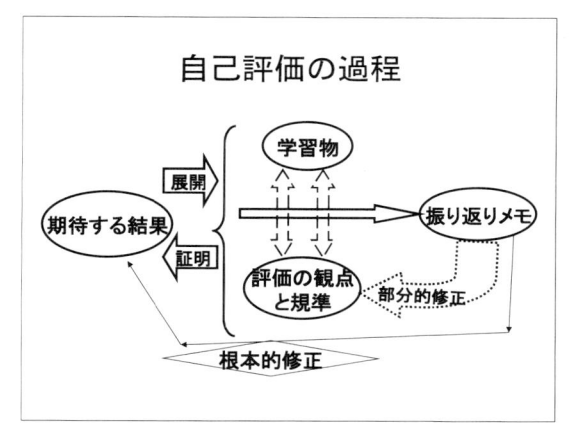

17 プレゼンテーションの前に自己評価を促します。この課題の"模型作り"のように，期待する学びの結果イメージを描き，学習物を集め，評価規準に照らして自分や他人が振り返りメモで評価し，プレゼンテーション能力を規準に加えるように，必要ならば評価規準の微調整をして，本当に学べたかどうかを確かめるのが基本的な過程です。

振り返りメモから期待するような結果が得られないと判断すれば，そのゴールを根本的に修正することもあります。

18 再度，自己評価の過程の確認をします。自分が書いたカードを評価規準に照らして評価し，付箋紙の振り返りメモに書き，該当のカードに貼り付けます。

この課題では，測定，計算，割合の評価規準を設定しましたが，それ以外に評価規準があれば，該当するカードに規準と振り返りを書いて，貼ってください。

例えば，企業に提案できるような箱の提案のように，本物の課題を据えて「期待する結果を修正」すれば，教科総合学習から総合的な学習に移行します。

このワークショップでは，クッキーの箱を限りなく小さくするために，箱の大きさを測定し，模型のデザインを計算し，割合を出すという算数の教科総合学習の体験をしてもらいました。そのような過程を通して，主な目的である「割合」を学ぶことの意味付けをしようとしたわけです。なお，「評価の対象と方法のマッチング」の表は，Marzano,R.J. *Transforming Classroom Grading*, Association for Supervision and Curriculum Development, 2000, p.87.から引用したものです。

　しかし，模型のデザインや模型を作っていく時に「こんなに小さくして，クッキーは割れないのですか?」という質問が出てくることもあります。その通りです。実際には，確かに，箱を小さくすればよいというわけではありません。クッキーの箱がやや過剰包装であるとしても，本当の答えは，元の箱と最小にした箱の間のどこかにあるように思います。

　私の大学における「公民科教育法」の授業で，その点を追究する授業を行いました。ここからが教科総合学習を抜け出して，総合的な学習に移り変わってきます。その後の展開を簡単に紹介しましょう。いよいよ本物の学びの始まりです。

　まず，私のほうから該当のクッキーを作っている会社に箱の在り方を提案することを最終ゴールとして示し，2000（平成12）年度からペットボトル等だけでなく紙製容器包装まで適用されるようになった「容器包装リサイクル法」について説明したホームページ（http://www12.freeweb.ne.jp/business/ktakao/recycle2.htm）を学生たちに見せ，環境問題と絡めて検討する必要性を訴えました。

　そして，次回には，学生たちは，インターネットを通してあらゆる製菓会社のホームページを調べ上げ，また，包装の問題も調べてきました。例えば，紙製容器そのものの問題だけではなく，下に示すような「内容量の多少による長所短所」というホームページも見つかります（http://www12.freeweb.ne.jp/business/ktakao/hukuro-okisa.htm）。

	内容量が多すぎる場合	内容量が少なすぎる場合
長所	○ 包装コスト低下 ○ 商品としてのバリヤー性効率が良い ○ 消費者のイメージが良い	○ 積み重ねやすい ○ 破袋の危険性少 ○ 熱殺菌効率が良い
短所	○ 積み重ね不便 ○ 破袋の危険性大 ○ 包装ロス増加 ○ 熱殺菌効率の低下	○ 過大包装のイメージ ○ 包装コスト増大 ○ バリヤー性効率の低下 ○ 内容品形状の変化

　机上の案ではなく，現実的な改善案を示すためには，このような条件も考慮しなければならないでしょう。ただし，環境に優しいという条件があるので，クッキーの小袋は，紙製であることだけは譲れません。

　クッキーの容器の紙の材質について調べた学生もいましたが，なかなか専門的すぎてお手

上げ状態です。該当のクッキーを作っている会社までは遠方のために難しいとしても，せめて地元のお菓子製造業者の工場訪問だけでも実現したいと思いましたが，連絡を取ったところ，工場見学は実施していないというそっけない返事でした。

　その時，総合的な学習で取り上げる課題は地域で実地調査できるものでなければならないということをつくづく実感しました。もはや八方ふさがりの状態です。学期の終了時期が迫ってきます。

　しかし，単にレポートを書いて終わりというのではなく，本当に該当の製菓会社に具体的な箱の提案をするということを最終ゴールとしたので，何とか学生たちの意欲はつなぎ止められたようです。取りあえず，様々なクッキーの容器を調べてみようということになりました。

　結局，学生たちは，スーパーマーケットに行って，別の製菓会社製の円筒形の容器を見つけ，それが強度や環境の点からも良いのではないかと考えます。しかも，そのヌードルの容器のような容器と元の四角い形の容器を小学生や大学生に見せて，どちらの容器のほうが格好良いか，好きかということを調査し，円筒形の容器のほうが消費者の目からも良い印象を与えるという結果を引き出します。そして，これまでの結果をレポート用紙に簡単にまとめ，製菓会社に電子メールで送りました。

　そうすると，お客様相談センターから，改善提案のお礼とともに，このクッキーの販売対象は，主婦層であって，小学生や大学生ではないという説明がなされます。ここで学期終了となり，時間切れで終わったのですが，次にやるとすれば，本当に主婦層を対象としたものかどうか，学生たちの改善案に対して主婦層はどのような反応をするのかということを調査することになるでしょう。

　このように，総合的な学習では，不断の問題追究を通して，実社会とつながりをもち，自分たちでできるような提案をするだけでなく，そこで得た評価情報をもとにして新たな学びが展開します。他方，単一教科の総合学習では，特定の概念や原理を学ぶための意味付けをし，それらのより深い理解に至らせるために総合的な学びを組織するということです。

　実は，総合的な学習と教科総合学習との間には，もう一つの違いがあります。それは，評価規準にとどめるか，それとも評価基準表まで求めるかということです。その話を第三章でしましょう。

（安藤輝次）

第3章 評価規準と評価基準表の創り方と生かし方

1　身近にある評価規準

　「まず，自分の小学校や中学校の子どもの頃を思い出してください。評価と聞けば，どのように思いましたか。『嬉しい』とか『悲しい』のように，短い言葉で答えてください。用意はいいですか。では，この列から始めます。『評価，はい！』」と一人ひとりに調子をとって当てていくと，「テスト」「通信簿」「親の顔」「嫌だ」「点数」「順位」「ドキドキ」「暗記」「心配」と答えていきます。これは，教員研修のワークショップでの一場面。

　そして，「今度は，別の列の人にお願いします。現在の仕事である"教師の立場"から『評価』っといわれて，すぐに連想する言葉をいってください。はい！」と次々に指名していくと，「子どもを伸ばす」とか「授業改善」と格好のよい模範解答もありますが，「通信簿つけ」「相対評価」「自宅で仕事」「夜なべ」などが出てきて，結局は「難しい」とか「大変だ」ということに落ち着きます。

　このように「評価」は，子どもにとっては暗い否定的なイメージがあり，教師にとっては，大切だけれど，難しいとか大変と感じる傾向があります。しかし，私の大学で教育実習前の学生が受講する授業でも同じようなことをやってみたところ，「自宅で仕事」や「夜なべ」以外は子どもの立場でも教師の立場でも同様の結果が出ました。実際に学校で教えた経験がなくても，「評価は難しい」という程度のことはわかるのです。

　その難しいと考えられている「評価」をやさしくわかっていただくためのキーワードは，評価規準と評価基準表です。とりわけ，評価規準は，実は私たちの身の回りにたくさんあります。まず，【問4】をやってみてください。

【問4】　次のことを評価するためには，どのような規準を使いますか？　評価規準を箇条書きで挙げなさい。
　　　　① 走り高跳び
　　　　② 普通自動車の運転免許取得
　　　　③「きく」こと

　私たちの身の回りには，たくさんの評価規準があります。例えば，血圧は，世界保健機構（WHO）によって最高血圧（mmHg）が140以下で，最低血圧（mmHg）が90以下の場

合を正常血圧と定めています。また，ダイエットブームで肥満を気にする人が多いでしょうが，体重÷身長（m）÷身長（m）から導き出される体格指数が22で標準，25未満18.5以上なら普通，18.5未満は痩せ，25以上は肥満ということです。この数字が評価規準です。

①「走り高跳び」の評価規準は，血圧や体格指数と同じように簡単です。つまり，(ア)片足で踏み切り，(イ)バーを落とさないで，バーを跳び越えるという評価規準をクリアーすれば，成功したと評価されます。そして，同記録の場合，試技数のもっとも少ない者を一位とし，それで決まらなければ，試技全体で無効の少ない者が勝者というように判定します。

②については，自動車学校の場合，オートマチック車の普通免許取得のためには，第一段階（場内での基本操作と基本走行）で技能を12時間，学科を2～13項目受け，技能検定70点以上，学科試験50問を90点以上で合格して仮免許を取り，第二段階（路上での応用走行）に入り，技能19時間，学科1～17項目を受けた後，卒業検定として技能検定で70点以上を取って自動車学校を卒業し，免許センター又は所定の警察署で学科試験90点以上を取り，眼や両手足等の適性試験で問題がなければ，合格ということになります。しかし，ここに示した技能及び学科の試験の点数は，次の段階に進んだり，免許交付のための判定基準というべきものであって，学校でいえば，通信簿等の"評定"に当たります。

むしろ，例えば，第一段階の技能講習での着眼点である「坂道の通行」「信号に従った走行」「交差点の走行」「踏み切りの通過」などのように，各段階における技能の押さえどころが評価規準でしょう。技能講習の教官は，これらの評価規準を頭に入れて，坂道発進で「これくらいならよい」とか「もう一度やり直し」とか判断しますが，それは教習生が正しい運転手順を守っているかという個々の動作だけでなく，安全に対する気配りなども含めた運転全体の様子を見て総合的に下すものです。

ところが，③の「『きく』こと」については，評価規準の抽出は容易ではありません。国立教育政策研究所教育課程研究センターの『評価規準，評価方法等の研究開発（中間整理）』によれば，小学校国語の「『話すこと・聞くこと』の評価規準の具体例」の中の「話す・聞く能力」として，次のようなものが挙げられています。聞くという評価規準におけるその他の具体例は，「能力」の欄で話すこととペアで示されているにすぎません。

第1学年及び第2学年：友達の話を聞いて，分からないことを尋ねている。

第3学年及び第4学年：見学やインタビューのときに，話の要点などをメモをとりながら聞いている。

第5学年及び第6学年：言葉遣いに注意して，事実と感想，意見の違いを区別しながら話を聞いている。

これに対応して，国語教科書では，「電話で話をするとき，大切なことはどんなことでしょう。・大事なことはメモする。・よく聞きとれなかったことは，もう一度聞く。」ことを載せています（日本書籍『わたしたちの小学国語3下』2001（平成13）年，65頁）。また，

「町に大きなかばが来た」という場面の中で「放送記者のほうこくを聞いて，わかったことをメモに取りましょう」と問いかけ，聞き取りメモを用意しています（教育出版『ひろがる言葉　小学国語4上』2001（平成13）年，6頁）。

しかし，アメリカの小学校国語における聴くこと（listening）の評価規準は，次のようになっています（Montgomery, K. *Authentic Assessment : A Guide for Elementary Teachers*, Addison Wesley Longman, Inc., 2001, p.71.）。

(a)　注意深く聴き，話し手の目を見つめている。
(b)　情報を正確に思い出す。
(c)　理解するために関連した質問をする。
(d)　話し合いの間，気付いたことをメモする。
(e)　交替で互いの意見や考えを受け入れる。

前述の「聞くこと」の評価規準には，(c)や(d)はありますが，(a)(b)(e)はありません。また，先日，雑誌を読んでいて，大学生に「このように聴いてもらえるとうれしい」ということをたずねてみたところ，次のようなことが圧倒的多数を占めたという論文を目にしました。

(ア)　目を見て聴いてもらえること。
(イ)　あいづちをうってもらえること。
(ウ)　真剣な態度で聴いてもらえること。

そして，(エ)批判しないで聴いてくれること，(オ)気持ちを理解してくれること，などもあり，結局，「話を聴くときの『態度やしぐさ』に関することと『内容』に関することに分類できそうである」と結論付けています（坂本真佐哉「子どもが話したくなる聴き方とは」『児童心理』第55巻15号，2001年10月，43頁）。(ア)は(a)，(エ)(オ)は(e)と関連しているように思います。

要するに，「『きく』こと」の中の「聞くこと」は，その内容である技能面に限定した評価規準ですが，「聴く」ことの評価規準の範囲は，技能面だけでなく態度面も含めてもう少し広くとっているということです。最近，学校の先生の間で「自分の意見ばかりいって，他人の話を聞かない子どもが多い」ということが問題になっています。そのような状況を考えた時，「聞く」だけでなく「聴く」という評価規準も考慮する必要性があるのではないでしょうか。

実は，私たち教師自身も子どもの話をじっくりと聴いているかといわれれば，自信をもってイエスといえる人も少ないように思います。「子どもに教えるばかりでなく，子どもからも学ぶ」ということは，過去の多くの優れた実践家が座右の銘としてきた言葉です。それは単なる理想にすぎないと切り捨てれば，教師は一方的に教え込むだけの存在にもどってしまいます。この教師中心主義を打破するためには，例えば，同僚と一緒に特定の子どもの学習物等を分析して，その子どもを総合的に捉えるだけでなく，自分の指導法や学校の在り方にまで考究するようなポートフォリオ検討会が有効であるように思います。

2　絶対評価を可能にする評価基準表

　インターネットで「評価規準」を検索すると，教育関係のホームページが多数あることがわかります。2000（平成12）年末の教育課程審議会答申を受けて多くの評価規準に関わる実践が行われているということです。しかし，「評価基準表」の検索をかけると，アメリカでは教育における絶対評価のキーワードとして実践され，たくさんのホームページが見つかるのですが，わが国では教育以外のホームページのほうが多く出てきます。そのような中で面白そうな評価基準表をひろい出して，【問5】を作ってみました。一度チャレンジしてください。

【問5】　次の(1)から(3)に対して，それぞれの長所と短所を箇条書きで書きなさい。また，これを実際に教育で使うとすれば，どうでしょうか。その点にも触れてください。

(1) 良書を選ぶための評価基準表（http://www.sf.airnet.ne.jp/tsuki/pointo.html）

10 点	歴史に残るべき名作。	5 点	パンチが足りない。平凡作。
9 点	各人のベストテンに入る優秀作。	4 点	取柄がない。凡作。
8 点	ああ，面白かった。秀作。	3 点	銭泥棒。時間泥棒。駄作。
7 点	まあ，面白かった。佳作。	2 点	作者に殺意の湧く。愚作。
6 点	腹が立たない。水準作。	1 点	歴史に残る大愚作。

(2)　レストランに対する評価基準表（http://www.jibaran.com/judges.htm）

総合評価（30点満点）			
値段に見合ういい時間を過ごせたか？	思い出に残る印象的な料理であったか？		また自腹で来たいと思うか？
天国。払ったお金以上の心地よさ。　　　　　　　　　　　　（10） たいへん優雅で楽しい時間。お金も惜しくない。　　　（8） いい時間だった。まあまあ。（6） イマイチかな。ちょっと高い。(4) 時間を返せ，ついでに金も。（2）	ほとんどの料理が印象的。語り合いたい。　　　　　　　　　（10） 半分くらいの料理は，印象的。楽しい。　　　　　　　　　　　（8） 一皿あった。うれしかった。（6） 特にはなかったが全体として好ましかった。　　　　　　　（4） 無難でつまらない料理だった。(2)		ぜひ来たい。この店に来るために貯金する。　　　　　　（10） 来たい。次回も候補に入れる。(8) お金に余裕があったら来ると思う。　　　　　　　　　　　　　（6） ひとの奢りなら。自腹では？(4) 二度と来ないと思う。　　　（2）
個別評価（味，サービス，ワイン・チーズ，環境：各100点満点）			
味（全体の印象，アミューズ・グル，前菜，メイン，チーズ，デザート，パン・バター，コーヒーなどの飲み物，プティフール，全体について適切な量かどうか）	サービス（全体の印象，予約電話での対応，サービスの人数の適性度，メートル，ギャルソンなどの態度，寛がせるサービスか，入店から座席に座るまでの対応，……以下省略）	ワイン・チーズ（食前酒，ワインの推薦の適切さ，ワインの状態・温度，ワインの品揃えのセンス，ワインの値段，チーズの品揃えのセンス，チーズの値段）	環境（全体の印象，立地条件，入り口，インテリア，照明，テーブル・椅子の具合，テーブルの間隔，トイレ，グラスの質・状態，お皿・カトラリーの質・状態，テーブルの環境，客層，清潔感）

(3) 中学技術の評価基準表(http://www.edu-c.pref.kumamoto.jp/edu-c/gijutsu/syonin3.htm)
　これは，「情報とコンピュータ」の観点別評価基準表の一部を抜粋したものであって，絶対評価のための評価基準表ではありません。

指導項目	指導内容	評価の観点／評価の観点の趣旨	生活や技術への関心・意欲・態度	生活を工夫し創造する能力
			ものづくりやエネルギー利用及びコンピュータ活用等に関する技術について関心を持ち，生活をよりよくするために知識と技術を進んで活用しようとする。	生活と技術の関わりについて見直し，課題を見つけるとともに，その解決のために技術を適切に活用して工夫し創造する。
			評価規準	
(1)生活や産業の中で情報手段の果たしている役割	ア　情報手段の特徴や生活とのコンピュータとのかかわりについて知る。 イ　情報化が社会や生活に及ぼす影響を知り，情報モラルの必要性について考えること。		生活や産業の中で情報手段の果たしている役割について考えようとしている。	コンピュータ等の情報機器や情報通信ネットワークを効果的に活用し，生活の中に取り入れる方法を工夫している。

　評価基準表とは，評価規準に照らして，その質をレベルに分けて記述したもので，コンクールの審査やオリンピックの体操やフィギュアスケートなど様々なところで使われています。
　教育においても，例えば，「1603年に江戸幕府が開かれた」という歴史的事実を評価する際には，ペーパーテストを使えば簡単に評価できますが，子どもが「どうして江戸幕府が二百数十年にわたって続いたのだろうか」ということを学び，それを評価するためには，ペーパーテストだけでなくレポートや学習過程なども含めて評価しなければなりません。そのような際に，評価基準表が必要になります。なお，教育では，多くのオリンピック競技の評価基準表のように，優劣をつけるために減点法を用いるのではなく，むしろ子どもの学びの良さを認め，弱点を見出すために加点法で評価基準表を作るほうが望ましいでしょう。
　さて，(1)の評価基準表は，特定の図書ではなく，どの図書に対してもその質を個々の評価規準ごとではなく，全体的に評定尺度を使って評価しようとするものです。そこでは，図書の良し悪しを判断しようとして名作とか駄作という言葉を使っていますが，その定義をはっきりと示していません。このような評価基準表は，簡単に作ることができるという長所があっ

て，多くの学校でも採用されているようですが，評価する人によって評価結果にバラツキが生じやすいという短所があります。また，このようなタイプの評価基準表を教育で使う場合，子どもの学びのつまずきを明らかにし，補充学習をするということもできません。

　対照的に，(2)は，総合評価では「値段に見合ういい時間を過ごせたか？」などの3つの規準，個別評価では「味」「サービス」「ワイン・チーズ」「環境」の4つの規準を設け，さらに，「味」の規準にはチーズのように，それぞれの規準を構成する要素ごとに配点を記した詳細な評価基準表です。これは，自分の費用で，見知らぬレストランにいって，フルコースを食べて，そのレストランを評価しようという目的で作ったものであって，一般的で分析的で記述的な評価基準表といえます。長所としては，細かな点まで評価できるということです。

　しかし，個別規準の「味」の中に「チーズ」を含め，また，もう一つの個別規準として「ワイン・チーズ」を設けるというように，重複して評価するという問題点があります。そして，通常は，個別評価の評価規準やその下位の要素を盛り込んだ評価をした後，総合的な評価を下すものですが，ここでは個別評価と総合評価が分離されています。このような問題点を改善してこの種の評価基準表を教育で使う場合，教師にとっては，子どもの学びの詳細な評価をすることができるでしょう。しかし，あまりにも詳細すぎて，教師にとって「評価のための評価」となる危険性があり，子どもの自己評価に生かすことも難しいように思います。

　(3)は，縦軸に指導内容を，横軸に評価規準を据えて，両者を交差させて，具体的な授業場面で，何を評価するのかを示そうとした表です。確かに，この表があれば，教師にとって，何をいつ評価するのかということが事前に明らかになるという利点はありますが，裏返していえば，指導の順序を厳格に決めてしまって，子どもの学びに応じた柔軟なカリキュラム編成が難しいという短所もあわせもっているということです。

　このようなマトリックスで評価規準を位置付けた後，(2)のような詳細な評価基準表を作ることもできます。実は，その方式による評価基準表づくりは，1991（平成3）年の指導要録改訂に伴い新学力観が提唱された頃に試みられましたが，現在では，ほとんど行われていません。というのは，教師が膨大な量の評価基準表で子どもの多様な学びを評価するためには大きな労力が必要となるからです。とすれば，本来の授業はそっちのけにして，評価に奔走することになりかねません。また，子どもにとっては，(2)と同様，評価規準の数が多すぎて，評価規準を念頭に置いて自分の学びを評価するということもできそうにありません。

3　「小さいことは，いいことだ」で評価規準と評価基準表を創る

　では，教育において，どのような評価規準や評価基準表がよいのでしょうか。実は，その答えの一部は，第2章で取り上げたワークショップ「小さいことは，いいことだ」の続編に用意されています。小さな箱を全体に向けて提案した後，約45分で終了する活動です。

1

相互評価で学び合い
【手順】（10分間）

①各班がプレゼンテーションで使った色画用紙と模型を展示する。
②他班の良い点や改善点を付箋紙に書いて（できれば記名で），該当箇所に貼る。

2

自己評価から学びの展望へ
【手順】（10分間）

①班ごとで相互評価を読み，自らの学習物を見ながら，振り返りを書く。
　例：「長ーい時間的空白」「時系列でわかる伸び」「あれっと思ったこと」などを記す。
②班として「補いたいこと」「他の班に見習いたいこと」を2つ書き出す。

3

皆で一緒に評価規準を創ろう

(1)各班は学びの目当て（＝具体例）を箇条書きにカードに書いて提出する。
(2)各班は，学びの目当てを板書する。
(3)板書された学びの目当てをグルーピングして，それぞれのグループをくくる言葉を書く⇒それが"評価規準"！

1「小さいことは，いいことだ」の班によるプレゼンテーションでは，学習物を集め，振り返るという初級レベルのポートフォリオはできました。

しかし，時間（約45分）があれば，"中級レベル"である評価規準や各教科で必要な評価基準表づくりまで進んでください。

まず，①のプレゼンテーションで使った色画用紙や模型を班同士で見て，「良い点や改善点」を付箋紙に（できれば記名で）書いて，該当箇所に貼ります。記名なら，後で問い合わせもできます。

2班ごとに相互評価の内容を読み，「優れた」「的を得ている」「気がつかなかった」と思うような点に留意し，他班のプレゼンテーションも念頭に置いて，自己評価させなさい。

次に，②に示すように，班としてこれからさらに学びの活動を続けるとして，「補いたいこと」や「他の班に見習いたいこと」を具体例（indicator）の形でリストアップして，その中から自分たちでもできそうで重要なものを選んで，カードに書き出すように指示しなさい。これが学びの目当てになります。

3目当てをカードに書いて，提出させます。そこで内容をチェックした後，板書するように指示しなさい。

実際に子どもと一緒に評価規準を創る際でも，この方法で教師が付け加えたい目当ても考えた後，次の授業で子どもに目当てを発表させてグルーピングします。

さて，すべての班が，目当てを板書した後，全体を一覧して，「グルーピングできるものは何か」と問い掛けて，グループをくくる言葉（評価規準）を見つけます。

第3章　評価規準と評価基準表の創り方と生かし方

④次は，評価基準表づくりです。評価規準だけなら方向目標であって，その達成状況まではわかりません。評価基準表があってこそ，目標に準拠した評価（いわゆる絶対評価）ができます。子どもと一緒に評価規準を創り，それを基に評価基準表づくりまでやれば，子どもの自己評価も確かなものになります。

そのための第一の方法は，特定の評価規準の中にある一番重要な目当て（ここでは具体例を指す）と二番目に重要な目当てを選び，左図のように，3段階に分ける方法です。

④
評価基準表の創り方（パート1）
評価規準に3つ以上の要素を含むものを選び，一番重要，二番目に重要な要素を選び，次のような表を作る。

	3	2	1
評価規準	すべての要素を含むもの	一番目と二番目に重要な要素を含むもの	一番目の要素のみを含むもの

⑤第二の方法は，評価規準の具体例が2つに絞れる場合に使います。AもBも妥当ならば（イエス）4とし，徐々に段階を落とします。

前述の第一の方法では，どれがもっとも重要な具体例かという判断の仕方しだいで，何点かということが変わるという問題点があります。第二の方法では，評価規準の具体例を二つに絞り込むという制約があります。裏返せば，重要度のはっきりする場合は，第一の方法を，具体例を二つに絞り込めれば，第二の方法を使ったほうがよいということです。

⑤
評価基準表の創り方（パート2）
①評価規準に複数の要素を含むものを選んで，どちらを重視するかを選ぶ。
②重視した要素をA，他方の要素をBとして，次のような表を作る。

	4	3	2	1
評価規準	AもBもイエス	AはイエスだがBはノウ	BはイエスだがAはノウ	AもBもノウ

⑥実際には，第一の方法は，3と2の間，2と1の間と判断せざるを得ないことも多くて5段階に，第二の方法も同様に7段階で評価することがありますが，ここでは論じません。

左の点に留意して評価基準表を創るようにいってください。昔のTV番組にあった「減点パパ」は，父親の理想像から減点していく点が問題でした。

評価規準に対応した学習サンプルは必要です。それによって教員間の共通理解を図り，子どもがサンプルを参考に自ら評価し，学ぶ展開へと持ち込むことができます。

⑥
評価基準表づくりの留意点
・曖昧な表現をしない。
　　悪い例：大部分，いくつか。
・結果イメージができてから評価規準を考える。　悪い例：減点パパ。
・子どもがわかって，使える必要がある。
　　悪い例：学習物で例示できない。

ワークショップの山場は，参加者が班ごとに「学びたい，真似したい具体例」について話し合い，それを黒板に書いてもらう場面です。そこでは，とかく抽象的，観念的に考えて，「プレゼンテーションの方法」とか「調べ方」という評価規準に当たる言葉を挙げがちです。評価規準づくりというゴールに急いで迫ろうという気持ちが強すぎるために，このようなことが起こります。

　しかし，この評価規準から具体例を導き出そうという演繹的発想からは，子どもたちが真剣に取り組みたいという切実な目当ては生まれません。同じ子ども同士でも，現実にこのような素晴らしい学びをして学習物に残しているとか，発表の際にキャラクターや表を使っているというような"具体例"を目にする時，「自分たちでもできそうだ」という見通しをもつことができるのです。それによって，子どもは，教師から評価されるだけの対象から解放され，自分自身のための学びを勝ち取ることができるのです。

　ワークショップでも，今ここでの自分たちの学びをじっくりと確認しなければなりません。他の班から受けた評価を念頭に置きながら，自分の班の学びをじっくりと振り返る時間的余裕を取ることをお薦めします。

　実は，後述するように，評価規準は，子どもの学習物からだけでなく専門家の意見や文献等から作ることもできます。しかし，その際にも，具体的な学習物のサンプルがなければ，教師側からの一方的な評価に終始し，結局は「評価のための評価」に陥ってしまいます。

　さて，ここで，評価に関わるいくつかの基本用語の意味を明らかにし，相互の関係について整理しておきましょう。

　　【評価の観点】　観点別学習状況における「関心・意欲・態度」「思考・判断」「技能・表現」
　　　　　　　　「知識・理解」の4観点を指す。
　　【評価規準】　評価の観点を細目化，具体化した行動を質的に記述したもの。
　　【具体例】　評価規準に関わる様々な特徴的な例を具体的に表現したもの。
　　【評価基準表】　評価規準を使って，学びの質をレベル分けして表に記述したもの。絶対評
　　　　　　　　価で使われる。

　以上のように，私たちは，評価規準を子どもたちと一緒に創り，具体例を目当てとして学ばせ，評価基準表で評価することを提唱しています。とはいっても，評価規準は，子どもと一緒に創れば何でもよいというわけではありません。

　第一に，評価規準は，重要なことを漏らさず，すべて含んでいる必要があります。「皆で一緒に評価規準を創ろう」のスライドで述べたように，子どもに目当てを出させて，教師が専門家の意見も考慮して検討し，必要なら修正するような評価規準づくりを行うべきです。

　第二に，評価規準は明瞭であって，学習物のサンプルを伴っていなければなりません。ただし，39頁の【問5】の(2)のように，あまり評価規準の数が多くなると，「評価のための評価」になるので，できれば7つまで，多くて10以内が適当ではないかと思います。

第三に，評価規準は，不変ではありません。予想もしないような学びが生じた時に，既存の評価規準では間に合わないということもあります。例えば，「幸せなら手をたたこう」の評価規準のうち「音量」と「適切性」のように，複数の評価規準の間で相互関連性が強くて，別の概念で統合したほうがよいかもしれないという意見が多数出てくるかもしれません。そのような時には，評価規準を見直して，必要とあれば創り変えるべきです。

　第四に，たとえ評価規準がしっかりしていても，評価規準の顕在化した兆候である"具体例"は，状況によって適切な時もあれば，不適切な時もあるということです。例えば，「まとめ方」の評価規準の中で「カラフルにする」という具体例がありますが，黒色だけを使っても，その微妙な濃淡を使って注目させるほうがよいということもあるでしょう。特定の具体例は，いつ何時でも適用できるというわけではありません。

4 「クリスマスケーキを食べよう」で課題特定的評価基準表を学ぶ

　すでに述べたように，2000年12月の教育課程審議会答申によって，観点別評価だけでなく評定においても，いわゆる絶対評価を基軸とし，評価規準の研究開発の推進が謳われたので，評価規準を立てて研究実践をする学校も珍しくなくなりました。しかし，評価規準だけでなく評価基準表まで創って実践している学校は，ほとんどありません。

　確かに，評価規準だけで絶対評価できる場合もあります。例えば，走り高跳びのような単純な技能では，「片足で踏み切り，バーを落とさないで，バーを跳び越える」という評価規準だけで跳べたかどうかという絶対評価をすることができます。

　しかし，子どもが「聴いたこと」を評価する際には，前述の(a)から(e)までの評価規準を列挙するだけでは現実には使えません。5つの評価規準だけでなく，4つの評価規準は達成していて，一つの評価規準は満たしていない場合にも，絶対評価で「十分満足」と判断するとしても，その一つの評価規準が(a)か(c)かによって，「十分満足」とはいえないこともあります。問題解決や意思決定や推論など複合的な思考を要し，見えにくいものを評価する際にも，特定の評価規準を示すだけでは不十分です。

　とにかく，絶対評価における評価基準表の必要性をあれこれ論じるよりも，ワークショップを通して評価基準表を体験的に理解していただいたほうがよいでしょう。実は，私も「ツールキット98」の「学校へ行こう」という活動（Northwest Regional Educational Laboratory, op. cit. Activity 1.9.）を研修で使ってみて，評価基準表の必要性を実感した一人です。

　以下に紹介するワークショップ「クリスマスケーキを食べよう」は，2001（平成13）年度前期の福井大学大学院の授業において現職教員で大学院1回生の金巻健朗さんが作ったものを私（安藤）が監修し，教師向け研修会で数回使って修正したものです。

1

**クリスマスケーキ
を食べよう！**

監修：安藤輝次（福井大学）
製作：金巻健朗（福井大学大学院生）

2

目 的

◎はっきり定義した評価規準が重要であることを理解する。
◎評価基準表には異なる種類があることがわかる。
◎異なる種類の評価基準表の長所短所について話し合う。

3

場面設定

山本さん，斉藤君，吉田君，遠藤君は，クリスマスケーキを4つに分けた後で，ジャンケンでどのケーキを選ぶかを決めようということになりました。

2組になって相手と1回だけジャンケンします（引き分けの場合もあります）。そして，ジャンケンの結果を勝敗表にまとめます。

---

1 ケーキは，砂糖や脂肪分が多くて，体にはあまりよくないのですが，子どもも大人も好きな人が多いようです。好物ならできるだけ美味しいところをたくさん食べたいもの。

このワークショップでは，そのような状況を想定して，数学で「推論」を使う問題をしてもらいます。

「幸せなら手をたたこう」と「小さなことは，いいことだ」の修了者対象で，時間は，45分から1時間を要します。準備物は，数種類のプリントを用意するだけです。

2 目的は，第一に，課題を達成したかどうかについて，はっきりした評価規準の必要性（ここでは「場合分け」）に気づくこと，第二に，明瞭な評価基準表（課題特定的な評価基準表）と明瞭でない評価基準表（一般的な評価基準表）があることを知り，第三に，この数学の問題では，課題特定的な基準表の重要性がわかることです。

とはいえ，一般的な評価基準表にも利点があります。「それは何か」ということも考えるきっかけとしてください。

3 誕生ケーキとは違って，クリスマスケーキは，誰がどこを食べるかということが争点になることもあるでしょう。

ここでは，そのような状況になって，ジャンケンでケーキを取る順番を決めようということになりました。

では，何回ジャンケンをするのかというと，1回では，負けた人はあきらめきれないので，全員総当たりで3回することになりました。

ここで，ジャンケンは，全員で一斉にするのではなく，一対一ですることを周知徹底してください。

第3章 評価規準と評価基準表の創り方と生かし方

④
```
さて，その結果は？

山本さん：3人の相手ともパー。
斉藤君　：2人にはパー，1人にグー。
吉田君　：1人にパー，2人にグー。
遠藤君　：3人の相手ともチョキを出
　　　　　して，すべて勝ちました。

　　　　　　　　　　　優勝!!
```

⑤
```
　　　　　　　問　題

(1) 山本さんと斉藤君は，それぞれ何番
　　目にケーキを選びましたか？
(2) 問1の解答をどのように導き出した
　　のですか？
```

⑥
```
　　　　　(1)の答え

　　山本さんは2番目にケーキを選び，
　　斉藤君は3番目にケーキを選んだ。
```

④遠藤君だけは，3人の相手と1人ずつジャンケンしてすべてチョキを出した結果，三連勝して見事優勝，真っ先に切り分けたクリスマスケーキを選ぶことができました。

しかし，他の3名は，ジャンケンで何を出したかは，わかっていますが，勝ったか負けたか，あるいは，引き分けだったのかどうかということは，わかりません。

そこで，問題です！　誰が二番目，三番目，四番目にクリスマスケーキを選んだのでしょうか？

⑤(1)は，何となく正解を出せるかもしれません。登場人物も少ないので，"当てずっぽうでも当たる"ということもあります。

しかし，(2)では，(1)の解答をどのように推論して導き出したのかということを文章で述べなければなりません。

その際に，ジャンケン勝敗表を使えば，順序よく説明できます。

(2)の課題には，時間がかかる人もいますので，全員が書けたことを確認してから次に進んでください。多人数の場合には，グループで意見をまとめて発表させればよいでしょう。

⑥私たちは，どのような展開になるかを事前に知っているので，これは簡単な問題だと思いがちですが，参加者は，はじめて勝敗表を読み，数学的な推論を働かせて解答を引き出そうとしているのです。

したがって，このスライドを見せるまでに十分な時間的余裕を取ってください。

さて，(1)の解答の際に，こちら側から正解を一方的に示すよりも，数名の参加者を指名して，答えをいってもらうほうがよいでしょう。たぶん，大多数の参加者は，正解です。

7

ジャンケン勝敗表 (勝ち○：負け×：引き分け△)

	山本	斉藤	吉田	遠藤	勝 敗 分
山本		パー	パー	パー×	
斉藤				パー×	
吉田				パー×	
遠藤	チョキ○	チョキ○	チョキ○		3勝0敗0分

8

(2) の答え

山本さんは3回ともパーだから，吉田君とのジャンケンには勝つので1勝する。
（したがって，吉田君は2敗）
また，吉田君は，斉藤君とのジャンケンではグーを出した。
・場合分け
①斉藤君がパーを出す場合。
②斉藤君がグーを出す場合。

9

ジャンケン勝敗表 (勝ち○：負け×：引き分け△)

	山本	斉藤	吉田	遠藤	勝 敗 分
山本		パー	パー○	パー×	
斉藤				パー×	
吉田	グー×	グー		パー×	
遠藤	チョキ○	チョキ○	チョキ○		3勝0敗0分

7 ジャンケン勝敗表を示し，同時に参加者全員にプリントを配ってください。

そして，勝敗表は，「横の行で見ていくもの」という読み方の説明をしてください。

例えば，山本さんは，斉藤君にパーを出しています。同様に，遠藤君は，「3人に対してチョキを出して勝っている」ので，他の3人は全員パーを出したことになり，遠藤君の横の行には，○が付いて「3勝0敗0分け」になります。

このような表の読み方で，山本さん，斉藤君，吉田君の勝敗を推論させてください。

8 ここでも数名を指名して，その解答過程を説明させてください。

吉田君は，パーを遠藤君とのジャンケンで出しているので，残り2人にはグーを出していることが確実。とすれば，吉田君は，3回ともパーを出す山本さんに負けており，斉藤君が吉田君にグーを出せば引き分け，パーを出せば，斉藤君の勝ち，吉田君の負けです。

結局，①斉藤君がパーを出す場合，②斉藤君がグーを出す場合の2つの「場合分け」をして考える必要があります。

9 再度，下のことを確認し，どちらもパーを出せば，「引き分けとする」といってください。すべての人と対戦した結果，引き分けもあるという意味ではありません。

遠藤君　：全部チョキ
山本さん：全部パー
斉藤君　：2人にパー，1人にグー
吉田君　：1人にパー，2人にグー

さて，負け数からいえば，表のように，吉田君は，遠藤君だけでなく山本さんにも負けて，最低2敗はしていることがわかります。

第3章　評価規準と評価基準表の創り方と生かし方

⑩

斉藤君パーの場合 (勝ち○：負け×：引き分け△)

	山本	斉藤	吉田	遠藤	勝敗分
山本		パー○	パー○	パー×	2勝1敗
斉藤	グー×		パー○	パー×	1勝2敗
吉田	グー×	グー×		パー×	3敗
遠藤	チョキ○	チョキ○	チョキ○		3勝0敗0分

⑪

斉藤君グーの場合 (勝ち○：負け×：引き分け△)

	山本	斉藤	吉田	遠藤	勝敗分
山本		パー△	パー○	パー×	1勝1敗1分
斉藤	パー△		グー△	パー×	1敗2分
吉田	グー×	グー△		パー×	2敗1分
遠藤	チョキ○	チョキ○	チョキ○		3勝0敗0分

⑫

結　局

どちらの場合でも（勝ち数、引き分け数、負け数の順で優先させると），

山本さんは2番目に勝ったことになり、2番目にクリスマスケーキを選び、

斉藤君は、3番目に勝ったことになるので、3番目にケーキを選ぶことになる。

⑩まず、「斉藤君がパーを出した場合」、吉田君は、グーを出すので、斉藤君の勝ち。

しかし、斉藤君は、次にはグーしか出せないで、パーの山本さんと対戦すると、斉藤君の負け。遠藤君にも負けているので、斉藤君は、1勝2敗です。そして、全部グーの吉田君は、パーを出す山本さんにも勝てず、遠藤君にも負けるので、3連敗です。山本さんは、遠藤君に負けただけの2勝1敗です。

以上の結果、勝敗による順位は、上から遠藤、山本、斉藤、吉田となります。

⑪「斉藤君がグーを出した場合」、吉田君もグーを出しているので、双方とも引き分けです。

次に、斉藤君は、もはやパーしか出せません。山本さんとの対戦でパーを出し、山本さんもパーを出すので、これも引き分けです。そして、斉藤君は、チョキを出した遠藤君には、負けます。

つまり、斉藤君が吉田君にグーを出した場合、斉藤君は1敗2分け、山本さんは1勝1敗1分け、吉田君は2敗1分け、遠藤君は3勝ということです。

⑫以上の結果をまとめると、次の通りです。

＜斉藤君がパーを出した場合＞
　遠藤君（3勝）山本さん（2勝1敗）
　斉藤君（1勝2敗）吉田君（3敗）

＜斉藤君がグーを出した場合＞
　遠藤君（3勝）山本さん（1勝1敗1分け）
　斉藤君（1敗2分け）吉田君（2敗1分け）

つまり、どちらの場合でもジャンケンをした結果の順位は、遠藤、山本、斉藤、吉田の順であって、変わりません。

13

一般的な評価基準表

問2（5点満点）
1点：問題のどんな要件も理解していない。
2点：問題の要件をわずかに理解している。
3点：問題の要件の部分的な理解をしている。
　　　（場合分けがない。）
4点：問題の要件をかなり理解している。
　　　（場合分けは適切だが、導き方に誤りがある。）
5点：問題の要件を完全に理解している。
　　　（適正な場合分けがあり、導き方も正しい。）

14

課題特定的な採点ガイド（簡略版）

(1) 山本さんと斉藤君がケーキを何番目に選んだかを正しく指摘した。（2点）
(2) 理論的根拠
　　ジャンケン勝敗表の9カ所を正しく埋めることができた。（各1点、9点）

15

課題特定的な評価基準表

1点	問題の要件を全然理解していない。ジャンケン勝敗表から、理論的な答えを出せない。
2点	斉藤君が吉田君に対して、パーを出すかグーを出すかの場合分けはできていないが、ジャンケン勝敗表を使って答えを導き出そうとしている。
3点	斉藤君が吉田君に対して、パーかグーかどちらか1つの場合ができており、答えが導き出されている。
4点	斉藤君が吉田君に対してパーとグーの2つの場合分けができている。その結果の勝敗引き分け数などについては3つ以上の間違いがある。
5点	斉藤君が吉田君に対してパーとグーの2つの場合分けができている。その結果の勝敗引き分け数などについては2つまで間違いがある。
6点	斉藤君が吉田君に対してパーとグーの2つの場合分けができている。その結果の勝敗引き分け数を正しく説明して、答えを導き出している。

13 Aさんの解答をプリントにして配って、左の基準表を使えば何点かをたずねなさい。
（Aさんの解答）「吉田君は、2回グー、1回パーを出したので、山本さんと斉藤君との対戦ではグーである。山本さんと斉藤君の対戦は、斉藤君がグーを出し、山本さんの勝ち。そして、斉藤君は、吉田君との対戦ではパーを出す。結局、遠藤君3勝、山本さん2勝1敗、斉藤君1勝2敗、吉田君3敗となる。したがって、問題(2)の答えは、山本さんは2番目、斉藤君は3番目にケーキを選んだことになる。」

14 問題(1)については、Aさんの解答は、正解ですが、その理論的根拠は、不確かです。

「一般的な評価基準表」で考えると、Aさんは、引き分けも考えず、斉藤君のグーかパーという場合分けもしていないので、1点から3点でしょうが、その判断に迷います。

ところが、左の「課題特定的な採点ガイド」ならば、問題(1)は2点。勝敗の勝ち負けのみをたずねた結果、問題(2)も、2点となります。ただし、その思考過程まで読み取った評価ではありませんので、偶然合ったということもあります。

15 この表も印刷して配布して、Aさんの解答が何点かをたずねると、3点という評価が多いのではないでしょうか。Aさんは、斉藤君がパーの場合しか考えていません。例えば、2人が1勝2敗というように、勝敗全体を通した引き分けと誤解したために、引き分けも考慮していません。そのような点と左の表を照合してみると、Aさんの解答は、3点が妥当でしょう。しかし、最後に、「一般的な評価基準表は役に立たないのでしょうか？」という問いを投げかけておいてください。

このような課題特定的な評価基準表は，単元ごとに作成するものです。この表があれば，子どもが推論という高度な思考をどの程度まで働かせているのかということを適切に評価して，採点することができます。最後にスライドで示した課題特定的な評価基準表のように，6点から1点までそれぞれの得点間の質的変化は，同じでなければなりません。また，吉田君の場合分けに代表されるように，特定の概念や観念を軸に取り扱い，重み付けの違いによって，点数差をつけるというようなことに留意して評価基準表を創っています。単に計算したり，特定の式を当てはめて解く場合には，このような評価基準表は必要ありません。手順を踏んで機械的に問題を解いているにすぎないからです。

　しかし，数学の学習は，それだけではすまないはずです。すでに述べたように，わが国の子どもは，国際的に比べて，学んだことを生活に応用したり，関連づけることが弱いという調査結果が発表されていますが，同じことが学校の先生にもいえるような気がしてなりません。例えば，「小さいことは，いいことだ」で小学校5年レベルの【問題1】がなかなか解けない先生がいます。算数の文章題は，文章記述にある条件すべてを使って解くことを暗黙の前提にしているからです。しかし，実生活では，様々な条件の中から必要なものを見つけ出して，問題を解かなければなりません。「クリスマスケーキを食べよう」も，生活に近づけた問題です。そのような課題設定の工夫によって，子どもが学ぶ意味付けをしているのです。

5　「できない，良くなった…」で実感する最強の評価基準表とは

　実は，単元ごとの課題特定的な評価基準表は，「個性重視」を打ち出し，「関心・意欲・態度」を重視した1991（平成3）年の指導要録改訂をきっかけに全国各地で作られました。例えば，1995（平成7）年4月2日のNHK総合テレビのNHKスペシャル「内申書はこうして作られる・脱偏差値2年目の入試」では，静岡県のある中学校がテストの成績だけでなく努力の過程を評価するために各学年の各教科で観点別に分けた評価基準表を作って実践している様子が紹介されています。その特徴をまとめると，次のようになります。

　第一に，教師が生徒のノートやレポートなどの提出物を見ていきますが，あまりにも大量なので，大変な労力を要するということです。例えば，2学級分のノートを見るのに，約6時間かかりました。

　第二に，観点別評価に対する子どもの見方が一致していないということです。また，子どもは，評定尺度を使った自己評価をしますが，観点別の評価基準表を十分理解しているとは思われません。例えば，次のような教師とのやり取りがなされています。

　子ども：毎回，感想入れているので，これどうにかならない？
　教　師：ノートに工夫なり整理があって，6点なんだよ。だから5点プラス1点にした。
　子ども：こういう資料を貼ってあるから，1点ください。

教　師：おまえの場合，貼り方がいい加減じゃない。
　子ども：いい加減じゃない。
　第三に，評価基準表は，学校独自であるため，観点別評価を高校入試で使う場合，学校ごとの違いが問題になるということです。また，各学年で各教科の観点別の評価基準表を作っていますが，ABC 3段階の真ん中であるBの幅の読み取り方が難しいということです。
　さて，私たちが「絶対評価には評価基準表こそ必要だ」というと，学校の先生から次のような感想を漏らされることがしばしばあります。「以前の実践と同じなら，嫌です。労力ばかりが多くて，肝心の授業がよくならなければ，『評価のための評価』にしかならないでしょう。」
　確かに，その通りです。しかし，私たちが推進している評価基準表は，次の点で前述の学校の実践とは違っているのです。
　第一に，子どもは，教師と一緒に評価規準や評価基準表づくりをして，ある程度は評価基準表を使えるようにしています。子ども全員に対して一斉に提出物を出させるのではなく，子どもから評価規準に見合った学習物ができれば，自主的に出させるようにして，労力軽減を図っています。
　第二に，子どもは，自己評価をする際にも，評定尺度のような大雑把な物差しを与えるのではなく，「十分満足」から「努力を要す」までの質的変化を文章で記述した教師と同じ評価基準表を使うので，教師とのズレはなくなりはしませんが，少なくなるということです。
　第三に，評価基準表は，学校独自ではなく，異なる学校同士で検討し手直しをしたり，時には小学校から高校までの連続した見通しを明示した評価基準表を創り，実践を介して修正し，少しずつ有効なものにしようとしている点です。
　第四に，課題特定的な評価基準表は，知識・理解の評価が簡単で，評価のズレも少ないという利点は認めますが，むしろ一般的な評価基準表（全体的評価基準表と分析的評価基準表）を志向しています。というのは，単元ごとの評価基準表は，教師の負担が重く，子どもの理解も不十分で，次の単元に進み，新しい評価基準表に変わりがちです。とすれば，教育課程審議会答申が力説するように，子どもが自ら学び自ら考える力を養うことも期待できません。
　第五に，とりわけ一般的で分析的な評価基準表にいえることですが，評価基準表は，子どもの学びを評価するだけでなく，そこで得た評価情報を次の学びや指導に生かすという方法的側面にも目を向けているということです。
　私たちの推進している評価基準表の在り方は，ワークショップ「できない，良くなった。どうしてわかる？」に具体化されています。アメリカの研究成果（Northwest Regional Educational Laboratory, op.cit. Activity 1.9. Activity3.1., Arther, J. and McTighe, J. *Scoring Rubrics in the Classroom*, Corwin Press, Inc., p.34.）を摂取しつつも，私たちの実践を介して理論化したものです。まだ仮説的提案にすぎませんが，一度やってみてください。

第3章 評価規準と評価基準表の創り方と生かし方

1

```
できない，良くなった
どうしてわかる？


        安藤　輝次（福井大学）
```

2

```
            目    的

・子どもの学習物からいくつかの評価規準を
  抽出することができる。
・質の高い評価規準の条件が何かということ
  がわかる。
・様々な評価基準表があることを理解し，そ
  の長短所を明らかにする。
```

3

```
            基本用語
【評価規準（criteria）】
  評価の観点を細目化，具体化した行動を質
  的に記述したもの。
【具体例（indicator）】評価規準の諸特徴の
  例を具体的に表したもの。
【評価基準表（rubric）】
  評価規準を使って学びのレベルを段階に分
  けた表。絶対評価で使われる。
```

1 子どもは「何ができて，何ができないのか」をどのように確かめるのでしょうか。そして，子どもが「できない」場合には，どのような方策を講じるべきでしょうか。

　ワークショップでは，これらの問題を取り上げ，解決策を体験的に学んでいただきます。結論的にいえば，それは，「目標に準拠した評価」の採用であり，うまくいけば，個人内評価にも使えるものです。

　参加者が作業する時間は，約1時間，全体では2時間ほどで終了します。

2 「学習物」とは，学ぶ過程で調べたり，まとめたりしたもので，下書きも含みます。

　子どもの学習物を検討しながら，評価規準を抽出することが第一の目的です。評価規準が授業で生きて働くためには，学習物から始めるこのワークショップの方法が最適です。

　第二に，よい評価規準の条件が何かを明らかにし，第三に，評価規準を組み込んだ様々な評価基準表の長短所に気付き，うまく使い分けることができるようになることを目的としています。

3 「評価規準」とは，「目標に準拠した評価（criterion-referenced test）」にいう criterion の複数形（criteria）であり，評価の観点（各教科では「関心・意欲・態度」「思考・判断」「技能・表現」「知識・理解」）に分けたものです。具体例は，評価規準の様々な特徴を具体化したものです。

　例えば，「技能」の観点で「まとめ方」が評価規準，「絵や図を使う」が具体例です。そして，「まとめ方」の評価規準を質的にレベル分けして記述をしたのが評価基準表です。

4

評価規準の見つけ方

- ①専門書から評価規準を抽出
- ②経験を振り返って具体例のリスト化
- ③評価基準表で学習物を採点
- ④優劣の学習物を質的に分類

質の高い規準は対象の本質を捉える

5

評価規準の抽出法

①複数の学習物サンプルを見て，どれが良いか悪いかを考える。
②良い学習物，悪い学習物に分け，その判断の基となる具体的な表現（具体例）を書く。
③班になって発表し合い，具体例をグルーピングし，評価規準を考える。
④各班が評価規準を板書して，全体としての5つ以内の評価規準を抽出する。
⑤全体で望ましい評価規準の要件を考える。

6

楽しかった修学旅行

　24日から25日まで，修学旅行に行ってきました。私が一番楽しみにしていたのは，ユニバーサル・スタジオでした。まず最初に（24日の日に）安達くみひも館に行きました。私は，最初に先生たちからむずかしいと心配だったけれど，やってみるといがいとかんたんでした。とってもきれいに仕上がってよかったです。次に奈良公園に行き大きな大仏やシカなどを見てきました。奈良公園に入ったことがあり，その時は，シカのえさだけあげました。　でも，今日は大仏の所にも行けたのでよか

4 評価規準の見つけ方の③は，今は優れた評価基準表が出回っているわけではないので，難しいでしょう。①は，子どもの学びの実態を無視することもあるので，気をつけてください。②は，あなたがその分野に詳しければ，経験的に評価規準を取り出せるものであって，誰でも使える方法ではありません。

　それで，私たちは，子どもの優れた学習物と劣った学習物を質的に分類する④の方法を推奨しています。この方法なら，子どもも評価規準を共有しやすいという利点もあります。

5 まず2人1組か3人1組の班を作り，「楽しかった修学旅行」と「自分には何ができるだろうか？」のプリントを配ります。そして，「良い，悪い，（できれば中間）に分けて，理由を書きなさい」と指示してください。その際に，理由を示す「キーワード」も書いてもらうと，「具体例」をグルーピングして「評価規準」を見つけるきっかけになります。

　そして，班ごとに抽出した評価規準を全体に（板書等に）発表・集約し，「優れた評価規準の要件は何でしょうか」という問いかけをして終わります。

6 7 8 9 2つの作文をレベル分け（良い，悪い，中間）して，その理由（キーワードを含む）を書くためには，全体で1時間程度は必要です。早く終了する人もあれば，じっくりと考える人もあるので，時間的余裕を十分とって実施してください。机間巡視では，「評価規準の抽出法」がわかっているかどうかを見て，必要ならば，助言をしてください。

　教師には，子どもの学習物から何かを学ぼうとは思っていない人もいます。したがって，この作業に戸惑いを感じるかもしれません。

第3章　評価規準と評価基準表の創り方と生かし方

子どもにアドバイスするようなつもりで理由をコメントするように指示しなさい。そして，次の質問をして受け答えしながら，作業がしやすくなるようにしてください。

- 「前半の作文は何年生が書いたものでしょうか？」（答）小学6年生の女子。
- 「後半の作文は何年生が書いたものでしょうか？」（答）中学3年生の女子。
- 「この作文を子どもに返すとすれば，その子どもにどのような声をかけますか？」（答）○○がよかったね。○○が印象的！
- 「質の高い書き方の要件は何でしょうか」（答）「焦点化」や「読みやすい」など具体的な記述内容を添えるようにさせること。

これらのやり取りや参加者が理由を書き，評価規準の手掛かりを書き出した段階で，次のようなことも知らせてもよいでしょう。

実は，「楽しかった修学旅行」は，小学6年の女の子が，日記に書いたものです。この学級では，新たに担任となった先生が4月から日記に書くように指示し，5月に，修学旅行に出かけて帰った4日後に書いたものです。

つまり，ここでは，せいぜい担任の先生に読んでもらうことしか意識していません。日記をつけるようにいわれ，その時点での思いを書いたにすぎません。

他方，後半の作文は，修学旅行で思ったことや感じたことを書く機会を与えられ，その際に，書き上げたものを立派な冊子にまとめて発行することも告げられていました。

したがって，この作文は，読み手をほとんど意識しない日記とは違って，かなり推敲に推敲を重ねて書いたものと思われます。

7

ったです。大仏は，自分が思っていたよりも大きかったのでびっくりしました。そして，次の日，まずは，班に分かれて，タクシーに乗りました。私は，国際平和センターだったので，そこに行きました。平和センターは，戦争のことについて，くわしく展示しているところでした。私は，そこで「戦争はこわいな」とつくづく思いました。平和センターの次に行った所は，ユニバーサル・スタジオでした。私たちの班は，ごはんも食べずに，初めジョーズに向かいました。とっても楽しかったです。

8

自分には何ができるだろうか？

私は，ありふれた事を書くのは，あまり好きではない。しかし，あえて平和公園で学んだ事など平和について書くのは，そこしれぬ使命感に苛まれた為である。

3月14日平和記念像を背景に，創作演劇ドラマを演じる。ここまでたどり着くのに，本当にたくさんの事があった。怠けそうになったりもしたが，今考えると自分がやった一つ一つの事に，深い意味があったような気がする。「戦争を忘れる事は，本当に平和なのか。」という最初のテーマを見たときから，私は何

9

かを探し求めていたのかもしれない。

誰もが，いつかは死ぬ。でも，死ぬのは怖く苦しいもの。そして，平和を愛する全ての人は戦争と，切っては切れない存在にある。このことを修学旅行で学んだ。と，少し前まではそう思っていた。でも多分それは，ただのカッコ付けにしかなっていなかったのだろう。そのような大きな事を考える前に，まず自分の身近な所から考えなければならなかった。そう，自分には何ができるのだろうか。ということを……。

まだその答えは，見つかってはいない。けれど，これから一生懸命探していこうと思う。

⑩

どの教科でも通用する「書き方」の評価規準（案）

①思い・考え／思考・判断。
②すすんで／積極性。
③自分だけの／独自性。
④組み立て／構成。
⑤言葉づかい／文法。

〈注〉左は小学校向け，右は中学校向け。

⑪

評価規準の要件

(1) 内容
　重要なことを漏らさず，すべてを含む。
(2) 明瞭性
　詳細なのが良い。学習物サンプルがある。
(3) 一般性
　様々な課題を通して使われる規準の開発。
(4) 分析的特徴の考慮
　授業で使うには全体的（一つの評定）より分析的（いくつかの評定）が良い。

⑫

「評定尺度」による書き方の評価

	3 十分満足	2 おおむね満足	1 努力を要する
思いや考え			
組み立て			
言葉づかい			

⑩評価規準の抽出後，「書き方」の評価規準（案）の説明をします。これは，小中高の子どもの生活文や感想文，教科書の説明文，社会科の授業でのレポート，総合的な学習の報告書等から抽出しました。どの教科等でも通用するような評価規準ですが，なお手直しを要するので，評価規準（案）としています。

ところで，前述の「楽しかった修学旅行」を書いた女子にこの評価規準を見せて，文章を見直してもらったところ，⑤から着手し，①や②などは即座に修正付加しました。

⑪優れた評価規準の要件は，二つの作文を読み進める過程で考えてきたはずです。教師は，これをよく理解しておく必要があります。

特に，(2)のように，頭の中でもっともらしい評価規準を考えるだけでなく，評価規準に対応した良い学習物のサンプルを保管することが大切です。

また，単元ごとの評価規準が大切と考えがちですが，評価のための評価になりがちです。(3)の一般性をもった評価規準であれば，(4)の授業における評価と学びの連動に生かすことができます。

⑫左のプリントを用意して，配ってください。

この表は，前述の「書き方」の評価規準のうち①②④を使い，どの程度できたかを三つの評定尺度で評価するようにしたものです。評価規準だけでは，方向目標にはなり得ても，どの程度できたかということまではわかりません。

そして，先ほどの二つの作文（「楽しかった修学旅行」と「自分には何ができるだろうか？」）について，どの程度できたかということを評価するようにいってください。

第3章　評価規準と評価基準表の創り方と生かし方

13

一般的で分析的な評価基準表			
	3　十分満足	2	1
組み立て	・筋道が明確で，わかりやすい。 ・起承転結があって，あきさせない。 ・適切な箇所では細部まで詳しく描いている。 ・読み手を意識して，例も示している。	略	略
言葉づかい	・綴り，句読点，括弧が間違っていない。 ・段落や語彙の使い方も適切である。 ・語法（言い方）が一貫している。	略	略

14

「一般的な評価基準表」とは
どの課題でも使えるような評価規準を使ったもの。
「全体的な評価基準表」とは
分析的な評価基準表の評価規準ごとの質的記述を総合したもの。
「課題特定的な評価基準表」とは
特定の課題に限定して評価規準を使うもの。

15

一般的な評価基準表	課題特定的な評価基準表
○技能の直接的な判断をしやすい。評価対象の規準が明確である。	×全体の得点から技能を推測する。評価対象を明確にした規準でない。
○課題は違っても，同じ評価規準を使える。特にポートフォリオに有効。	×課題ごとに評価基準表を創る必要がある。
○大きな評価対象（問題解決や意思決定）には最適。	○知識や概念的理解の評価にはよい。
×採点も評価者の間の合意も難しい。	○採点も評価者の間の合意もやさしい。
○継続的な指導の手段になりうる。	×継続的な指導手段としては不適。

13 2つの作文を「評定尺度」の評価法で評価させ，結果を発表させると，かなりのバラツキがあるはずです。とすれば，信頼の置ける評価法とはいえません。その問題点を克服してくれるのが，「分析的な評価基準表」です。

これは諸教科の「書き方」の評価規準ですので，「一般的な評価基準表」でもあります。

ただし，ここでは，スペースの制約のために，その他3つの評価規準は省略しました。また，右側にある「2　おおむね満足」と「1　努力を要する」も省略しています。

14 様々な評価基準表の整理をします。「書き方」の5つの評価規準をレベルごとに質的に記述したものは，「一般的な評価基準表」です。しかも，これは，評価規準ごとに記述しているので，「分析的な評価基準表」ともいえます。

そして，この書き方の評価規準で，「3　十分満足」などレベルごとにまとめて記述したものが「全体的な評価基準表」になります。

「課題特定的な評価基準表」は，「クリスマスケーキを食べよう」の評価基準表のように，特定の課題だけで使えるものです。

15 では，「課題特定的な評価基準表はよくないのでしょうか？」と問い掛けて，2つの評価基準表の長所と短所について考えましょう。

左の表に示すように，どの教科等でも使えるような一般的な評価基準表を創るには，多大な時間と労力がかかります。

他方，課題特定的な評価基準表は，比較的簡単に創ることができ，教師間の合意もしやすいのですが，課題ごとに変わるので，子どもがその規準を内面化させて，自ら評価して，次の学びを方向付けることは困難です。一長一短です。

⑯

全体的な評価基準表	分析的な評価基準表
○評価者の訓練が容易。	×評価者の訓練が困難。
○採点が早い。	×採点に時間がかかる。
△全体的な学びを評価する。	○学びの相対的な長短所を示して，それが子どもにも教師にも役立つ。
×2人の理由は違っても，同じ得点になることもある。	○採点上の違いの理由は，容易に明らかになる。

⑰

評価基準表の立方体

評定尺度／文章記述
一般的／全体的／分析的
課題特定的

⑱

評価基準表の利点

・分析的評価基準表を使っても，全体的に見る傾向がある。
　×平均点やポイントでは，部分の総和が全体という間違った想定がある。
・評価の多様な側面が見える。
・改善点が見える⇒子どもの学びの指針になる。

⑯「一般的な評価基準表」の中の「書き方」のような「分析的な評価基準表」は，評価規準ごとに評価するので，子どもの学びの長短所がわかって，指導や自らの学びに生かす手掛かりを得ることができます。また，評価規準ごとに採点するので，総得点は同じであっても，違いの理由説明がしっかりできます。

他方，「全体的な評価基準表」は，評価者が個別の評価規準に詳しくない場合でも実施することができて，採点しやすいという利点をもっています。

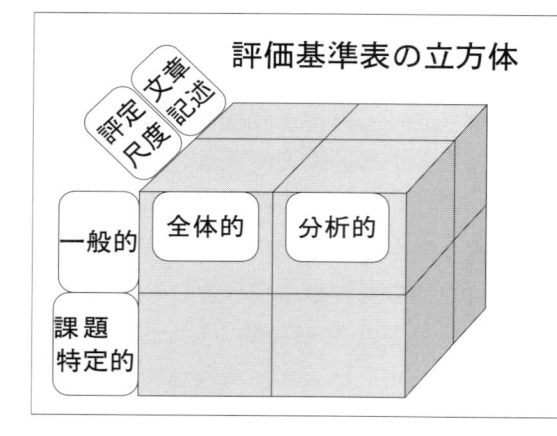

⑰様々な評価基準表を図に表してみると，異なる教科の間でも，あるいは同じ教科における異なる単元の間でも使える「一般的な評価基準表」と特定の課題や単元にしか使えない「課題特定的な評価基準表」があります。

そして，一般的な評価基準表には，評価規準を個々に分けた「分析的な評価基準表」と一括した「全体的な評価基準表」があります。最後に，評価基準表におけるレベル分けの方法として評定尺度で示す場合と文章で質的な違いを記述する場合があるということです。

⑱実際には，「分析的な評価基準表」を使って学びの度合いを評価し，改善点を見出しても，最終的には，その人の学びを全体的に見る傾向があります。つまり，一般的で分析的な評価基準表が，授業効果を高めるには最適で最強のツール（道具）になるということです。

この評価基準表は，子どもの学びの良い面を最大にして，「何が重要か」を示す"結果としての妥当性"を重視するという点でも有効です。そこでは，子どもの学びと教師の指導の連動が図られるといってよいでしょう。

第3章　評価規準と評価基準表の創り方と生かし方

「評価は，教師が『子どものために』するものだと思っていました。子どもの自己評価も，振り返りカードを使ってさせるものだと思っていました。本校のように子どもが自由に付箋紙に自己評価を書くといっても，何のために評価するかわかるのでしょうか。」

　総合的な学習の時間に関して，文部科学省研究開発校の指定をうけた福井市立社西小学校の研究発表会で，フロアからこのような感想が述べられました。その時，アドバイザーの1人として出席していた私は，「子どもが教師と一緒に評価規準を創って，そこから自分なりの目当て（具体例のこと）をもち，自己評価もその目当てにそって行うので，無定見なものにはなりません」と答えました。実は，このことは，総合的な学習だけでなく教科学習でもいえます。

　この2つの学習で違っている点は，総合的な学習では，評価規準に留めて，言語による学びだけでなく，見たり，やったりする学びまで評価規準を設けて，学びの幅を広げることをねらいとしますが，教科学習では，これだけは教えたいという事柄があり，そこに到達することまで求める"絶対評価"の関係上，評価規準とともに評価基準表まで使うということです。

　もう一つの違いは，教科学習では，最初からこれは教えたいという事柄があるので，それに伴って評価規準も決まってくるということもあるということです。しかし，教えたい事柄を単元ごとに細分化すれば，前述の中学校のように，詳細な課題特定的評価基準表になり，「評価のための評価」に陥ってしまいます。とすれば，子どもの思いも吹っ飛びます。

　そのような問題の打開策として，各単元の知識・理解の観点は，ペーパーテストで評価しながら，その他三つの観点は，もっと息の長い学びの過程でしかわからないので，書き方のような異教科間でも成り立つ評価規準を基にしたり，同じ教科内でも複数の単元で通用する評価規準でつくった「一般的分析的な評価基準表」で評価することを提案したいと思います。

　そして，子どもが評価規準や評価基準表を十分理解していない場合には，周知徹底するような授業もします。すると，学びや評価も，教師にやらされるという意識も少なくなって，自分のためにやるという感覚をもてるようになるのではないでしょうか。

　「子どものために」というのは，教師から発せられる一種の殺し文句です。しかし，その発想から，教師があれこれを用意して，このように教えて，ここで評価してという勝手な筋書きが生まれやすいのです。そこには，"今とここ"を生きる子どもの願いを汲み取る余地はありません。とすれば，親が子どもの気持ちも聞かないで，「あれをしてやった，これもしてやったのに……」と嘆くのと同じように，子どもにとってはありがた迷惑ということもあります。

　私たちは，教師が最終的に評定を下すということは否定しませんが，できる限り学びも評価も子どもに引き寄せ，教師は，一人ひとりの子どもの多様な学びを捉えて，適時必要な指導や助言をすることが新指導要録に基づくこれからの"新しい教科学習"では必要ではないかと考えます。

(安藤輝次)

第4章 評価を活用した授業実践と評定法

1 私たちの授業実践の到達点と課題

　学校の先生は,「発見」より「発明」のほうが得意なように思います。こんな教材を使って，この方法で教えようとか，この発問はこうすればよいと創意工夫を凝らす「発明」のためには，一生懸命になりますが，子どもの学びをじっくり観察したり，学習物等を通して，教師自身の指導の弱さや子どもの学びの特徴に気付くような「発見」をすることはあまりないのではないでしょうか。

　事実，私の研究室の大学院生が国際理解教育を修士論文のテーマにしようということで，過去の国際理解教育の実践を調べたことがあります。しかし，ほとんどの文献は，「これをやった，あれをやった」という教師側からの発問や資料などばかりを載せているにすぎません。指導の結果，子どもはこのような学習物等を残したので，次にこの手立てを講じたという実践報告は，数えるほどしかないのです。

　子どものあらさがしをするという発見はあるかもしれませんが，子どもの学びのよさや可能性を見出したり，子どもの学習物等から次の展開のヒントを得て，自分の力量形成につなげることは苦手なように思います。

　その点，優れた実践家は，子どもから学ぶということを実践してきました。例えば，鳴門教育大学附属図書館にある「大村はま文庫」を訪ねたおり，彼女が収集した子どもの学習記録は，優れた学習記録ではなく，「これによって，これから勉強したいと思うようなもの」を集めておいたということを知りました(『月刊　国語教育研究』1998年11月号，60-61頁)。学習記録は，子どもの振り返りこそありませんが，評価規準も示されていて，一種の子ども用ポートフォリオですが，そこから自らの指導の弱さなどを発見し，力量形成につなげようとしていたことを知って「ハッ」としました。

　私たちが子ども用ポートフォリオを見る際にも，ともすれば自分の指導力を誇るために優れた学習物等のみを集めがちです。それでは，自慢はできても，さらなる力量アップにはつながりません。大村はまさんのような姿勢を保ちたいものです。そのための練習問題として【問6】をやってみてください。これは，須甲英樹教諭（福井県大野市立森目小学校）の修士論文『体験活動の本質とその効果の研究』(福井大学大学院教育学研究科，1998（平成10）

年2月提出，83-90頁）を参考にしてに作ったものです。

【問6】 次の2枚の絵を見てください。どちらも小学2年のB男が生活科の時間に描いた絵です。それぞれの絵を比べてみて，どのような違いがあるでしょうか。そして，その違いは何が原因で起きたと思いますか。

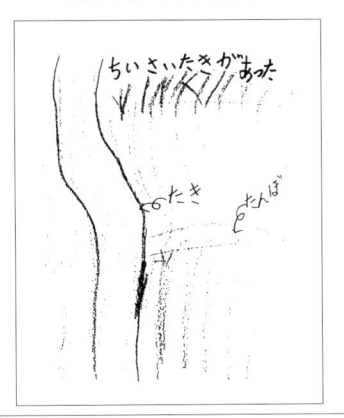

［絵1］6月20日　　　　　　　［絵2］10月22日

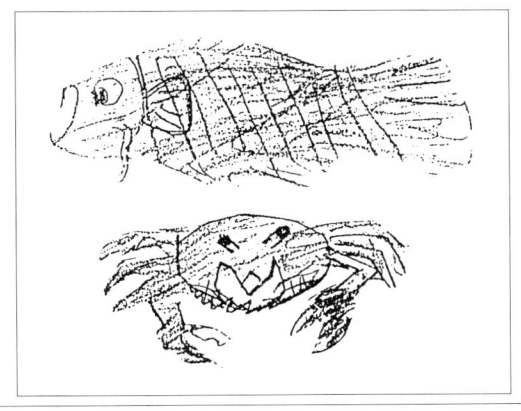

　［絵1］は，校区を歩いて，様々なものを見つけてくるという"地域探検"をした時に，B男が近くの集落にあった用水の落ちる様子を描いたものです。事前に観察カードの説明を須甲教諭から受けていたにもかかわらず，簡単な絵に「たき」「たんぼ」という言葉を添えているだけで，ほとんど対象を詳しく観察できていません。
　須甲教諭は，B男について「書く作業などは，ほうっておくと1時間何も書かない」とメモし，どの教科の授業でも積極性に欠けていると思っていました。また，家庭訪問の後で「家での遊びでも，体を動かして遊ぶことは少なく，特にテレビゲームが大好きで，ゲームの話なら非常に意欲的に話す」と記録していました。
　さて，［絵2］は，［絵1］に比べて，はるかに生き生きしています。コイのタラコ唇やひげ，カニのはさみや腹にある毛など細かなところまで観察が行き届いています。しかも，これは，釣堀ゲームに使うために何も見ないで描いた絵なのです。どうしてこのような違いが生まれたのでしょうか。
　実は，10月16日に学級全員で「内水面センター」に行って，実際に海や川に住む生き物を見た後，観察ノートに描かせていました。だから［絵2］は何も見ないで描けたのです。
　しかし，体験後に記録を残すことは，地域探検でもやっていました。車椅子を使った模擬体験の直後に書いた11月30日のB男の日記を見ても，具体的な表現がなされていません。ですから，［絵1］から［絵2］までの四ヵ月の間に成熟したといえそうにもありません。
　［絵1］との違いの秘密は何かというと，［絵2］を描く前には，見学という体験に加えて，B男自身が水に住む生き物にとても興味関心をもっていたということです。
　そのことは，B男の10月3日の作文から裏付けることができます。そこでは，教室で飼っ

ていた魚やエビが死んだ時,「元気がよすぎてとびはねすぎたのかな。たぶんエビは,水から出たら死んでしまうことがわからなかったのだろう」と分析していました。

このように子どもの興味関心というプラスアルファがあってこそ体験も学びとして意味をもつということを須甲教諭は学びました。付言すれば,教室で魚等を死なせた失敗経験をして,「二度とそのようなことはしたくない」という思いが強くあってこそ,興味関心に火がついたということでしょう。

そして,［絵2］を軸にして様々な学習物等をからめながら検討すると,B男の関心・意欲・態度について適切に評価できるという点に注目してほしいと思います。私たちは,関心・意欲・態度に関わっては,特別に評価規準を設定していませんが,ポートフォリオに収められた学習物等を見ていく中で,関心・意欲・態度を評価します。また,より年長になれば,子ども自身による学習物の質の高まりや変容に関する振り返り,つまり,自己評価を通して関心・意欲・態度を評価しようとしています。

もう一つ,最近しばしばたずねられるのは,なるほど評価基準表の必要性はわかったけれど,それを評定にどのように反映させるのかという質問です。これからの教師は,テスト一本槍で評定を下すのではなく,子どもの提出物や学びの過程を評価していかなければなりません。ということは,学期始めに,テストは何パーセント,ポートフォリオで何パーセントで通信簿をつけるというようなことを教員同士で合意し,子どもにも知らせる必要があるということです。では,子どもは,単元ごとに提出した学習物を評価基準表でそのつど評価していきますが,それはどのように総合的に評価すべきでしょうか。【問7】を通して考えてください。

【問7】 山田先生は,1学期中に異なる作文を3つ出すように求めたところ,鈴木君の評価（1から5のポイント）は,表のようになりました。しかし,そこから成績の出し方は,次の3種類あるようですが,山田先生は,どの方法を使えばよいか悩んでいます。あなたは,どのような助言をしてあげますか。その理由を述べなさい。

	思い・考え	すすんで	自分だけの	組み立て	言葉づかい	計
提出物1	5	3	3	4	3	18
提出物2	4	4	3	4	3	18
提出物3	4	4	5	3	4	20
計	13	11	11	11	10	56

(A) 獲得したポイントで計算する方法

獲得したすべてのポイントは56ポイントを満点の場合の75ポイントで割って100を掛ける（小数第1位四捨五入）と,75%になる。　　　56÷75×100＝75

これに関連した方法として,傾斜配点法がある。例えば,「思い・考え」と「組み立て」

の評価規準だけはポイントを2倍（10ポイント）にして，残りの3つの評価規準で得たポイントと合わせて全体のポイントで割って，パーセントを出す方法をとってもよい。この傾斜配点法をとると，76%となる。　　　　　　　　　80÷105×100＝76

(B) 各ポイントをそのまま評定点に変える方法

得たポイントを変換率（1＝60%，2＝70%，3＝80%，4＝90%，5＝100%）に変えると下表のようになり，満点総計（1500）から百分率を出す（小数第1位四捨五入）と87%になる。　　　　　　　　　1310÷1500×100＝87

	思い・考え	すすんで	自分だけの	組み立て	言葉づかい	計
提出物1	100	80	80	90	80	430
提出物2	90	90	80	90	80	430
提出物3	90	90	100	80	90	450
計	280	260	260	260	250	1310

(C) ポイントの頻度を確かめて計算する方法

重みの掛け方は，いろいろあるが，例えば，次のような基準で評定を下す。
① 評価規準の各ポイントで5が過半数を占める場合は評定を5（100点）とする。
　ただし，「思い・考え」と「組み立て」は4ポイント以上が必要である。
② 評価規準の各ポイントで4以上が過半数を占める場合は評定を4（90点）とする。
　ただし，「思い・考え」と「組み立て」は3ポイント以上が必要である。

この基準に照らして，鈴木君の成績を評価すると，全体で18のうち4ポイント以上が9つあって，「思い・考え」と「組み立て」の評価規準も3ポイント以上を取っているので，評定は4（90点）となる。

これは，「ツールキット98」を参考にしてつくった問題ですが（Northwest Regional Educational Laboratory, op.cit. Activity 4.6.），あなたは，評価基準表の成績を集約する時，どの方法を採用しますか。大多数の人は，(A)と答えるように思います。ちょっと凝って，傾斜配点を使おうという人もいるかもしれません。そのほうが科学的なように思えます。(A)は，ポイントが5であれば100点満点，ポイントが1は20点という発想に基づいています。傾斜配点も，評価規準の重み付けは違いますが，原理は同じです。

しかし，例えば，3つ星レストランが60点ではなく，実際には合格の印であるように，評価基準表に記述した5と1の間には100点と20点のような大きな差はありません。1は，せいぜい60点ぐらいでしょう。とすれば，すべてのポイントを合計して全体の評価とみなすことは，実際の学びよりも過小評価していることになります。

その点を考慮したのが(B)と(C)です。(B)では，ポイントごとに変換率を設定して，そ

こで獲得したポイントを全体で割って百分率で出します。これは，それぞれの評価規準の重み付けが均等である場合にもっとも適切な方法でしょう。しかし，他の評価規準はよくても，特にこの評価規準抜きではだめだというような場合には，(C)の評価規準の条件付けをする方法がもっともふさわしいと考えます。そして，(B)か(C)の方法で評価基準表の評定を下し，それとテストによる評定とを事前に考えた比率で合わせた結果を教科の全体的な評定とするのが妥当なように思います。

　なお，総合的な学習の評定では，今回の指導要録改訂に伴って通信簿においても，「観点」と「学習活動」と「評価」を文章で記述するようになります。その文章記述の評定法として，教師が子ども用ポートフォリオを見て，学びの歩みをたどるという方法がありますが，かなりの時間を要します。しかし，子どもが評価規準を内面化し，優れた学習物等を自己申告するようになり，それを教師用ポートフォリオに収める方式が確立できれば，もう少し労力も軽減できるでしょう。また，子どもに自分の学びを振り返らせ，履歴として書かせておくと，学習効果が高まるという研究がありますが（市川洋子『総合的な学習の評価のあり方－自己評価能力形成を中核とするポートフォリオ評価法について－』千葉大学大学院教育学研究科修士論文，2001（平成13）年1月提出），このような子どもの書いた学びのプロフィールを教師用ポートフォリオに綴っておくと，総合的な学習を評定する際に役立つはずです。

　ところで，「評価を変えるような小手先の改革をしてもだめだ」という声を聞いたことがありますが，それは間違っています。例えば，「小さいことは，いいことだ」のワークショップで，見ず知らずの男性の先生4名が集まったためでしょうか，ほとんど何も話し合うことなく，黙々と箱のデザインをしている班がありましたが，活動の途中で評価規準が「測定」「計算」「割合」に加えて「協力」も評価規準だと確認した途端，班内で話し合いが活発になったということがあります。評価規準が学びを牽引する役目を果たすのです。したがって，どのような評価規準にすべきかということが問題になると思います。

　それで，「私たちの評価規準でよいのでしょうか」と質問されることがあります。そのような時，「評価規準でよいのかどうかと疑いの目を向け，他にもっと適切な評価規準があるのではないかと思っているのが健全な状態です」と答えることにしています。

　確かに，全国的な教育の質をそろえるためには，統一された評価規準が必要です。全国一律の評価基準表もあったほうがよいでしょう。しかし，現実には，同じ評価規準を全国どの学校でも適用できるわけはありません。例えば，自然がいっぱいで，子どもたちも動植物に親しんでいるけれども，算数や国語の学力が不足気味であるような学校で使う評価規準と，ほとんどの子どもが学習塾に通い，算数や国語はよくできるけれど，動植物など育てたり，触れたこともない学校で用いる評価規準とは，同じでないはずです。この場合，前者の学校では，算数と国語の詳細な評価規準を必要としていますし，後者の学校では，理科や家庭科でもっと体験を盛り込むような評価規準を創らなければなりません。もっと厳密にいえば，

同じ学校の中でも，学級の子どもの状況に応じて，教師がもっとも適切な評価規準を見極めて修正加除し，他の優れた評価規準を採用する必要があるのです。

　第Ⅱ部に紹介する評価規準や評価基準表を使った授業は，このような発想に基づき，これまで述べた評価規準や評価基準表の理論を参考にして，子どもたちの学習物等を収めたポートフォリオを使い，それぞれの学校や学級の状況に合わせて，教師自身が創りだした実践です。ポートフォリオを導入した経験も，はじめての教師から中級レベルに達している教師まで様々であり，そのために残された課題も多様です。まず，それぞれの実践の特徴をまとめておきましょう。

　第5章の「1年算数ポートフォリオで振り返って学ぶ」は，子どもに「素早く確実に」という目当てをもたせて算数の加減の計算問題を振り返りながら解かせる実践です。その結果，斉藤園子教諭によれば，子どもの計算力がつき，家庭との連携には家庭用練習カードが役立ち，適切なゲームによって学習効果が上がりましたが，ポートフォリオで発見した子どものつまずきに関する支援の仕方が課題として残されたといいます。

　礒田敬二教諭の「算数と総合的な学習を関連付ける」実践は，「資料の整理」や「表とグラフ」の学びを実地に応用する"本物の学び"を目指しました。意欲付けのためにアンケートを実施し，自主的な学びを進めるために学習ガイド（学習物サンプルを含む）を使い，評価規準を使って報告書づくりをしていく能動的な学びの過程が描かれています。ただし，学習結果の個人差の拡がりに伴い，一斉指導もすべきであったという反省もなされています。

　ポートフォリオの本質は，自己評価であるといわれます。その点に関して，剛君が総合的な学習においてどのように自己評価しながら学んでいったのかを明らかにしたのが須甲英樹教諭の「自己評価で進める総合的な学習」の実践です。苦手だった「まとめ方」を評価規準にしながら，目的意識的に学んでいく様子が描かれています。

　ポートフォリオは，教科や総合的な学習だけでなく，保健の時間でも活用できます。阪井和代教諭の「ポートフォリオで子どもの健康教育を」では，毎日3分間行っている子どもの歯磨き活動に教師作成の評価規準を導入し，学級担任や家庭とも連携しながら，実践していった経過を数人の子どもを例示しながら綴っています。その結果，ほとんどの子どもが歯磨きを欠かさないようになりました。

　また，教員研修の方法として子どもの学習物等を使ったポートフォリオ検討会がありますが，市川洋子氏が紹介している「養護学校におけるポートフォリオ検討会」は，指導上悩んでいる特定の子どもをビデオに撮って，それを教員間で検討するという方法を採用しました。このような一つの事例に焦点化することによって，担当教師だけでなく検討会に参加した教師にも専門性が高まり，その学びが他の子どもの指導にも役立つと結論付けています。

　第6章では，中学校の実践を取り上げています。教科担任制となり，子どもも発達してくるので，小学校とは違った工夫が凝らされたポートフォリオ実践が展開されています。

内藤義弘教諭の「評価基準表づくりとその効果」は，前半では私と協働で提案し，実践によって確かめながら，評価規準をどうすべきかを模索する様子が描かれ，後半では，同僚教師と一緒により汎用性の高い評価規準として「関心・意欲」「資料活用」「すじみち」「知識・理解」「自己の振り返り」「友達を参考にする」を考案して，それぞれに見合った学習物等を子どもに提出させ，教師用ポートフォリオを作っていく実践を報告しています。なお研究途上ですが，観点別評価における4つの観点も意識しており，どの先生でも比較的取り組みやすい実践であろうと思います。また，同教諭による「評価規準の理解を徹底する授業」では，子どもが評価規準を十分に理解できていない場合には，過去の優劣の際立った学習物サンプルを使っており，評価規準の理解を促すような授業の必要性を示しています。

　子どもと一緒に創った評価規準を手掛かりに教師が評価基準表を作成・提示して，きめ細かな授業をしているのが大橋巌教諭の「評価規準づくりを通して地理の学習課題を吟味する」実践です。これは，アメリカ合衆国，中国，EUに共通する課題を設定し，レポート交流会を通して評価規準だけでなく評価基準表も創って，全員がAを取れるように研究レポートを作り直して，本人，保護者，教師の三者で評価します。さらに，教師自身の反省も随所に織り込まれ，教師も学びながら授業を進めていることがわかります。また，同教諭の「評価基準表を使って評定する」は，分析的な評価基準表によって複眼的な評価を行い，ペーパーテストと連動した評価も可能であるといいます。テストの信憑性等については，なお検討の余地もありますが，注目すべき意欲的な実践です。

　高間春彦教諭の「評価規準で『読む』と『書く』活動をつなげる」は，国語教科書に載せられた小説を子どもに課題をもって読ませ，課題の評価規準を抽出し，同一課題の者の間で話し合わせた後，話の続きを書かせる実践です。子ども用ポートフォリオの導入によって，授業評価に子どもを参加させることができるという効果があったといいます。

　最近の基礎学力批判に伴って，理科の授業の在り方にも多くの関心が寄せられています。大谷祐司教諭の「単元統合した理科ポートフォリオの実践」では，子どもに息長く追究させるために，特定のテーマを設定して複数の単元を統合することを提案しています。そして，ワードマップや観察結果の整理や記録等を子ども用ポートフォリオに収めて，振り返りながら学ぶ実践を行っています。

　最後に，石堂和代教諭の「美術ポートフォリオで創ってつなげる」は，次節に紹介する池内慈朗氏（福井大学）と協働で行った評価基準表づくりまで含めた実践です。池内氏は，ハーバード大学のプロジェクト・ゼロで研究員をしていたこともある新進気鋭の研究者で，"エントリー・ポイント"という手法を推奨していますが，ここに紹介する石堂実践は，その手法とポートフォリオとを交えたものと特徴づけられるでしょう。

　以上，第II部に掲載している「評価事例集」について簡単に紹介しましたが，そこから見出すことができる課題は，第一に，子どもが評価規準や評価基準表を十分に理解できるよう

にするために，それぞれに対応した学習物サンプルを集める必要があるということです。主要単元ごとに学習物サンプルが用意できれば，子どもは自らの学びを評価し，次の学びに連動させることができるようになるでしょう。第二に，本書ではまったく触れることができませんでしたが，教師の観察評価の役割も無視できません。この面の研究を行っていく必要があります。そして，第三に，指導要録改訂に伴って新しいスタイルの通信簿を採用している学校も少ないために，通信簿にどうつけるのかという評定に関わる実践が弱いということです。今後，これらの課題に精力的に取り組みたいと思います。

(安藤輝次)

2 エントリー・ポイントによる学びへの可能性の拡げ方

1 独創性のある疑問から独創性のある解決策が生み出される

ニュートンは，リンゴの木からリンゴが落ちるのを見て，万有引力を発見したというエピソードが伝えられています。天才といわれる人たちが，何もないところから閃いて法則を発見するように思われがちですが，彼らは，何か説明のつかない事象に疑問をもち，法則や解決策を見出そうとして，四六時中考えたり，悩みぬいた結果，ニュートンの場合でいえば，まさにリンゴが偶然落ちた瞬間に，閃いたのでしょう。

ニュートンの抱いていた疑問は，ほとんどの人にとっては当然のことですまされ疑問にすら思わなかったことだったのです。子どもは，とんでもない発想をして大人を驚かせます。子どもの時期は，創造性にあふれていますが，「なぜ，なぜ？」という問いも多く，びっくりするような疑問を投げかけてくることも確かです。疑問と創造性には，何らかの関係があるようですし，オリジナリティ（独創性）のある疑問は，オリジナリティのある解決策を生み出すきっかけとなるのです。

これからは，そのような子どもなりの無限の可能性を引き出す授業が求められているように思います。つまり，従来の教師主導型ではなく，子ども一人ひとりが問題を見出し，その問題を自分のスタイルで解決していく必要があるのではないでしょうか。その手掛かりがエントリー・ポイント (entry point) にあるように思います。

2 多重知能理論とエントリー・ポイントの関係

エントリー・ポイントの考え方は，ハーバード大学教育学大学院にあるハーバード・プロジェクト・ゼロ（以下「プロジェクト・ゼロ」と称す）という研究機関が美術鑑賞のために作ったものです。プロジェクト・ゼロは，芸術教育の研究から出発した研究所であり，グッドマン (Goodman, N.) によって創設されて以来，様々な芸術に関する認知領域，あるいはシンボル・システムにおいて意味を見出す研究を行ってきましたが，近年では，ガードナー

(Gardner, H.) やパーキンス (Perkins, D.) を指導者にして，知能と「学習及び理解」についての研究に取り組んでいます。とりわけ，ガードナーの多重知能理論（MI：Multiple Intelligences 以下「MI理論」と称す）に基づいて各種のプロジェクトが組織され，幼稚園から高校まで各校種における実践的な検証や理論的発展に努力が払われています。ガードナーの下で芸術教育を研究していた筆者は，いかにガードナーの理論やプロジェクト・ゼロの実践が素晴らしいものかを幾度となく目の当たりにしたものでした。それでは，それらの体験も含めて以下述べていきましょう。

　ガードナーは，現代の認知科学の各分野である哲学，神経科学，心理学，言語学，人類学，人工知能などの分野がどのように関わりあっているかといった問題を把握し，それらの成果を咀嚼し，知能に関してのMI理論という学説を生み出しました。そして，ガードナーの理論は，単に知能を説明したものだけではなく，芸術を知的活動とみなし，知能との関係をも説明していることで評価されています(See Gardner, H. A Cognitive View of the Arts. Feinstein,H. and MacGregor, R. (Eds.), *Research Readings for Discipline-Based Art Education:A Journey Beyond Creating*. National Art Education Association. Virginia, 1988, p.108.)。

　これまで知能＝IQと考えられてきましたが，ガードナーは，その知能の概念をより広く捉え，問題を解決したり，さまざまなものを生産したり，創造したりする能力と定義しています。そして，1983年にMI理論を提示し，知能には少なくとも次の8つ，つまり，(1) 言語的知能，(2) 論理・数的知能，(3) 音楽的知能，(4) 空間認識知能，(5) 身体運動能力知能，(6) 対人的知能，(7) 個人内的知能，(8) 博物的知能（8つ目は，1995年に追加）に分類できるとしました。MI理論という知能の概念は，知能各領域の発達の違い，脳損傷研究，進化論的証拠などから導きだされたものです。個人が興味をもつ領域や好きな領域は，秀でた知能の領域と密接な関係があり，各個人の知能のプロフィールは，8つの知能の異なる組み合わせから生じるものであり，したがって，思考は，個人によってそれぞれ認知形態が異なるので，作り上げられる世界も異なると考えられています。ですから，問題を解決する際も，各個人は異なった戦略を用いており，問題の解き方も異なってきます。例えば，数学の問題を解く際，論理・数学的知能を単一に用いるのではなく，空間認識的な推論を用いる子ども，言語的戦略を用いる子ども，その両方を用いる子どもがいることが報告されています(Winner, E. *Gifted Children:Myths and Realities*. Basic Books, 1996, p. 48.)。つまり，一人ひとりの子どもの学習と理解には自ずと異なった類型が存在するということなのです。

　読者の皆さんは，今では，大人となり精神的な成熟を遂げ，心のコントロールが可能かと思われますが，子どもというのは，理屈や理由もなく，何をするにもどちらかというと好き嫌いがはっきりしている方ではないでしょうか。あるいは，子どもは，イヤだったり興味すらもたないことに対しても，何かのきっかけでやってみたら，案外「食わず嫌い」のように，

面白がるといった経験が多いと思われます。しかし、そのようなことまで考慮し、配慮してくれる学校や授業がどれほど存在するでしょうか。

　ガードナーは、一学級40人近くの子どもたちに対して、同じように決められた一種類の教科書で学習すること自体、無理があるのではないかと考えます（Gardner,H. *Toward More Effective Arts Education.* Gardner, H. and Perkins,D. (Eds.), *Art, Mind and Education.* 1988, p. 165.）。確かに、学級全体が一種類の教科書で学ぶことに何も疑問ももたず、もっと多様な教科書や教材を使えば、子どもの個々の才能が伸びる可能性があるのに、その可能性を葬りさってきたことに問題があるように思います。教育方法上の問題であるにもかかわらず、多くの人々は、自分のできが悪かったのだと自責の念にさいなまれてきたのではないかと思われます。そして、ガードナーは、これまでの学習と知能の組み合わせの違いから生じる教育方法の問題点に応えるために、1991年に著書『学校によらない心』の中で、MI理論を基にしながら、ピアジェの認知発達及び近年の認知学習研究を取り入れた学習に焦点を絞った考え方を打ち出しました。そこには、それぞれの知能の領域内での理解の方法、知能の領域間での理解の方法などの研究成果から、訓練による習得の形態の違いを導き出したエントリー・ポイントの概念を明らかにし、(a)物語の窓、(b)理論・数量の窓、(c)基礎的な窓、(d)美的な窓、(e)経験の窓、という5つのエントリー・ポイントの類型を示したのです（Gardner, H. *The Unschooled Mind.* Basic Books, 1991, pp.244-246.）。

　それでは、MI理論とエントリー・ポイントは、どのような関係にあるのでしょうか。ガードナーによれば、以下のように述べています。

　「MI理論は、学習する者について考える時に有効であり、自分をとりまく世界を意味づける子どもたちの色々な異なる手段と能力とについて説明し、意味を与える有効なスキーマを与えてくれる。同様に、エントリー・ポイントは、学習する要素の異なる面、すなわち、テキスト（学習対象）について考える時に有効で、異なる学習者が選択的に研究する意味づくりへの経路について考慮する有効なスキーマを与えてくれる」（Davis, J. *The MUSE BOOK*, Project Zero, Harvard Graduate School of Education, 1996, p.128.）と。

　例えば、あるポートフォリオ検討会での出来事ですが、福井市にある狐川という川の生態系を調べる総合的な学習の授業の後、ある子どものポートフォリオを開いて、学習した作品を検討していました。検討会に参加されていた4人の先生のなかの一人が、その反省メモを読んで、「この子どもは、数や量の多い少ないに敏感なんだね」という感想を述べていました。そして、「メダカがたくさんいて……」「草花がとても多く……」「生き物がこんなにもへっている……」など数や量の多い少ないという表記が多く見られるので、この子どもは、おそらく「理論・数量の窓」のエントリー・ポイントを好むタイプではないかという意見に収束したのでした。おそらく学校での学びの多くは、主題を設けていることがほとんどだと思われます。ところが、子どもにとって、興味をもちにくい主題もあるので、子ども同士で

動機付けに違いが生まれるのでしょう。確かに，興味のもてる子どもは，自分の能力を遺憾なく発揮できて，好きなことを学び続けることが可能です。しかし，興味をもちにくい子どもにとっても，主題に沿って曲がりなりにも個々の資質へのアプローチを果たしてくれるような方法がないものでしょうか。実は，そんな願いに基づいて考案されたのがエントリー・ポイントによるアプローチなのです。

3 美術鑑賞研究から生まれたエントリー・ポイント

1993年から始まったプロジェクト・ミューズ（Project MUSE：Museums Uniting with Schools in Education）は，あらゆる学習の宝庫であり，知能訓練の格好の場として博物館・美術館の可能性に着目してきました。美術館・博物館の鑑賞教育研究チームであるプロジェクト・ミューズでは，これまでの美術作品をアートとして鑑賞教育の役割から捉えるのではなく，アートをあらゆる学習の入り口にしようとしています。鑑賞教育の目的を従来のようにアートを学ぶことにのみに据えるのではなく，アートを学習に用いる教育と捉えています。それは，鑑賞教育を中核とした総合的な学習ともいえるのです。

前述の「5つの窓」が幅広い意味の表現を奨励，可能にし，さらに，学習者には，芸術作品に対する自分なりの理解の確立ができるように求めます。これらの窓によって，鑑賞者は，そのような観点を伝えるのに必要な情報を探り出すのが簡単になるでしょう。プロジェクト・ミューズでは，アメリカ国内の美術館や学校から"アクティヴ・ミューズ"というワークショップに参加してもらい，その後，エントリー・ポイントなどのノウハウをもち帰り，それぞれの勤める美術館や学校で試してもらい，アンケートを収集しているのです。

いいかえればエントリー・ポイントとは，"学習の入り口"という意味であり，個々の興味をうながす質問によって，子どもの学びに対する手がかりにするものです。つまり，「5種類の窓」が設けられていることから，異なったどの窓からもエントリーでき，多くの学習者に手がかりとなる糸口ができやすいよう多元的に入り口を設けているのです。この考え方は，美術館でのツアーガイドなどによく見られるような，一方的な説明ばかりで，来館者の興味あることや知りたいことが伝わらないといった鑑賞教育への反省から生まれたものです。このことは，これまでの学校教育においても，往々にしていえることで，一方的な説明が多く，学習者中心ではないということは，改めていくべき課題であり，それに応えていけるのがエントリー・ポイントではないかと考えられます。

4 エントリー・ポイントの実際

エントリー・ポイントは，クイズ形式であり，オープンエンドな問いに徹するというものです。その問いは，①はじめも終わりもなく，答えには正解も間違いもなく，②初心者から熟練した人まで，学習者の間で存在する相違の距離を融通させることができ，③子どもが彼

第4章　評価を活用した授業実践と評定法

ら自身の考えについて考えることができる構造を供給することとしています（Davis, op.cit., 1996, p.79.）。このようなクイズ形式は，内発的動機づけの要因となり，それぞれの個性の可能性を引き出すのに役立てることができるでしょう。それでは，実際にエントリー・ポイントを見ていきましょう。

手順としては，まず「導入」として，5つのエントリー・ポイントでの問いが10問あり，子どもは，ノートやスケッチブックに順に答えを書き留めていきます。

以下，5つのエントリー・ポイントについてプロジェクト・ミューズで用いられている問いを10問ずつ示しました。（これは，元来，美術鑑賞用のエントリー・ポイントであるので，美術の質問も多く，文中の「（美術作品）」のところは，「……」に変えています。学びの主題や状況，子どもの個性に応じて，臨機応変に置き換えてください。）

どの5つのエントリー・ポイントも，「この作品が好きですか？」から始まります。

(1)　「物語（Narrative）の窓」

このエントリー・ポイントは，主題に関連した物語を思い浮かべたり，話の展開や，ストーリーに関連した人物や出来事に関する質問が中心となるアプローチです。テーマが「エジプト文明」であれば，ツタンカーメン王の黄金のマスクを発見したハワード・カーターの数奇な人生について，あるいは，ツタンカーメン王は，「どのような人生をたどりましたか？」，エジプトの王朝は，「なぜ滅びたのですか？」，「どのようにして滅びたのですか？」などのストーリーに関する質問が中心となるのです。物語のエントリー・ポイントに向いているのは，文学作品，映画，週刊誌の連続もののマンガが好きな人ではないでしょうか。

1　この……（美術作品）を見て，どのような物語を思い浮かべますか？　この物語を語るとき，……（色）はどのような手助けをしますか？
2　あなたの思い浮かべた物語で，誰が一番，重要な人物，形態または物ですか？　なぜそのように考えましたか？
3　この……（美術作品の）話の後，どのように話が展開したでしょうか？
4　この……（美術作品）から見出した出来事は，あなた自身の人生，あるいは知っている物語から何かが思い浮かびますか？
5　この……（美術作品）から推察できる話は，実在の物語ですか？　その物語は，どこから由来するものですか？
6　この物語は，どのような感情を表していますか？　そのように考える理由は何ですか？
7　この……（美術作品）を見て，物語の人物を誰が作り出したのか，あるいは，その人物の生きた時代や場所などについて何を話すことができますか？
8　この……（美術作品）の周辺を見渡して，物語の歴史，美術など一番何が発見できますか？
9　あなたがこの……（美術作品）の物語を語るなら，何という題名をつけますか？

10 あなたの見出した物語を思い返してください。この……（美術作品）を見ることによって何を学びましたか？　あなた自身の人生の物語や他の物語から何か学びましたか？

(2) 「理論・数量（Logical/Quantitative）の窓」

　数や量的な問いです。歳をとっていますか？　若いですか？　といった質問に続けて，「どのような点から，それがいえるでしょうか？」といった論理的な問いに至ります。このアプローチでは，テーマが「エジプト文明」であれば，「ツタンカーメン王は，何歳でなくなったのですか？」，「進化」がテーマなら，「何万年前にホモ・ハビルスが登場し，何万年前にクロマニョン人が登場したか？」などの数量的な質問が中心となります。このエントリー・ポイントに向いているのは，数値または数量的な記憶に強い人や，理論的な人でしょう。

1　この……（美術作品）で，どのような色がもっとも多く用いられていますか？　どのような色がもっとも少ないですか？

2　この……（美術作品）で，どのような物あるいはどのような形が一番目に入りますか？　なぜそれが一番と考えましたか？

3　この……（美術作品）で，何が起きていますか？　それは，早く起きていますか，ゆっくりですか？　どのようなところから，それがいえますか？

4　この……（美術作品）は，あなたの年齢より歳をとっていますか？　若いですか？　どのようなところから，それがいえますか？

5　この……（美術作品）は本物ですか？　なぜそう考えますか？

6　この……（美術作品）に隠された思想や感情を見つけてください。それは，どういうもので，それを見出すのに助けとなった手がかりは何ですか？

7　もしどのように……（芸術家）が，この……（美術作品）を作ったか，知りたいならば，どのような質問をしますか？

8　この……（美術作品）は，他に見られる美術作品と同じような価値があると思いますか？　どのようなことから価値が高いと判断しましたか？

9　この……（美術作品）の題名を見てください。題名を知ることによって，この美術作品への理解や見方が変わりましたか？　変わったとすれば，どのように変わりましたか？

10　ある教師のグループが，子どもたちにこの……（美術作品）を見ることを様々な理由から望まないとします。教師たちは，この……（美術作品）を見ても何も得るものはないといいました。この……（美術作品）を見ることによって何を学ぶことができるかということを討論してください。

(3) 「基礎的（Foundational）な窓」

　哲学的あるいは用語についての基礎的な問いが中心で，「この絵がなぜ芸術作品とみなされますか？」「美術館の他の作品とどんな関係がありますか？」「なぜその絵が重要なのですか？」などの質問となります。例えば，「エジプト文明」がテーマなら，「ピラミッドとスフィ

ンクスはどのような関係があるのか？」「なぜピラミッドは重要なのか？」などの問いです。このエントリー・ポイントに向いている人は，じっくり深くものを考えるのが好きな人でしょう。

 1　この美術作品でどれか色を選んでみてください。なぜその色が用いられていると思いますか？　その色には意味がありますか？
 2　目の前の……（美術作品）の中に何が見えますか？　あなたが見ているものを皆も見ていると思いますか？
 3　あなたが見ている……（美術作品）は，美しいですか？　もしそれが美しくないと思った場合でも，それは芸術作品とみなしますか？
 4　この美術作品は，何かをあなたに語りかけていますか？　美術はあなたにとって言語ですか？　単語を通していえないことも……（美術作品）を通して何かいうことができますか？
 5　この……（美術作品）はあなたにとって本物ですか？
 6　この……（美術作品）は何らかの感情を表現していますか？　美術作品は何らかの感情を表すべきであると思いますか？　この美術作品は誰の感情を表現していますか？
 7　芸術家はなぜ，この美術作品を創ったと思いますか？　なぜ芸術家は美術作品を創るのでしょう？
 8　この作品のまわりを見まわして……（美術作品）を探してください。なぜそれらのものを美術作品と考えたのですか？
 9　この……（美術作品）の題名を見てください。なぜこの題名がついたと思いましたか？　（美術作品）には題名があるべきでしょうか？
 10　あなたの観察を思い返してください。何か重要なことを発見しましたか？　この……（美術作品）によって，見ている人たちの人生がどのように変わるでしょうか？

⑷　「美的な窓（Aesthetic）」

例えば，エジプトのピラミッドを見て，「どのようなことを感じますか？」「フォルムの構成とバランスはどうですか？」「材料，道具は何を用いていますか？」などがすべて美的な質問となり得ます。また，テーマが「都市の景観」ならば，美的な質問は，「なぜ京都の町並みはきれいなのか？」というものもそうです。このエントリー・ポイントに向いている人は，美に関心の強い人や，視覚的認識の得意な人です。美的エントリー・ポイントの質問例をあげてみましょう。

 1　この……（美術作品）で，どれか色を選んでください。どの色を最初に見ましたか？　他にあなたの目を引いたものがありますか？
 2　あなたが見ている……（美術作品）の線や形を説明してください（例えば，「細い曲線が見えます」「重厚な四角が見えます」）。

3 この……（美術作品）に動きは見えますか，あるいは，静止して見えますか？ 色や線，形態に動きはありますか？ どのように動いたり，静止していますか？

4 この……（美術作品）を見てイメージする空間を説明してください。その場所は，あなたの生活の何かを思い出させますか？

5 この……（美術作品）のどこがリアルであると感じますか？ リアルと感じないならば，その理由は何ですか？

6 この……（美術作品）は，何らかの考えや感情を表していますか？ 色や線，形態の動きがその表現を助長していますか？

7 この美術作品を制作する際に，芸術家は，どのような材料または道具を用いたでしょうか？ また，その芸術家は，どのような問題点に突き当たったと思いますか？

8 この……（美術作品）の周りを見まわして美術作品を探してください。それらは，どのような材料または道具を用いたと思いますか？ それらの違いは，何でしょうか？

9 この……（美術作品）の題名を，あなたの見出した（色，線，形態，表面，材料または道具）などを基にして考えてください。そして，実際の美術作品の題名を見てください。実際の題名を見てどう考えますか？

10 あなたの回答を思い返してください。……（美術作品）を作ったり，見たりすることについて何か発見するものがありましたか？ あなた自身やその他のことで何か学んだことがありましたか？

(5)「経験の窓（Experiential）」

体験的表現アプローチという領域であり，子どもたちは，見た形や絵を描いたり，また，「古代エジプトの音楽はどのようなものでしょう？」などや，あるいはフォルムの動きを捉えるダンスをデザインし，表現するよう要求されたりします。それは，これまでの視覚中心から「ハンズ・オン」の参加体験によって，実際の感動のなかでリレーションを起こして関連性・触発を起こそうとしている窓です。つまり，鑑賞体験から，音楽，身体運動，視覚芸術などあらゆる自己表出，自己表現に向けていくというものになります。このエントリー・ポイントは，モノを作ったり，体を動かすこと，歌や楽器演奏などを表現することを好む子どもに適しているでしょう。

1 もしこの……（美術作品）の色であるならばそれは何色ですか？ それは，なぜですか？

2 この……（美術作品）から，あなたのもっとも明確に覚えている物体や形態を描いてみてください。なぜ，あなたが描いたものを覚えていたのでしょうか？

3 この……（美術作品）は，何が起こっているところでしょうか？ 次に何が起きると思いますか？

4 この……（美術作品）から何を考えさせられ，どのように生活の変化が起きましたか？ その経験を絵に描いてください。

5 この……（美術作品）を周りの様々な場所から近づいたり，離れたりして眺めてください。異なった視点からの眺めは，一つの位置からの眺めよりもリアルであると感じますか？　そうでないと感じますか？

6 この……（美術作品）を見て，あなたの感情を歌で表現してください。知っている歌で表現してもみることもできますか？

7 もしこの……（美術作品）が芸術家からの問いかけであるとすると，あなたは，……（芸術家）にどのように返事をしますか？

8 もしこの……（美術作品）を再構成するならば，どこの部屋に置きますか？　あなたの配置を図示してください。

9 この……（美術作品）の題名を見てください。そのイメージで，詩を書いたり，ダンスをしてみてください。

10 あなたの活動を思い返してください。好きな活動は何でしたか？　また，それはなぜですか？　あなたに何を語っていますか？　これらの活動から学んだことはありますか？

5　エントリー・ポイントの手順と「テーマの絞りこみ」による学習の展開

　以上，これらの「5種類の窓」は，異なったどの窓からも入れるという意味合いをもち合わせています。学習者は，エントリー・ポイントの問いの答えをノートなどに鉛筆を用いて書き留めていき，一つのエントリー・ポイントの問いを終え，少し問いになれてくると，各自，残りの4つのうちのエントリー・ポイントのどれかを選択して，質問に答えていくようにします。時間の都合で，エントリー・ポイントをいくつまで答えられるかは，自由となります。そして，子どもたちに，問いについて，さらに興味をもって知りたいと思ったことを書き出してもらいます。その時点から，自分のプロジェクトを進めていけるのです。総合的な学習の場合，テーマを自分で絞っていく必要がありますが，テーマ絞りなどに，時間がかかったり，なかなか要領を得なかったりする場合も，エントリー・ポイントでの問いから芽生えた問題意識が，自分のプロジェクトの方向性を決めていくことの手助けになるでしょう。また，テーマを絞ることの得意な子どもも，より自分のプロジェクトの観点を明確なものにするでしょう。また，そのような観点を伝えるのに必要な情報を探り出すのが簡単になるというわけです。エントリー・ポイントを用いることで，以下のような連鎖が生じると考えられます。

エントリー・ポイントでの好みに合わせた問い ──→ 生じてくる疑問（問題意識）
　──→ プロジェクトのテーマを自分で絞りこむ ──→ 興味の高まり（内発的動機付け）──→ 各自のポジティブな研究，ポジティブな学習ができあがってくる

　さらに，ポートフォリオと組み合わせることで，より自分の達成目標，ポジティブなプロ

ジェクトに仕上がるでしょう。

　前述したように5種類の窓は，それぞれに10個の質問があり，10個目の最後の質問は，どの窓も，自己反省的な質問でフラッシュ・バックさせるという点で，ポートフォリオと同様に，「振り返り」をすることで，「メタ認知（meta cognition）」をさせ，より理解を深めてくれるでしょう。あるプロジェクト・ミューズの参加者によれば，これらの質問も年齢の上下に関係なく答えられるので，年齢がミックスされたグループにおいても可能であると参加後のアンケートで答えており，その上，どのような主題の総合的な学習にも何度も用いることができるという利点があるのです。

　プロジェクト・ミューズのワークショップでエントリー・ポイントを体験した美術館に勤めるある学芸員が，ワークショップの主催者側の質問「教育と学習に影響をするか？」に対して，こんなことを述べています。「エントリー・ポイントの考えが将来，教授法に影響するのは確実であると思われる。私は，以前，教育者のグループと仕事をして，同じ問題について議論したことがあるが，毎回，いく人かは問題の立て方（論理的／数量的）に言及する者もあれば，同時代の文化にいかに適合するかについて話す者もおり，一方では，目にする形，色，美的なラインに焦点をあてる者もいて，たいへん新鮮であった」(op.cit., Davis, 1996. p.149) と。

　エントリー・ポイントは，多くの人のそれぞれの議論の争点をすべて含んだものといえ，そういう意味でも，知能，学習理論の基礎をきっちりおさえたエントリー・ポイントが今後，教授法に影響するのは確実であると考えられるでしょう。

　第6章7にある石堂和代教諭の「美術ポートフォリオで創ってつなげる」の実践では，計画の段階より，プロジェクト・ゼロが行っている美術科ポートフォリオを参考にしてもらうなどして実践を進め，子どもたちに実際にポートフォリオを体験してもらいました。自画像というテーマをこれまでの一元的な写実という狭い価値観から，アートは自由なんだ，多様な表現があっていいんだということを子どもたちに知ってもらうため，鑑賞用の自画像集めからはじめていきました。鑑賞から得たインスピレーションを表現に至らせるというのは，美術では大切なことで，ルネッサンスの頃からやってきた学習形態ですが，いわば「経験の窓」のエントリー・ポイントにあたります。また，石堂先生の授業でのピカソの作品を見せてエピソードを聞かせるというのは，まさしく「物語の窓」のエントリー・ポイントになるでしょう。これらのポートフォリオでの体験の積み重ねが，子どもたちの様々な才能の開花につながるよう，見えない時間への挑戦だと思えてなりません。

6　おわりに

　子どもたちは，野外活動や，遊び，図画工作などの場において，実に様々な方法で学ぶことがわかります。学校という環境で，教室に座らせることで，学習の方法を狭めているのは，

むしろ大人ではないでしょうか。「百聞は一見にしかず」の諺そのままに，博物館・美術館で学ぶということは，教科書を使って教室のみで学ぶこととは，比べものにならないほどに子どもたちの心を豊かにできる機会であると思われます。

　博物館や，歴史博物館，自然史博物館，科学博物館，動物園，水族館などは，まさに学習の宝庫であり，本物，実物＝真実との触れ合い，リアリティーをより体験できる場であるのです。

　学校は，今後，積極的に地域のあらゆる博物館・美術館とパートナーシップを結ぶなどして学習の場として，子どもたちが頻繁に出入りできるようにすれば，学習の可能性は大きく拡がるでしょうし，と同時に，子どもたちの目と心をも輝かせることができるでしょう。すでに，独創性のある疑問から，独創性のある解決策が生み出されると述べましたが，さらにそれが，エントリー・ポイントによって実現できるのであれば，科学の進歩に間接的に貢献することに他ならないのです。

　最後になりましたが，ガードナーの言葉を残しておくことにします。「教科は長年，蓄積，洗練されたものであって，総合的な学習を形作るうえで，教科での知識が伴わなければ，未熟な総合的な学習になってしまうので，おろそかにしてはいけない」(Gardner, H. and Veronica Boix-Mansilla, *Teaching for Understanding-Within and Across Discipline,* Educational Leadership. Feb.1994, pp. 14-18.)。

　教育者たちは，総合的な学習を，ディール・カーネギーの述べた「すっぱいレモンを与えられたら，それをレモネードに変える」(Canegie, D. *How to Stop Worrying and Start Living.* 1948.) 努力をするべきであり，子どもたちがより良い方法の理解と学習を学校という場で実現できるよう強く時代が求めており，それには，ポートフォリオとともにエントリー・ポイントが重要であろうと確信しています。

（池内慈朗）

第II部

評価事例集

第5章 小学校と養護学校におけるポートフォリオ実践

1 1年算数ポートフォリオで振り返って学ぶ

1 はじめに

　最近，基礎基本の定着が強く求められていますが，私の勤める福井県大野市立森目小学校の1年生（男3名，女2名，計5名）の算数学習でも，足し算と引き算を特に大切な基礎基本に据えています。「5＋2＝7だよ」「僕，6－4の計算できるよ」と得意気に話す入学早々の子どもたちからも，算数の勉強というと足し算と引き算の学習を強く意識しているのがわかります。このような子どもの計算学習に対する関心を失わせることなく，「やれば確実にできるようになる」という自信をもたせることは，1年生を受けもった担任にとって，これからの算数学習を積極的に学ぶ子に育てていく上でとても大事な課題だと思います。

　そこで，減法計算の定着を目標とし，子どもたちが自ら積極的に引き算の学習に取り組むようにするにはどのような手立てや支援が必要かを考えてみました。私の学級では，生活や学習の中で1年間を通して常に意識して頑張る"目当て"の一つに，「すばやく」ということを取り上げています。それで，正しく答えを求められるだけでなく，"すばやく確実に"まで高めていけるようにするための手立てや支援が有効であったかどうか一人ひとりの学びを知り，次の手立てや支援を考えていくためにポートフォリオを取り入れて実践しました。

2 実践のポイント

① 「ひきざん1」の学習物から，子どものレディネスをつかむ。
　〔家庭での計算学習のカードや特にひっかかっていた問題，テストなどを見返し，ひきざん学習への子どもの学習意欲や学習成果を振り返ってみました。〕

② 学習ワークを見返して学び方や考え方での問題点を探り，問題解決の手順や方法を見直す。

③ 自分の考えや理解を深めるために，「話す」の意識化を図って，振り返らせる。
　〔学習ワークに振り返りの欄をつくりました。〕

④ 計算テストやゲームを工夫する。

第5章 小学校と養護学校におけるポートフォリオ実践

> 子どもたちが喜々として取り組み，計算力をアップするテストの仕方やゲームの選択にこだわりました。

⑤ 学校と家庭の連携で，子どもの意識を高める。

> 計算力をつけていくには，毎日の家庭学習が大きな力となります。学習状況を理解してもらい，練習に協力してもらったり励ましたりしてもらうようにしました。

3 具体的な取り組み

(1) ポートフォリオで，レディネスや単元で指導すべきことをつかむ

　計算学習は，段階を踏んで何度もでてきます。その時の学習をきちんと理解させて次の学習に進むことが第一ですが，学習後のテストでほぼ理解できたと思っていても，忘れてしまっていたり，そのときわかったと思っていても不十分であったりすることがあります。

　そこで，教師用ポートフォリオを作成し，前の学習ではどんな点が不十分であったかということや学習に入る前に補っておくことを検討しました。学習した後の評価を次の学習に入る頃には忘れてしまっていることが多いので，子どもたちの学習物の中で気がかりなものやよい反応を見せたものを残して気をつけることをメモしておくと，子どもたちのレディネスをつかむのに便利です。

　資料1は，ポートフォリオの一部です。ひきざん1を学習した後の問題では，求残，求部分，求差のいずれも正しく立式し答えを求めることができていました。しかし，2学期になってやり残していた問題をさせると求差の問題ができません。そこで，ひきざん2の学習前に

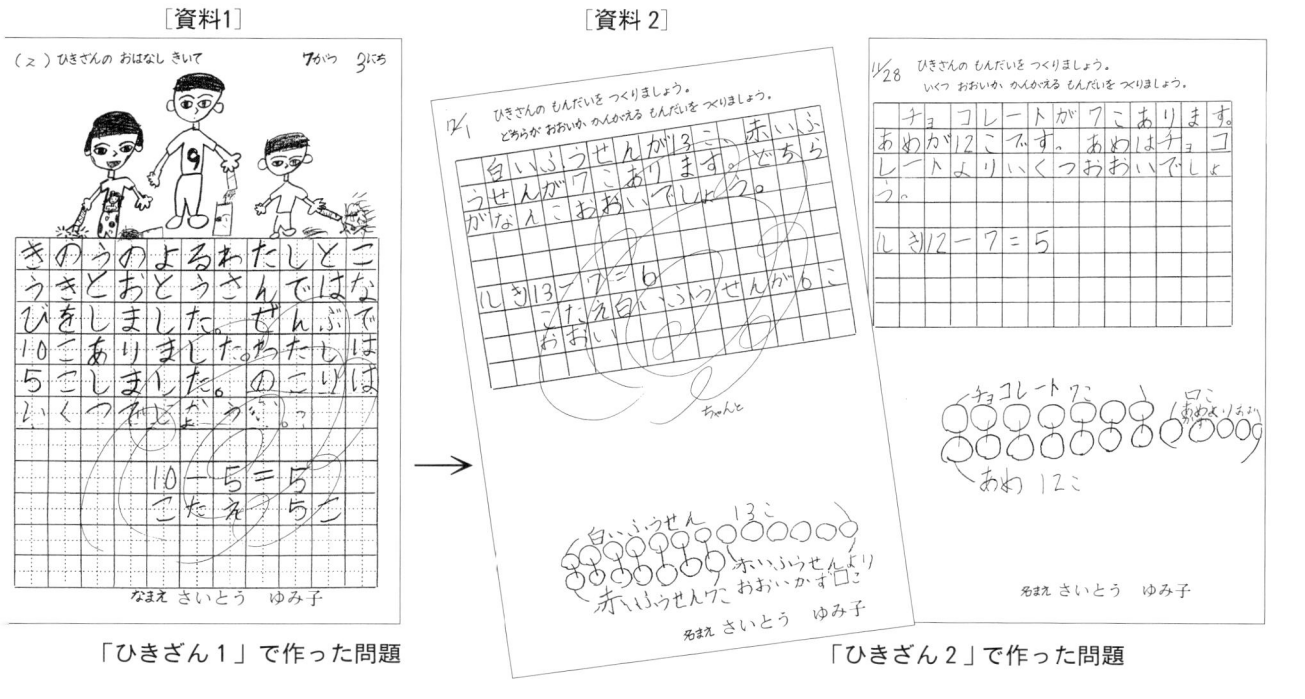

［資料1］　　　　　　　　　　　　　　［資料2］

「ひきざん1」で作った問題　　　　　　　　　　　　　　「ひきざん2」で作った問題

求差の問題の個別指導をしました。4～5問の問題を練習させると，正しく作図して，答えが求められるようになりました。ひきざん1の学習後に行った問題づくりでは求差の問題づくりをする児童はほとんどいませんでしたが，ひきざん2の学習後にした問題づくりでは求差の問題（資料2参照）を作る児童が多く，求差の問題の理解がひきざん1では不十分であったことがわかりました。

(2) 思考過程を大切にした学び方の育成

主体的な学びの姿勢を身につけていくためには，問題に対して，まず自分でじっくり考えてみることが大事です。そこで，そのための手立てとして，問題を考えていく時の手順を子どもたちに示し，その手順に沿って問題を解かせるようにしました。

(ア) 問題文をしっかり読む。（3回以上）

(イ) わかっていることをまとめる。

(ウ) 聞いていることをまとめる。

(エ) 答えを予想してみる。

(オ) ブロックやおはじきで確かめてみる。

(カ) 絵や図にまとめる。

(キ) 式を書く。

(ク) 答えを書く。

(ケ) 答えを確認する。

［資料3］

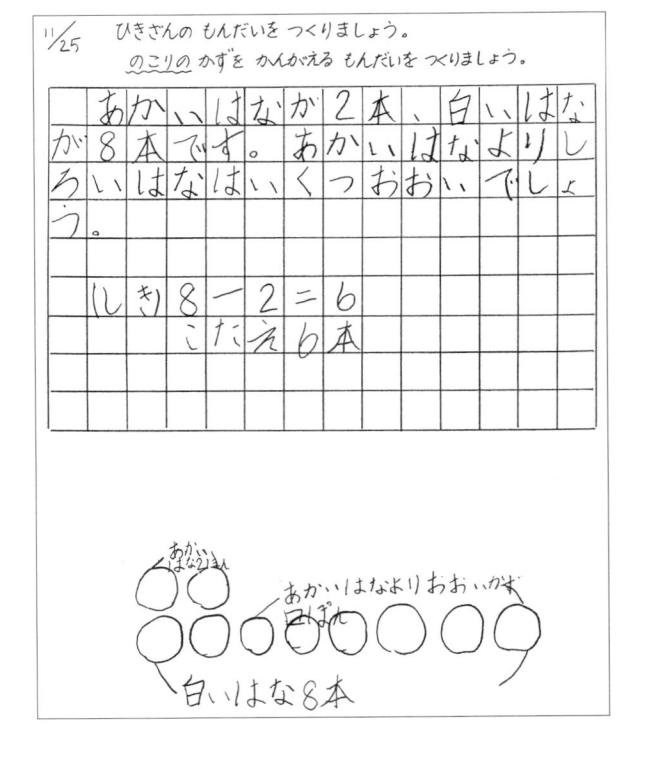

「たしざん1」や「ひきざん1」の学習では，上の (イ) や (ウ) はそれをまとめるだけでかなりの時間を費やしました。しかし，「たしざん2」や「ひきざん2」では，字を書くことにも慣れ，ぐっと速く見やすく書けるようになってきました。新たに，(エ) と (オ) を加えると，問題を読み違えたままになる児童も減りました。また，図を書くことも上手になり，資料3から見てとれるように，○の大きさも揃えて書いたり，見やすく比べやすいように書いたりすることができるようになってきました。

問題への取り組み方は上記のように指導しましたが，個々の児童の思考過程や理解はそれぞれに異なります。どのよう

第5章　小学校と養護学校におけるポートフォリオ実践

に考えたのか，どこまでは理解できているのか，そしてどんなところにつまずいているのかということについては，一人ひとりの学習をつかむために児童の学習物をコピーしたり机間巡視をして気づいたことのメモを貼ったりして，次時の計画を立てる時に参考にしました。

(3) 自分の考えを確かめ，次の学習に生かす工夫

自己表現，伝達の基礎作りとして，低学年では，「適正な声で発表し，語尾まではっきりいう」ということをねらいの一つにしています。そこで，『いえる』を1年生の学習アイテムに取り上げました。「いくつといくつ」では，《正しくいえる》ということを目標に学習させました。「たしざん1」では，《ブロックを操作しながらいえる》，「ひきざん1」では《はっきりいえる》を具体的な目標にし，時々アイテムの振り返りをさせました。資料4に示すように，自分の考え方を図に書いてみんなに説明し，考え方は良いかどうか，もっと良い方法はないかということを話し合うと，子どもの理解がより深まります。次時の学習の参考となることも多いので，アイテムの振り返りをさせながら話すことへの意識化を図るようにしました。

［資料4］

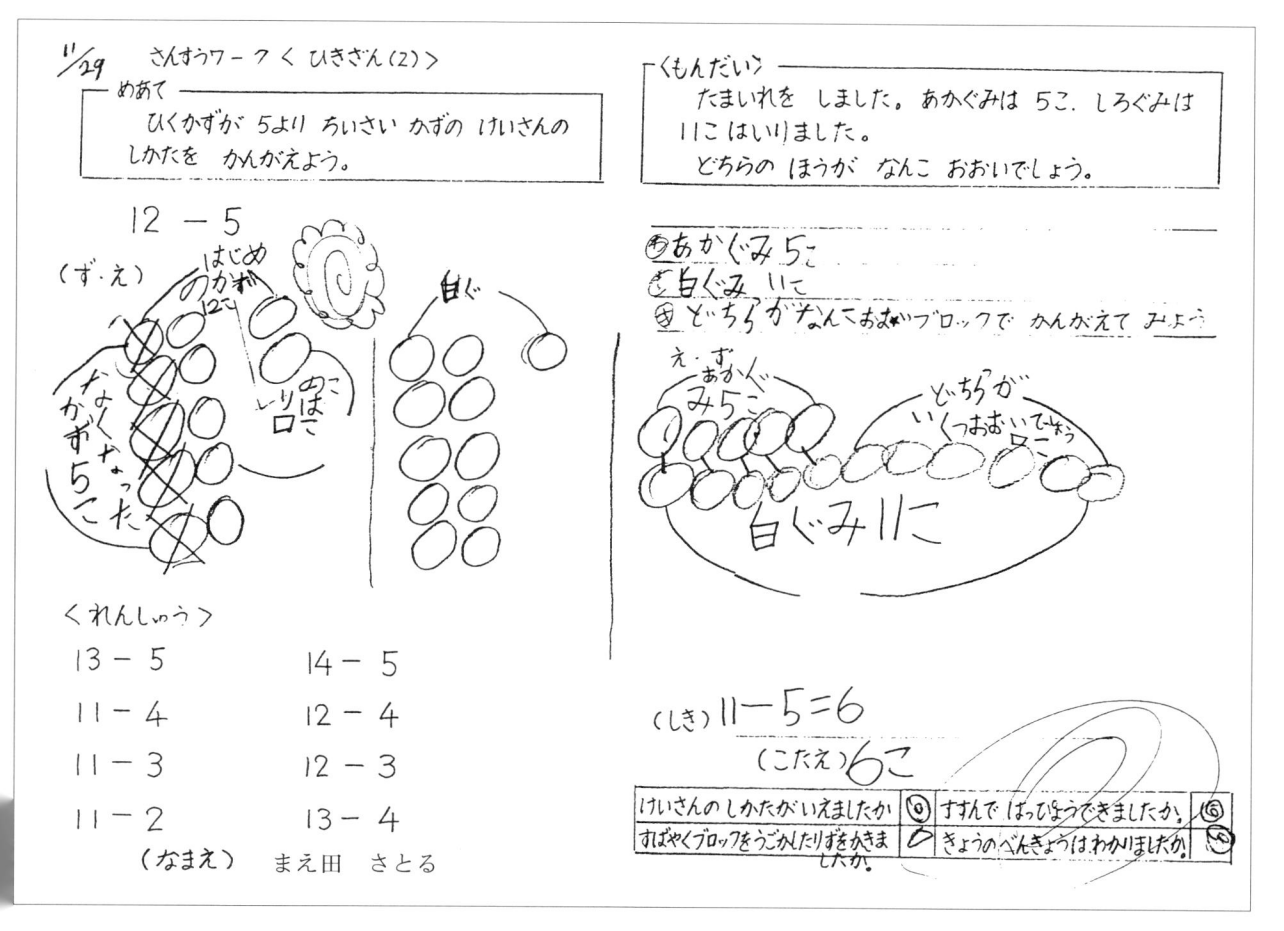

(4) 学びを振り返り，理解を深めたり習熟させる工夫

　計算学習では，正しい答えが出せるだけでなく速さも求めたいところです。作業が遅いのは他の学習においても都合の悪いことが多く，同じ時間を有効に利用し中身の多い学習にする『すばやく』というアイテムを子どもたちに投げかけました。「いくつといくつ」では『すばやく答えが出せる』を学習の目当てにし，計算の速さを意識して学習に取り組ませました。『すばやさ』の規準として，「いくつといくつ」では33問を3分間で計算させるようにしました。名づけて"3分間チャレンジ"です。時間の始めや終わりを利用してできるだけ毎時間行うようにしました。できてもできなくても3分間だけの取り組みなので，毎日実施しても学習に影響はありません。計算の苦手な子にも取り組む時間が限定されているので，それほど心の負担になりません。チャレンジの結果は，記録用紙を作って学習の足跡として残し，児童個々にもたせるようにしました。

　資料5がその記録用紙です。1問でも前回より多くできたらシールを貼り，自分の学習の伸びを少しずつでもつかめるようにしました。「ひきざん」では，教科書のひきざんカード36問を3分間にする規準としました。3分間より速く計算できるようになった児童については，時間を計りより短い時間で計算することを目標にさせました。子どもたちの3分間の集中力はたいしたものです。計算の得意な子どももそうでない子どもも記録を更新しようと真

[資料5]　　　　　　　　　　　[資料6]

第5章　小学校と養護学校におけるポートフォリオ実践

剣に取り組み，「今日もしよう」と日々にいいます。

　資料6は，3分間チャレンジを支えるための「家庭用練習記録用紙」です。最初はなかなか練習をしませんでしたが，次第に自分のペースで毎日練習する子が増えてきました。

　速くできる児童が固定されてきたので，20問チャレンジを取り入れてみました。いつもの半分の問題数ではどうか試してみると，3分間チャレンジではほぼ1番にできていた児童が1番になれず，いつも3番目ぐらいにやり終えていた児童が一番速く終えることができます。計算の苦手な児童への対応として問題数を減らしてみましたが，3分間チャレンジの速い子がどんな計算テストも速いとは限らないという意外な結果に驚かされました。

　計算学習が苦手な児童に対応してゲームを取り入れた学習もなるべく多くしました。特に子どもたちが喜んでしたゲームは『まいごの子ねこちゃん』です。これは，計算の答えと同じ数字が書いてある家のところに計算カードを並べるゲームであって，個対個，グループ対グループのどちらでも使え，カードと家の場所を離せば，体全体を使ってできるので，集中時間の短い1年生の児童にはとても適したゲームではないかと思います。

　写真1は，1・2年合同のお楽しみ会で『まいごの子ねこちゃん』をやっているところです。2年生のチームにも負けない勢いで，学習を感じさせず楽しそうでしょう。わずか数分で勝負の決まるゲームですが，この数分間の子どもの集中力はものすごいものです。友だちの学習などあまり関心をもたない1年生も，この時は，相手チームの答えが合っているかどうかをしっかり見ています。計算の勉強はちょっと……という子どもたちも喜々として参加していました。

［写真1］

学習がある程度進んだ段階では，帰りの会でしていた「おはなしきいて」を「たしざんやひきざんのおはなしきいて」に変えました。特にそうするように指示したわけではないのですが，子どもたちは問題を作ると図を書き式や答えを書いています。資料7に示すように，学習の手順がしっかりついてきているのがうかがえます。問題文についてもだんだんとわかりやすい文章になってきているのが，前の学習ワークと比較すると一目瞭然です。

[資料7]

〈ひきざん1の学習で〉　　　　　　　　　　〈ひきざん2の学習で〉

(5) 学校と家庭との連携で学習意欲を高める

　1年生の子どもは，両親や祖父母など家族に自分の頑張りを認められると，とても喜びます。家族との数十分の学習は，自分ひとりでする学習の何時間もの学習に値することもあり，また，自分だけがおとうさんやおかあさんを独占できる有意義な触れ合いの時間にもなります。こつこつと学習に取り組むことの苦手なじゅん一くんが，ある日3分間チャレンジの記録をぐっと上げました。その理由は，もって帰った3分間チャレンジの記録を見て，おとうさんが練習に付き合ってくれたからということした。本人は，「しごかれた」という表現をしていましたが，その顔は決して嫌そうではなく，むしろ嬉しそうに話していました。次の日のチャレンジの結果に満足し，じゅん一くんは意気揚々と学習物を綴じた大きなポートフォ

第5章 小学校と養護学校におけるポートフォリオ実践

リオを抱えて家へ帰っていきました。そして，その後の3分間チャレンジも意欲的に取り組んだのはいうまでもありません。

このように，1年生の子どもたちは，自分の周りの人たちに認められることで学習への意欲をかきたてられます。そこで，保護者会だけでなく，家族が学校に来るたびに，学習に参加してもらうよう心掛けました。写真2は，生活科で育てたさつまいもでスイートポテトを作り『おちゃしよう』会を開いた時，スイートポテトを焼いている間を利用してひきざんの練習に参加してもらっている写真です。参加していただいたのはおばあちゃんです。両親共働きの家庭が多いので，帰宅後の子どもたちを世話しているおばあちゃんに今の学習や子どもたちの学習状況を知ってもらう良い機会でした。短い時間でしたが，どの子どもも熱心に計算練習に取り組んでいました。

［写真2］

また，子どもたちの学習物はいつもファイルし，教室の後ろの棚に置いてあるので，学校へ来られた際には自由にファイルを取り出して，どのように学習しているか見てもらうこともできました。

4 成果と課題

1年生で「計算は苦手」という意識をもたせたくないという思いと算数の基礎・基本ともいうべき加減計算をきちんと身に付けさせてやりたいという気持ちから本テーマを設定し取

り組みました。計算力については，5名中4名が基準に達することができていると思われます。そして，2名は，いまも3分間チャレンジに意欲をもち，計算カードを使って毎日練習を続けています。3学期になって，「100までのかずのけいさん」を学習していますが，子どもたちの様子を見ていると，どの子も学習に戸惑うことなく正しく計算ができています。今回の取り組みをしてみてよかったと思うことは，次の3点です。

① 3分間という短い時間の計算チャレンジをずっと続けたことです。個々の児童に合わせて記録に挑戦させていったことが，子どもたちから「今日も3分間チャレンジをやろう」といわせる結果につながったと思います。

② 家庭用練習カードをもたせたことです。自分の練習の振り返りができ，家の人も子どもたちの学習をカードによって知ることができました。家の人のちょっとした声かけは，低学年児にとってはとても励みになります。家の人たちがどのように支援すればよいのかわかりやすい資料や子どもたちの学習物をもたせておくと，協力が得やすくなります。

③ ゲームを取り入れた学習は，どのようなゲームを取り入れるかということがポイントです。いくつか用意して自由に挑戦する時間を設けましたが，子どもたちは一人でするゲームを好みません。特に喜んだのは，「計算神経衰弱」「計算ばば抜き」「まいごの子ねこちゃん」でした。計算力をアップさせるだけでなく，友だちを待ってあげたり互いにかばい合ったりする心を育てる学級づくりに一役かったと思います。

今後の課題としては，こつこつと練習に取り組まなくてもある程度できる子への対応をどうするかということです。「練習はしなかったけれど100点とれた」と自慢気にいうような子どもにはどのような支援をすればよかったのでしょうか。もう一つの課題としては，ポートフォリオからつかんだつまずきにどのような支援をするかということです。今回は個別指導という形をとりましたが，友だちの学習物や意見を参考に学び合えるようにしていかなければならないのかもしれません。

今回は，ポートフォリオをレディネスや子どものつまずき，学習への姿勢を探るためにしか活用しませんでしたが，これからは子どもの学習物等から思考過程をつかみ，それを指導に生かしていきたいとも思っています。

（斉藤園子）

第5章　小学校と養護学校におけるポートフォリオ実践

2　算数と総合的な学習を関連付ける

1　基本的な構想と実践の概要

　算数の授業といえば，計算問題をしたり，文章題を解いたりすることが思い浮かぶでしょう。確かに，計算を反復して基礎学力を高めることは必要です。しかし，子どもたちが何のために計算するのかということを意識しないで，計算問題に取り組めば，他律的な学びになってしまいます。少なくとも文章題の場合は，もっと生活と密着させたり，応用させるような工夫を凝らすことによって，子どもに学びの意味付けをさせる必要があるように思います。

　新学習指導要領によって，総合的な学習の時間が設けられ，各教科の授業時間が大幅に削減されました。特に理数系の教科において学力低下が憂慮されており，新学習指導要領の本格実施による悪影響を危惧する声さえ起こっています。とはいえ，小学校で日々教育実践を行う教師の立場からすれば，このような問題解決の方途を教科と総合的な学習を関連付けることによって見出すことができるのではないかと考えました。少なくともそのようにせざるを得ないというのが本音かもしれません。うまくいけば教科における子どもの学びは，総合的な学習との関連付けによって一層豊かになり，理解も深まるかもしれません。

　そこで今回，「算数と総合的な学習との関連を生かし，子どもたちが意欲をもって問題解決に取り組むための工夫～ポートフォリオを活用して～」というテーマを設定し，その学習過程における評価の工夫によって子どもの学習意欲を高めること，算数の知識や技能を身に付けることをねらいました。そして，ポートフォリオを活用し，学び方を身に付けていくとともに算数の学習目標である「数量や図形についての基礎的な知識と技能を身に付けること，算数を通じて考える力を育てることや自ら進んで活用していくなどの望ましい態度を育てること」を子どもたち一人ひとりの自己評価を大切しながら，身に付けることができるように考えました。

　本実践は，森目小学校の中学年の複式学級（3年4名，4年7名の計11名）で行ったものです。総合的な学習を進める時，必ず教科学習の知識や技能が必要になってきます。今回は，その中で活用頻度の高い「資料の整理」や「表とグラフ」を取り上げました。算数と総合的な学習を関連付け，子どもたちの意欲を高める工夫，自主的な学びを進める工夫，学習を確かなものにする評価の工夫などについて，子どもたちの学習してきた足跡から追ってみたいと思います。

2　子どもが意欲的に取り組めるテーマ設定

　子どもが活動に意欲をもって取り組むためには，これから学習していくテーマや調べてい

森目で合点調査隊：ふるさと森目を知って自分たちにできることを考えよう		
(1) 単元の目標 ① 資料を整理し，表やグラフでわかりやすく表したり，それらを読んだりすることができるようにする。 ② 目的に応じて資料を集め，分類整理したり，特徴を調べたりすることができるようにする。 ③ 学習したことを実際に活用し，算数の意味を理解し，その有用性を実感することができるようにする。		
(2) 目標に迫るための手立て a 子どもたちが意欲をもって取り組めるテーマ設定を工夫する。（算数と総合的な学習の関連を考えて） b 子どもたちの主体的な学びを進めるための工夫をする。 c 子どもたちが主体となる評価を工夫する。		

	学習活動と手立て	教師の指導・支援・留意点等	子どもの学びの実際
第1次 1時 〜 20時	ネイチャーフィールド： 森目の自然について調べよう。 ① 森目の自然について，どんなことを調べたいのか考えよう。 ② ホタルについて調べよう。 ③ ホタル調べをまとめよう。 ④ ホタル調べ発表会をしよう。	・「森目の自然」で思い浮かべること，調べたいことを問う。 ・イメージマップを作成し，テーマを決める。 ・できる限り体験活動ができるように配慮する。 ・発表に対して，質問をしたり，それに答えたりすることで，考えが深まるようにする。	・思い浮かんだことをカードに書き，発表しあい，自分のマップにも付け加えイメージを広げていた。 ・発表会後，意見や感想を，付箋紙に書き，貼ることによって，自己評価の時に意識していた。「今度はグラフをかいてわかりやすくし，目当てを意識したいです。」と書いていた。
第2次 （本実践） 21時 〜 40時	ピープルフィールド： 森目の人口について調べよう。 ① オリエンテーション ・「森目の人口」について調べるという課題を把握する。 ・算数の学習との関連や学習の進め方についての説明を聞き，そのねらいや方法を理解する。 ② 学びの評価規準について考えよう。 ③ 調べ活動＋算数の学習（基礎編）でまとめるための準備をしよう。 ・学びの目当てをもち，調べる計画を立て，それにそって調べる。 ・資料の整理の仕方やグラフの書き方について，ガイドを利用して学習する。 ④ 算数の学習（応用編）で調べたことをまとめよう。 ⑤ 発表会をしよう。 ウィッシュフィールド： 森目の人々の願いについて調べよう。 ※ピープルフィールドと同じ。 （ヒストリーフィールド，森目の歴史は社会科で行う。）	・総合的な学習と算数との関連についても説明し，算数の学習で学んだことが次につながることをしっかりと理解できるようにする。 ・評価規準については，子どもたちが理解できるように話し合い，それを学びの目当てになるようにする。 ・ガイドを使った自主的な学習が進められるようにていねいに説明する。 ・机間巡視とポートフォリオにより学びの様子をチェックしておき，そのつどアドバイスをする。 ・発表会を行い，相互・自己評価をすることによって次の学びの充実に生かせるようにする。 ・振り返りを生かして，次の学習を充実させていくことができるように，評価を工夫する。	・「算数で習った表やグラフを生かしてみんなにわかりやすくまとめる！ みんなに見やすくする！」とオリエンテーション後，自分の感想を書いていた。 ・「わたしは，考え方と表現で，グラフの仕方やきまり，考え方などをいつも目当てにもっておく。」と振り返りに書いていた。 ・ピープルフィールドからウィッシュフィールドと同じ形態の学習を続けたこともあり，失敗したことも振り返りを通して生かし修正することができた。 ・「自分たちの取り組みのまとめとしてのレポートを読ませてもらって，しっかり考えているなと思いました。自分の体で感じた森目のことを忘れないで，これからも生活していってほしいと思います。」（保護者から）
第3次 41時 〜 50時	森目で合点調査隊報告書を作ろう。 ・調べたこと，学習したことを活用して，報告書をまとめ，みんなに自分の考えを伝えよう。	・他の人が読んでもわかるように，自分の意見や考えがわかるように相手を考えてまとめる。 ・保護者にポートフォリオを見てもらって，感想を書いてもらい学習に生かす。	

く内容を教師によって一方的に決められるのではなく，自分たちの考えや思いを込めて，自分たちで決めることが大切です。そして，何のために学習するのか，何を身に付けたいのかについても理解し，自分で評価できることが大切です。

そこで，総合的な学習のテーマを決めていく過程で，子どもたちがどんなことを考えているのか，思っているのかを子ども用ポートフォリオから読み取り，教師側の学ばせたいものと子どもたちの思いとをすりあわせていくことにしました。また，算数の学習と関連させる時には，教師側から一方的に課題を与えることのないよう配慮し，算数の教科目標を達成できるよう課題の出し方も工夫しました。

総合的な学習では，地域の学習材料を生かす，体験活動がしやすいといったことを考慮して，森目小学校の全体テーマを「ふるさと森目に立つ」としました。この全体テーマから学級テーマを決めていったのですが，テーマを決める時に選択の幅を広げたいと考え，資料1のアンケート調査「森目ってどんなところ？」を他の学年の子どもたちや保護者にも実施しました。資料2は，それらをまとめたものです。これを使って，もう一度，「自分が調べたいことは何か」と問い掛けて，学級で意見を出し合いテーマを決めました。

子どもたちの意見は，①森目の自然に関するもの，②森目地区に住む人の数（人口）や人に関するもの，③森目地区の人々の願いに関するもの，④森目の移り変わりや歴史に関するものという4つにまとまりました。なお，子どもたちは英語に興味があったようで，この4つをネイチャー，ピープル，ウィッシュ，ヒストリーと名付け，それぞれの項目について調べることにしました。そして，学級の課題を「森目で合点調査隊：ふるさと森目を知って，自分たちにできることを考えよう」と決めました。この段階で，子どもたちのポートフォリオからある程度の方向性は感じ取れました。特に人口や願いを調べる時には，アンケートをとったり，資料を整理したりして，表やグラフに表現できる知識や技能が必要になります。

私は，算数の学習との関連を図り，教科と総合的な学習との相互作用をうまく生かしたいと考えていました。算数の学習では，数量や図形についての基礎的な知識と技能を身に付けること，算数を通じて考える力を育てること，自ら進んで活用していくなどの望ましい態度を育てることが重要な目標です。ここで，算数で学んだ内容を実際に活用する場面を設定することによって，算数の意味を一層明らかにし，その有用性を実感することができるようにしたのです。

また，課題に対して意欲的に取り組み，問題解決の方途を見つけようとする児童主体の能動的な学習ができるようにするために，子どもたちの学びの過程を大切にし，子どもの思いや考えを生かして学習を創り上げることが必要であると考え，ポートフォリオを活用することにしました。

[資料1] アンケート「森目ってどんなところ？」

4月25日（火）　三年一番　ゼミナールアンケート　名前

森目ってどんなところ？

今年度の森目っ子ゼミナール活動は、「ふるさと（森目）」に立つ」を学校全体のテーマにします。3・4学年でもそのの大きなテーマのもと、学級テーマを考えていきたいと思います。社会科の学習で、地区探険に出かけ、自分たちの計画のもと「地区にどんなものがあるのか」見ることができました。この後、まちづくり会議（かいぎ）を開いて森目をどんなところになおしていきたいのか、みなさんのお話し合い、よいところはもっとのばし、なおしていきたいところは、どうしていけば良いか考えたいと思っています。「森目ってどんなところ？」なのか、みなさんにもアンケートをとって参考（さんこう）にしたいと思います。どんなことでもかまいませんので、よろしくお願いします。

1. 田や畑が多い。
2. リけんに田や畑をもっている人が多い。
3. 上森目は、竹やぶが多い。
4. 水がきれい。
5. 人数が少ないけど、なかがよい。
6. 空気がきれい。
7. ホタルがいる所がある。
8. 花やトマトを作っている所がある（ハウスがある）
9. おとしよりとくらべ子供が少ない。
10. お店はろくぜんいっかがあるっっしかない。
11. 星がきれい。
12. エじょうが少ない。
　　いえが多い。
　　車があまり通らない。

[資料2] アンケート結果

s→子どもの意見
b→大人の意見

森目ってどんなところ？アンケート結果

s おじいさんとおばあさんとくらしている家が多い。
b 大家族が多い。
b 家が広い。
s お年寄りが多い。
s 若い人が少ない。
b 子どもがだんだんへってきている。
s 年々人口が減ってきている。
b 最近、若夫婦が市街地に出て、人数が減り、子どもも減ってきている。

s 仲良く遊んでいる。
s おじいさんとおばあさんとも仲良く遊んでいる。
s 家の人と遊ぶ。
s 協力しあえる。
s 地区のためにいろいろな行事をする。
b 子どもを地域みんなで育てている感じがする。
b 家族の和と協力たいせいができている。（三世帯同居）
b 祖母、祖父母が元気。
b 家同士が親しくつきあい、助け合っている。
b 地区の人たちの協力体制がすばらしい。
b 物質的にも精神的にも豊かである。
b 安心して子育てができる。
b 地域の人は協力的。
b 共働きの家が多い。

s 地区には古まりがある。
s 森目小学校が地区の中心。
s 森目には畑が多い。
s 田んぼが多い。
s 田や畑を持っている人が多い。
s 田や畑で働く人が多い。
s トマトを作るところがある。
s トマトハウスがある。
s ビニールハウスがある。
s 花を作るところがある。
s 竹やぶがある。
b 森目は割合封建的なところがある。
b 田んぼや畑が多い。
b ほとんどの家庭が農業に従事している。
b 農業に対して工夫されている。（トマトさいばい、きくづくり、きょうどうさぎょう）
b 大野市の中心からはなれた田園地帯。
b 家で野菜などを作っているので、新鮮なものが食べられる。
b 野菜を隣の人と交換したり、知り合いにあげたりする。

s 水がきれい。

第5章　小学校と養護学校におけるポートフォリオ実践

3　子どもの自主的な学びを進める工夫

(1)　子どもが自分に合わせて計画し学習する

　子どもが自ら学び，問題を解決する力を高めるためには，自分のペースに合わせて計画し，それにしたがって学習を進めて，試行錯誤する経験が必要であると考え，資料3のような「ポートフォリオを活用して学習しよう」という学習ガイドによる個人学習を取り入れました。総合的な学習で活用する表やグラフを書いたり，資料を整理したりするための知識や技能を学ぶために，教師が一時間ごとに課題を出してそれを解決していく一斉学習ではなく，『基礎編』として教科書を基本に単元を通しての課題を出し，それを自分で考えて学習を進めるようにしました。一斉学習では皆でその時間の課題が解決できたかという確認をしますが，私の実践では，それを一人ひとりの子どもにまかせるようにしました。つまり，学習ガイドに目安として教科書でおさえるべき内容をのせておき，教科書や練習問題で確認するという手法です。

　このような学習形態をとるのは初めてなので時間がかかるだろうと予想し，総合的な学習の時間と算数の時間を組み合わせて，余裕をもって取り組めるようにしました。また，学習当初にオリエンテーションの時間を設けて学習の説明も行い，この学習が次の総合的な学習

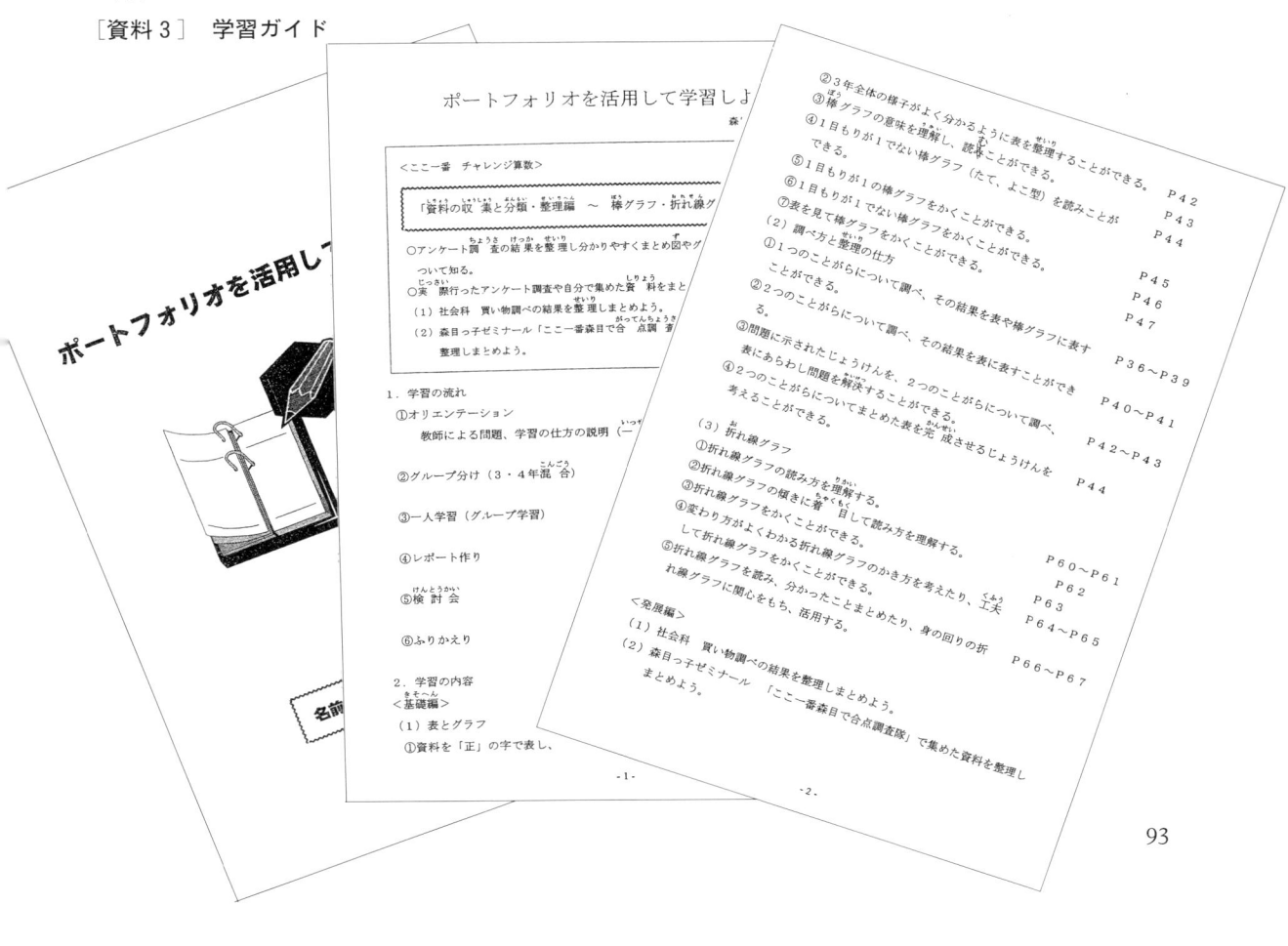

［資料3］　学習ガイド

につながるということを意識できるように配慮しました。資料4は，オリエンテーション後のワークシートですが，子どもなりに学習の目当てをつかみ，意欲ももてたようです。

取り上げた単元についてですが，今回のテーマをまとめる時には「表やグラフを使うであろう」「アンケートをとってそれを整理するであろう」と考えられたので，3・4学年の複式学級であることを考え，あえて学年を越えて3年単元の「表やグラフ」，4年単元の「調べ方と整理のしかた」「おれ線グラフ」を基礎編としました。4年の単元を扱うということで3年にとっては多少無理がかかるかもしれないと思いましたが，総合的な学習を進めていくと上学年の知識を使うことも多々あります。教師側が授業時間中の机間巡視や子どもたちの学習物から確認し，子どもたちへの支援を工夫することによって個人の状況に配慮し，学習を進めていけばよいのではないかと考えました。

また，もっと理解を深めたり広げたりしたい子どもにも配慮し，算数事典や問題集を用意しておいたり高学年がまとめた学習物などを紹介したりしながら，学習に対する意欲が高まればと考えました。写真1は，同じ資料から違った捉え方・まとめ方をした例を紹介した高学年の学習物です。これによって，資料は分析のし方や使い方を工夫することでいろいろな活用の仕方ができるということに気付いてくれればと考えたのです。

［資料4］　オリエンテーション後の目当て

［写真1］　発展を考え紹介した高学年の学習物

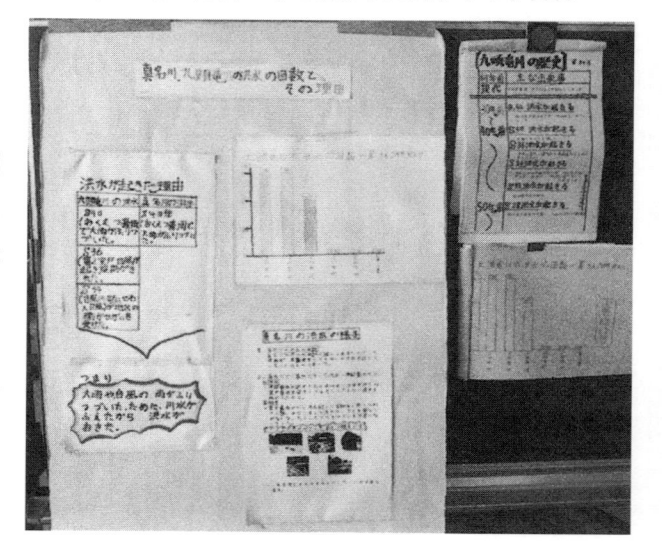

子どもたちの理解度に個人差があるのは当然です。理解することが難しい子どもに対する支援も大切ですが、理解度が高くて、もっと学習を深めたい、広げたいという子どもへの支援も大切です。上記のように、高学年の学習物を紹介することによって、もっと調べたい、工夫したいという意欲を高めたいと考えました。

資料5は、青木さんの報告書の一部ですが、算数で学習した棒グラフのかき方だけでなく、高学年のグラフを参考にし、「人々の願い」と「子ども、わかい人、大人、お年寄りという年齢別の人数」を合わせた棒グラフを考えました。そのグラフを年代がわかるように棒グラフを色分けするという工夫もしました。優れていたり工夫していたりした学習物を紹介することで、自分もやってみようという意欲が高まり、次の学習の参考とし、より高い次元を目指していくことにつながったのです。

(2) 課題の出し方の工夫

自主的な学習を進めるために、前述の基礎編の外に、発展編としての総合的な学習の課題の出し方も工夫しました。資料6に示すように、課題としては、総合的な学習で調べたことを報告書にまとめるということで教師側から出した「質問」に答えることと「報告書作成にあたって」という注意事項に気を付けてまとめることにしました。これによって、子どもたちが追求したい課題を解決することと教師がその課題で学んでほしいこと、算数で学んだことを生かしてほしいことを合わせたいと考えたのです。また、その質問が、報告書を作成する時のねらいとなり、評価する時の規準にも生かせるのではないかと考えま

［資料5］　青木さんの報告書の一部

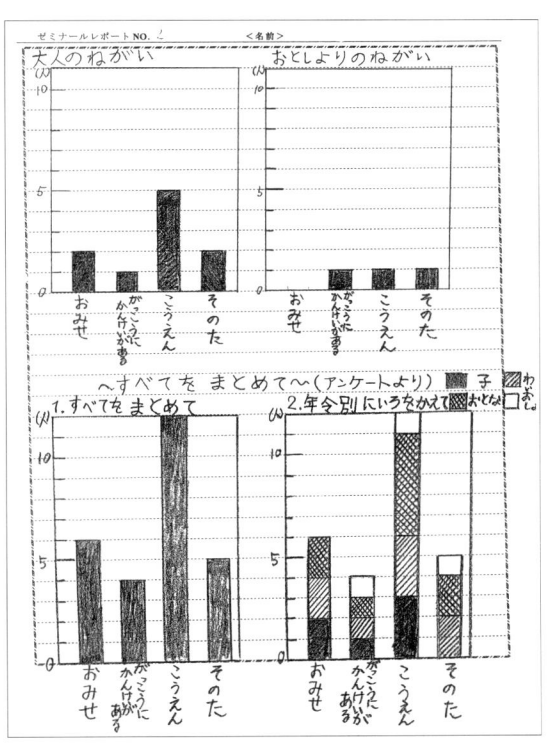

［資料6］　発展編　報告書作りの課題

した。資料7は，前述のグラフを工夫した青木さんが，この課題を出した後に書いた目標です。「しらべたはずなのに，わからない！ということが多いです」と反省し，「キーポイントしつもん」をはっきりと意識できたようです。

4 評価の工夫

(1) 振り返るための規準の工夫

問題に対して意欲的に取り組み，よりよい問題解決の方法を見つけていこうとする態度を育てるためには，自分の学びを振り返ることが必要です。これは，ポートフォリオを活用する時には，最も大切なことですが，その振り返る時の規準について工夫しました。基礎編では，「資料を『正』の字で表し整理することができる。」「1目盛りが1の棒グラフを書くことができる。」というようなねらいを資料3の「ポートフォリオを活用して学習しよう」という学習ガイドにのせました。さらに，算数としての目標があるので，資料8のような規準を教師の考えを示しながら子どもたちと話し合って作りました。それを，学びの目当てとして意識し，学習に取り組み，振り返る時の評価規準としたのです。

また，『発展編』では，資料9のような評価基準表を新たに作りました。「報告書づくり」という課題を説明した後，規準づくりの時間を取り，子どもたちが何を規準として評価したらよいのかをはっきりさせ，わかりやすいようにと考えたのです。こうして，評価規準を決定し，各規準を3段階とし，振り返る時の規準として判断しやすいものにしました。この評価基準表を子どもたち全員にもたせ，教室にもいつも目に付くように貼っておいて，意識させました。

[資料7] 青木さんの目標

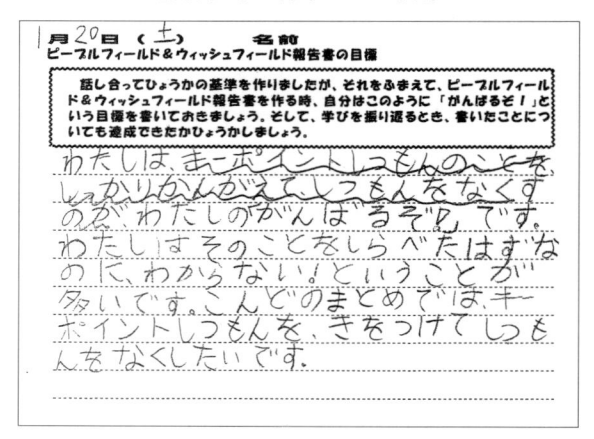

[資料8] 基礎編の評価規準

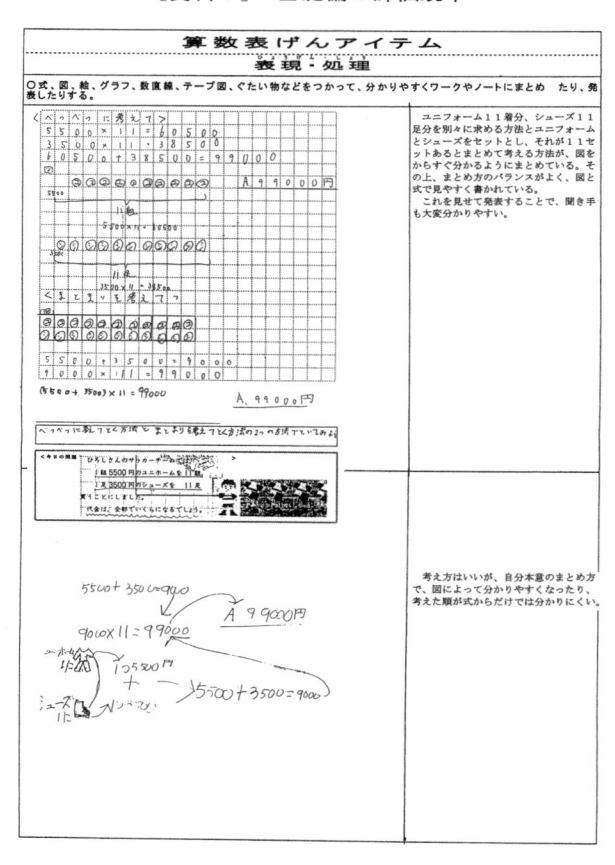

第5章　小学校と養護学校におけるポートフォリオ実践

資料10（次頁）は，森目地区の人口について調べた報告書（ピープルフィールド）と森目地区の人々の願いについて調べた報告書（ウィッシュフィールド）を評価基準表によって松本君が振り返ったものです。松本君は，今回のような自主的な学習形式は，苦手でなかなか要領がつかめず戸惑い，報告書を仕上げるにもかなり苦労していました。自信ももてず，学習にも少し意欲に欠ける面も見られました。しかし，学びの節目で振り返り，次の学びへ生かすチャンスを設けて，一度失敗しても次にやり直すことができるようにしたこと，仲間の協力があって励まされたことで，次の活動には，新たに意欲をもって取り組むことができるようになっていったのです。

資料10の松本君の振り返り（1月25日）を見ると，「すぐに『できない』といったりしていた。」「何をいおうとしているのか少しだけはしっかりいっている。」とし，評価も

［資料9］　報告書づくりの評価基準表

Bが多くて，Cもつけていました。それが，資料11の振り返り（2月16日）になると，「ていねいに，字も多くしているから。」「こうもくをちゃんとみてまとめた。」「がんばって，しりょうをあつめれた。前は，表をかいていたからグラフをかいた。」「色をつかって工夫した。」とし，評価をAとする項目が増えました。また，資料11の報告書を見ると，「大人の人は，はたらく場所やお金がほしい。はたらく事は，生活にかんけいするのかなとおもった。」と書いています。松本君は，自分なりに，前に他の人の発表を聞いたことやその時の振り返りを生かし，資料の見方や読み取りを深めようと努力したのです。

ここから，振り返りによる自己評価，相互評価から，次の学習の仕方，問題を解決する方法を見つけ，意欲をもって取り組めたことがわかります。また，学習する態度だけでなく，始めは，アンケートの結果を表にまとめるに留まっていましたが，グラフに表したり，資料からの読み取りを少し深めることができました。グラフのかき方や活用の仕方，読み取りという算数の知識や技能についても，少しずつ身に付けることができたのです。

［資料10］　松本君の森目地区の人口について調べた報告書の一部とその振り返り

第5章　小学校と養護学校におけるポートフォリオ実践

5　成果と課題

本実践を通して次のような成果があったように思います。

① 算数と総合的な学習を関連付けることによって子どもの学習意欲が高まりました。

「ポートフォリオを活用して学習しよう」という学習ガイドを作成し，オリエンテーションで算数と総合的な学習の関連を説明することにより，子どもたちは算数の学習に対する意欲が高まりました。学習した後，テストをして終わりというのではなく，さらに，その知識や技能を総合的な学習の中で実際に使うということで，子どもの中にもしっかりと学習しようという意欲が高まったようです。

② 問題解決のために試行錯誤する学習経験から自主性が芽生えました。

これまでも主体的に学習することを大切にしてきましたが，今回のように，単元を通して自分で考えて学習を進めるような実践は初めてでした。そのため，最初は戸惑うことも多く学習ガイドをもとに，教科書を中心にして学習を進めるといっても，教科書を読み取ることさえ難しい子どももいました。しかし，学習を進めていく中で，少しずつ慣れてきたようで，教師に頼ることも徐々に減ってきました。グループ内での協力も生かし，学習スピードも上がり，意欲が高まってきました。

学習後，このような学習法に対するアンケートをとったところ，「今回のような自分で学習を進めることについてどう思いますか」に対しては，全員が「すき」と答えました。その理由として「自分で工夫できるから」「自分で学習すると学習の力がつくから」「一生懸命に自分なりにまとめられるから」という自分が考えて工夫できることをあげていました。他には，「友達と協力しあえるから」というグループのことをあげていた子どももいました。

このように，子どもたちは，自分なりに考えて問題を解決していくことによって充実感を味わい，できるという自信をもてたのです。それが自主性につながって，「やろう」という意欲も高まってきました。また，自分の学びを振り返るということも意欲を高めるのには効果的でした。基礎編においても学びの節目に2回，発展編でも2回と振り返りを入れ，そのつど子どもたちは，自分の学びを評価し，次の目当てをもつことで，あらたに意欲をもつことができたようです。

③ 評価規準や学習物サンプルによって，子どもは学習の目当てをもつことができました。

基礎編では，よい例と不十分な例を示して評価する際の目安になるように工夫しました。発展編では，質問をそれぞれの課題に対して3つずつ出し，注意事項にそって答えるという形式をとり，それをもとに3段階の評価基準表を作りました。そして，教室に貼っておき，学習する際，常に意識するようにしたため，子どもたちはそれぞれに気を付けて学習していたようです。内容の質という点では不十分ですが，それを目当てとして学習し，振り返る時には，その基準表を活用していました。どう学習したらよいのかということがわかるため，

それが意欲付けに結びつきました。

　以上のような成果がありましたが，課題も残りました。例えば，子どもたちが個々に学習を進めるという形は，子どもたちのペースに合わせられる反面，個人差が大きくなってしまいました。理解度の差だけでなく課題を終えるまでの時間にもかなりの差が出ました。今回が初めてということもありましたが，2つの単元を任せたというのは少し長すぎたかもしれません。また，理解度の差においては，グループ内での協力を生かしましたが，教師の支援がかなり必要でした。個々に支援をするため同じ内容の繰り返しもあり，時間も労力も無駄が多かったかもしれません。難しいところやつまずきが多いようなところは，一斉に指導する場面を作っても良かったのではないかと思います。

　もう一つの課題は，子どもたちが振り返る時の規準をどれだけ理解できているかということです。今回は，例を入れたり，段階を作ったり，質問に対していくつ答えているか，まとめ方の項目をおさえているかなど子どもたちが判断しやすいように工夫しましたが，まだまだ振り返りを生かして学びを質的に高める点では十分とはいえません。確かに，意識して学習する態度が見られ，学習物も良くなってきましたが，子ども自身が振り返る時においては，内容面での判断は難しかったようです。特に，相互評価では，見やすい，わかりやすい，表やグラフを工夫している，字が間違っている，表がわかりくいなどの評価をしましたが，「こういうところが」という理由の判断が甘かったのです。ポートフォリオをより有効に活用するためには，学びを振り返って次の学習へとつなげていくことが特に大切です。そのために，評価基準表をもっと子どもがわかるものにしていく工夫が必要ではないかと思います。

（礒田敬二）

第5章　小学校と養護学校におけるポートフォリオ実践

3　自己評価で進める総合的な学習

1　はじめに

　福井県北部をゆったりと横切る九頭竜川。そして，九頭竜川の支流の中でも一，二の大きさを誇る真名川。そうした2つの大河の合流地点に私が勤める森目小学校は位置しており，昔からこれらの川と地域の関係は深いものがありました。

　しかし，子どもたちは，九頭竜川と真名川があまりにも近い存在であるために，その川の本当の姿をよく知らずに，過ごしてきました。今回，そうしたあまりにも身近な川と自分たちの地区との関係を改めて考え直そうということで，総合的な学習の時間を使って「森目大学川学部」という実践を行いました。

　さて本学級（5年生5名，6年生8名　計13名）は，3年前から総合的な学習を段階的に実践してきました。その中で，子どもたちは，自分たちの興味関心にしたがって課題を設定し，様々な手段を用いて調べ活動を進めていくことがかなり上手になってきたようでした。しかし，その様子をよく見てみると，学習態度や学習内容の深まりに個人差が多く見られ，ある子どもは学習が急速に進むが，他の子どもは変化が見られないという問題が生まれてきたのです。

　児童の興味関心にそった課題をもとに学習を展開しているのにもかかわらず，そうした個人差が生まれてくるのはなぜでしょうか。その大きな要因は，「学習に対する目的意識の違い」にあるように思われます。興味関心に基づいて実践する中で，学習が急速に進む子は，一連の活動の中に「自分は○○だから，こんなところを伸ばしたい」という自己評価がしっかりしています。しかし学習が深まらない子は，興味関心だけで活動を捉え，「この学習の中でこうなりたい」というビジョンが描けていないのです。こうした総合的な学習の中での「目的意識の差」，いいかえれば「自己評価能力の差」が学習態度や学習の深まりに個人差をもたらしているのではないかと考えました。

　では，その目的意識を明確に児童の中に位置づけるためにはどうすればよいのでしょうか。私は，解決策として子どもの自己評価の仕方を工夫しようと考えました。

　まず，一人ひとりの目的意識を表面化させるために評価規準を個々に合わせて設定し，それに向かって切磋琢磨させてはどうだろう。また，自分の学習に他者からの評価を加えることで，自分の学習を向上させようとするきっかけづくりにならないだろうか。しかも，他者評価を今までのような教師から児童への一方通行ではなく，学級において最も身近で，ある意味ではライバルでもある他の児童からの評価を用いることで学習の質が向上しないだろうかと考えました。

(1) 単元の目標
① 地域の自然や歴史に関心をもって積極的にそれを調べていくことで，地域の自然を受け入れ，それを生かしたり克服したりする地域の人々の姿に触れ，自分たちのふるさとを深く見つめ直す。（内容面）
② 積極的に地域と関わりながら活動を進め，それらを振り返り，そこから自分なりの問題をもち，研究をまとめていくことができる。（学び方）

(2) 目標に迫るための手立て
a 森目地区を流れる川の調査から始め，川とのマイナス面でのつながりである洪水との戦い，プラス面でのつながりである川資源の利用，自由課題による川調べと川を多角的に調べる。
b 調べ活動において体験活動を重視し，地域と積極的に交わるようにする。
c ポートフォリオ評価法を利用し，児童の追究の過程を随時追っていく。そのポートフォリオは，自己評価のツールとして利用されるだけでなく，オープンにして，情報交換のツールとしても活用する。

	学習活動と内容	教師の指導・支援・留意点	子どもの学びの実際
第1次 1時〜 5時	森目地区と川のつながりが深いことに興味をもとう。 ① 地区の名前の秘密を知ろう。 ② 森目地区と川のつながりの深さを感じよう。	・ふるさとについて調べたいことから自然に方向付ける。 ・児童の興味が高い川調べに焦点化し，多角的に調べる計画を立てさせる。	・地区の名前の由来と川との関係をインタビューをもとに見つけだせた。 ・川の概要，洪水，恩恵の3点についてまとめようとする方向が生まれた。
第2次 6時〜 18時 19時〜 30時 31時〜 42時	森目地区と川とのつながりを調べよう。 ① 川の概要について調べよう。（川の秘密科） ② 洪水との戦いを調べよう。（洪水科） ③ 川からの恵みを調べよう。（川の恵み科）	・調べ活動の練習の意味も込めて活動を展開する。 ・特にインタビューなど体験活動を多く取り入れた活動を勧める。 ・実地調査などを多く取り入れたり，地区を越えて調べ活動を行った。	・大きさ，魚の種類，伝説の多さなどから九頭竜川は特別な川と感じたようだ。 ・今とは違う九頭竜川の恐ろしい姿を強く感じたようであった。 ・地区の農業を支えていたり，発電やレジャーで川とのつながりが深いことを感じたようだ。
第3次 42時〜 52時	今までの調べ活動を振り返って森目地区と川との関係をまとめよう。 ① 卒業論文をまとめよう。	・今までの調査結果から自分の考えの根拠を選び出し，論旨をはっきりさせて論文が書けるように狙った。その後，討論などさせたかったが，時間の関係でできなかった。	・川は生活に欠かせないものと書く子もいれば，川は洪水など起こすこわい存在，またはその折衷型のまとめをする子など様々であった。

第5章 小学校と養護学校におけるポートフォリオ実践

そうした理由からこの実践のテーマを「学習の質を向上させる自己評価の工夫」として，評価の工夫により子どもたちの学習の質を向上させることを念頭に置きました。また，それぞれの児童が自己の学習の足跡を見返しながら検証したり，友だち同士で情報交換しあったりするには，ポートフォリオが有効だと考えました。ここでは，ポートフォリオ評価法を実践に取り入れ，子どもの自己評価が深まっていく様子を紹介します。

2 具体的な取り組み

今回，最も留意したことは，活動を続けていく中で「学習態度の向上があまり見られない子」や「学習内容の深まりがあまり見られない子」が，自己評価を工夫することで，どのように学習の質を伸ばせるかということでした。そこで，このような傾向のある剛君の変化を追いながら評価の工夫によって学習の質が向上していった様子を紹介したいと思います。

今回この実践に取り組むに当たって，今までの総合的な学習の経験から「学習の質を高めるためにどのような態度や取り組みが必要なのか」を，学級全員で明らかにすることから始めました。そうして生まれた「こんなのがよい学習」と題する学習の目当てを"アイテム"と呼び，以下の7つのアイテムを自己評価の指針とすることでした。それぞれのアイテムは，児童自身によって命名されたものです。

アイテム名	アイテムの内容	補足説明
リサーチアイテム	・いろいろな調べ方をしよう。 ・調べメモをいっぱい取ろう。	よりよい調べ方について目当てにしたもの。
体験アイテム	・実際に体験して学習を進めよう。	体験を活動に取り入れることを目当てにしたもの。
まとめアイテム	・ノート，発表用紙をきれいに書こう。 ・見やすくわかりやすくまとめよう。	まとめ方の工夫をすることを目当てにしたもの。
リポーターアイテム	・みんなにわかりやすく大きな声で発表しよう。	よりよい発表について目当てにしたもの。
リトライアイテム	・活動後，反省をして次に生かそう。 ・苦手を見つけ，克服しよう。	学習を振り返り，次に生かすことを目当てにしたもの。
ブリードアイテム	・友だちと話し合おう。 ・友だちといっしょに学ぼう。	他の児童と協同して学ぶことを目当てにしたもの。
ダメダメアイテム	・一生懸命勉強しよう。 ・時間内に取り組む。 ・忘れ物をしない。	学習の態度面の向上を目当てにしたもの。

このアイテムは，学級全体で話し合われたものですが，児童一人ひとりにしっかり意識付けられているかといったらまだまだ不十分でした。というのは，アイテムの種類が多すぎる上，それをどう取り組んだらよいか具体的にはっきりしないものだったからです。そのため，

アイテムを児童一人ひとりに合わせて明確に意識づけるために，小単元に入る度にこのアイテムの中から2～3つ，自分の目当てになりそうなものを選ぶようにしました。そして，さらに個々の特性に合うようにそのアイテムから自分に合った具体的な手がかりを作らせていきました。そうしてできたアイテムを毎時間や小単元を振り返る際の評価規準にし，児童が自己評価を無理なく常に意識できるようにねらってみました。また，そうしてできたアイテムは，常に教室に掲示し，いつでも児童の眼に触れられるようにしました。

　さて剛君は，学習に対して消極的で，グループ学習などしてもあまり率先して活動をする方ではありません。友だちに引っぱられて活動することが多いため，作業などに自主性も見られません。作業のシートなども中途半端に終わることが再三ありました。剛君もこうした傾向を自分の学習態度の欠点であると自覚していたようです。資料1は，実践前に行った自分の学習態度の振り返り「私の学び方」ですが，剛君は，自分の学び方で苦手な点として「ノートを書くのが苦手」を挙げています。また，資料2は「よい学び方とは」をたずねたものですが，そこでも「1．ノートをきれいに書く」「8．きれいにまとめる」「10．しっかりまとめる」と「まとめる」ということに対して3点も列挙し，活動結果をしっかりまとめるという気持ちを抱いていることがわかりました。

［資料1］　剛君のアンケート「私の学び方」

［資料2］　剛君のアンケート「こんな学び方がイイネ！」

私の学び方

1. 自分の学び方で「よくできているな」「気をつけているな」ということはどんなことですか？
   - 図やグラフで説明できる。
2. 自分の学び方で「苦手だな」「あまりできていないな」ということはどんなことですか？
   - 作文などを書く時、時間がかかる。ノートを書くのが苦手。
3. 「できている・いない」は別にして、「やってみたい学び方」「めあてにしたい学び方」はどんなことですか？
   - 作文をしっかり書く。

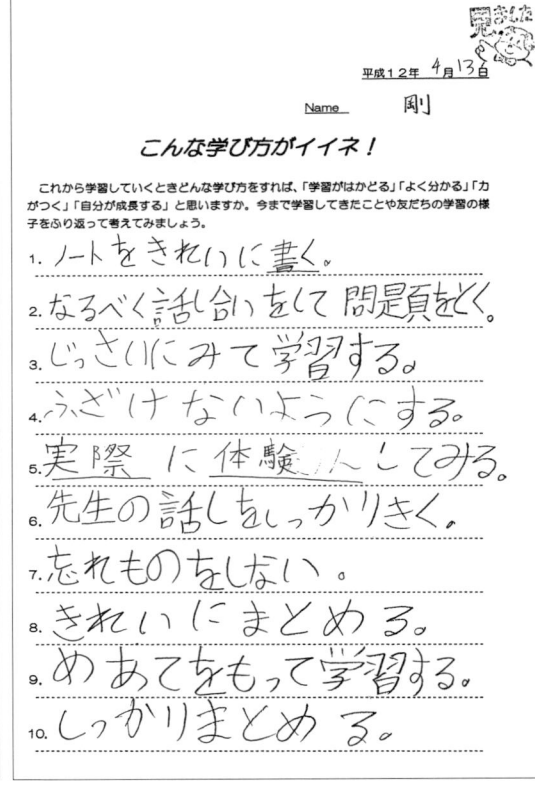

こんな学び方がイイネ！

1. ノートをきれいに書く。
2. なるべく話し合いをして問題をとく。
3. じっさいにみて学習する。
4. ふざけないようにする。
5. 実際に体験してみる。
6. 先生の話しをしっかりきく。
7. 忘れものをしない。
8. きれいにまとめる。
9. めあてをもって学習する。
10. しっかりまとめる。

第5章　小学校と養護学校におけるポートフォリオ実践

そこで剛君は，今回この単元を進めていく中で特に「活動をしっかりまとめる」ということを目当てにもち，活動しようとしました。そんな剛君が選んだアイテムの一つが「まとめアイテム」でした。

まず，最初の小単元である「川を知ろう（「川の秘密科」という小単元名をつけた）」では，剛君は早速自己評価の規準に「まとめアイテム」を選びました。資料3は，川の秘密科における剛君の評価規準カード（小単元の振り返りの時に使ったもの）です。

[資料3] 剛君の小単元振り返り「川の秘密科用振り返りシート」（H12.6下旬）
シート左は単元導入時に作成，右の振り返りは小単元終了時に記入。

アイテム	このアイテムを達成するためには？	川の秘密のアイテムふりかえり
まとめ	ワークシートを人に見てもらってもきれいと言われるまでやる	伝説の話といっしょにさし絵をつけたのできれいにまとめてある。
体験	実さいに行ってみて、スケッチしたりして、学習をすすめる。	あまりしてないけどちゃんといった時に、きちんとまとめられた。一度しか行けませんでしたね。
リサーチ	本やインターネットでいろいろな調べかたをする	本ではいっぱいしらべたけどインターネットでは、しらべられなかった。　あまり資料がなかったね。

このカードは，小単元に入る度に作成し，できるだけ毎時間の振り返りや小単元の振り返りの時に使いました。まず，剛君の場合，小単元に入った直後に，この小単元でがんばりたいこととして前述の7つのアイテムから2～3つ選んだものが「まとめアイテム」と「体験アイテム」「リサーチアイテム」です。とりわけ，剛君自身も自分に足りない学習だと自覚している「まとめアイテム」に注目しながら話を進めていきましょう。

剛君は，この「まとめアイテム」をさらに自分にあったものにするために「ワークシートを人に見てもらってきれいといわれるまでやる」と具体化しました。それは，剛君自身による自己評価の規準の完成です。自己評価の規準が剛君本人に合っているために，今までの与えられた規準より自己評価に対する意欲も高いものがあるようでした。しかし，これだけでは，まだ意欲を持続させていけるだけの力はありません。そこで，「人に見てもらって」ということが剛君の意欲を持続させ，自己評価をより活発にしていく要因になっていきます。

さて，活動が始まりました。剛君は「ワークシートを人に見てもらってきれいといわれるまでやる」という評価規準を念頭に置いて学習に心がけるようになります。資料4は，活動初期の剛君のシートですが，一生懸命書こうといつもよりはがんばっていたようでした。

できあがったそのシートは，蛍光ペンでやたらと色を使って書いたものになりました。しかし，色を使うことは，剛君にとってはそれなりの工夫があったのだろうと思います。剛君

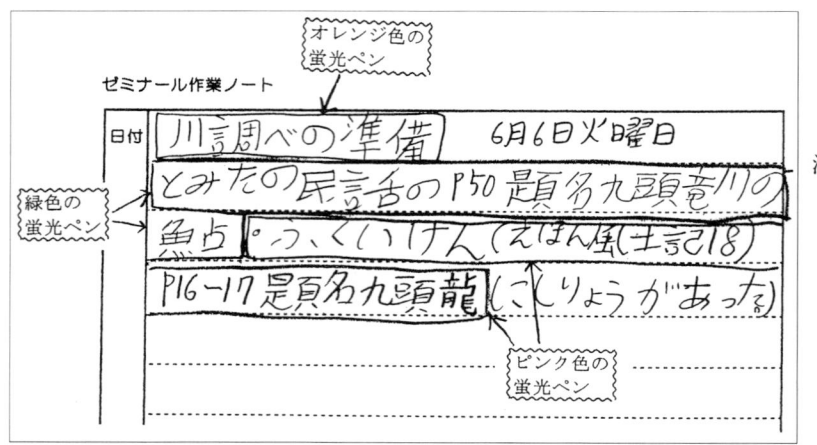

[資料4]
剛君の作業シート「川調べの準備」
注：色の説明は、モノクロ印刷だとわかりにくいので筆者記入。以後の資料も同様。

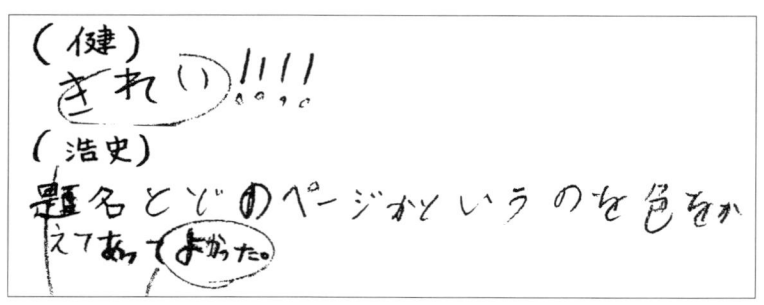

ゼミナール作業ノート
- オレンジ色の蛍光ペン
- 緑色の蛍光ペン
- ピンク色の蛍光ペン

日付　川調べの準備　6月6日火曜日
とみたの民話のP50 題名九頭竜川の魚占いのくいけん（えほん風土記18）
P16-17 題名九頭龍（にしりょうがあった）

[資料5]
剛君の作業シートへのコメント
健君・浩史君が付箋紙でシートに貼り付けたもの

（健）
きれい！！！！
（浩史）
題名とどのページかというのを色をかえてあってよかった。

は、「人に見てもらってきれいといわれるまで」と評価規準を設定したので、資料5に示すように、同じグループの子にそのシートを見せて、コメントをもらいました。それが「きれい」とか「題名とどのページかというのを色を変えてあってよかった」と肯定的なものであったので、剛君は、さらに自分の評価規準を意識しながら以後の学習に取り組むようになりました。自己評価を豊かにするために、友だちからの相互評価が有効に働いたのです。

資料6と資料7は、以後の剛君の作業シートの一部です。これを見るとこの小単元中、剛君は自分の評価規準をしっかり意識して学習に取り組んだ様子がよくわかります。また資料8は、シートに対する他の児童の評価ですが、かなりよい評価を剛君に与えています。自己の評価規準を「人に見てもらってきれいといわれるまで」と具体化して作成したことで、「友だちにシートを見せるんだ、うまく書かなくちゃ」という目的意識が生まれます。また、友だちからの評価も剛君の自己評価に有効に働き、そのサイクルの中で結果として学習の質が向上したのでしょう。前掲の資料3「川の秘密科用振り返りシート」は、剛君の「川の秘密科」小単元の学習後の振り返りですが、「伝説の話といっしょにさし絵をつけたのできれいにまとめてある」と自分の学習の質が向上したことに満足していることがわかります。

さらに活動は進んでいき、小単元は「森目地区と川との戦いの歴史について調べよう（「洪水科」という小単元名をつけた）」に進みました。ここで小単元が変わったので、自分の評価規準の見直しもしました。短いスパンで評価規準を見直した方が、児童の自己評価へ

第5章 小学校と養護学校におけるポートフォリオ実践

［資料6］ 剛君の作業シート「伝説をまとめて」
（H12.6.8）

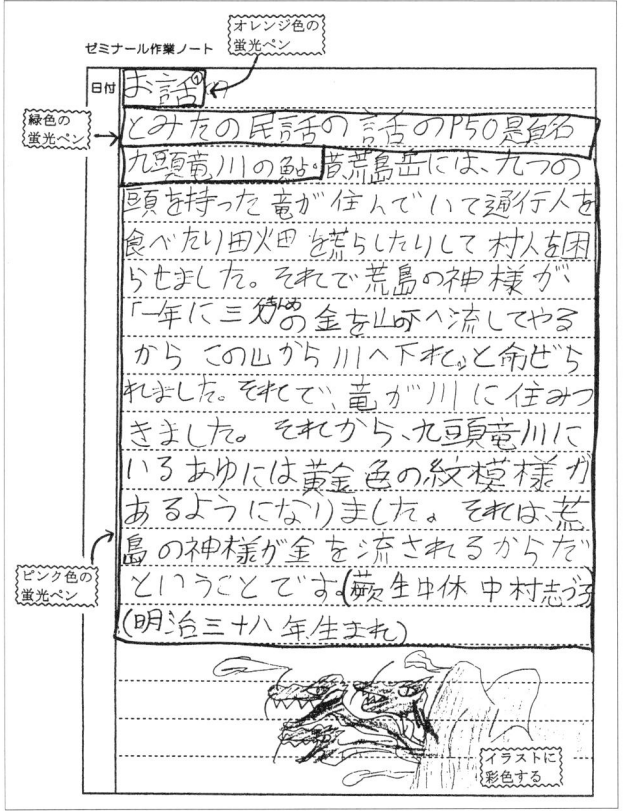

［資料7］ 剛君の作業シート「伝説をまとめて」
（H12.6.15）

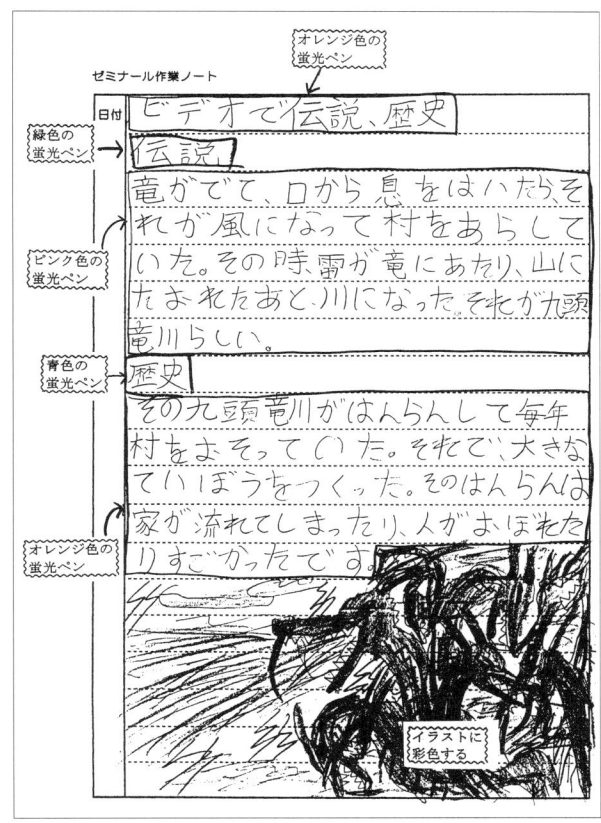

[資料6 注釈]
- ゼミナール作業ノート
- オレンジ色の蛍光ペン
- 緑色の蛍光ペン
- ピンク色の蛍光ペン
- イラストに彩色する

お話①
とみたの民話の話のP50景色
九頭竜川の祉 荒島岳には、九つの頭を持った竜が住んでいて通行人を食べたり田畑をあらしたりして村人を困らせました。それで荒島の神様が「一年に三杯の金を山から流してやるからこの山から川へ下れ」と命ぜられました。それで、竜が川に住みつきました。それから、九頭竜川にいるあゆには黄金色の紋模様があるようになりました。それは、荒島の神様が金を流されるからだということです。（蕨生中休 中村志う方 明治三十八年生まれ）

[資料7 注釈]
- ゼミナール作業ノート
- オレンジ色の蛍光ペン
- 緑色の蛍光ペン
- ピンク色の蛍光ペン
- 青色の蛍光ペン
- オレンジ色の蛍光ペン
- イラストに彩色する

ビデオで伝説、歴史
伝説
竜がでて、口から息をはいたらそれが風になって村をあらしていた。その時、雷が竜にあたり、山にたおれたあと、川になった。それが九頭竜川らしい。

歴史
その九頭竜川がはんらんして毎年村をおそっていた。それで、大きなていぼうをつくった。そのはんらんは家が流れてしまったり、人がよほどれたりすごかったです。

［資料8］ 剛君へのコメント 健君・浩史君（H12.6.15）

（健より）　　　　　　　　　　お話①②

絵がうまい！

（浩史より）

絵と伝説を上手く書いてあり分かりやすい

［資料９］　剛君の小単元振り返り「洪水科用振り返りシート」（H12.9.下旬）
　　　　　シート左は単元導入時に作成・右および下の振り返りは小単元終了時に記入。

```
<Check The ITEM 剛 ヴァージョン：タイプ２>　　　　月　日　曜日
　<今日の活動>
```

アイテム	このアイテムを達成するためには？	洪水科ふりかえり のアイテムふりかえり
まとめ	年表やさし絵をつけて、もっときれいにする。	ちゃんと見やすくかけていた所もあったけど、色の使いすぎでみにくかった所もあった。
リサーチ	インタビューや本でしらべる。	ちゃんとインタビューできたし本でも調べられたのでよかった。

　<きょうの一言感想>
　まとめは、ちょっとダメな所もあったけどリサーチは、ちゃんとできたのでよかった。

［資料10］　剛君の作業シート「伊勢講のやり方」　　　　［資料11］　剛君の作業シート「伊勢講調べ」
　　　　　　　　（H12.6.19）　　　　　　　　　　　　　　　　　　　　　（H12.6.20）

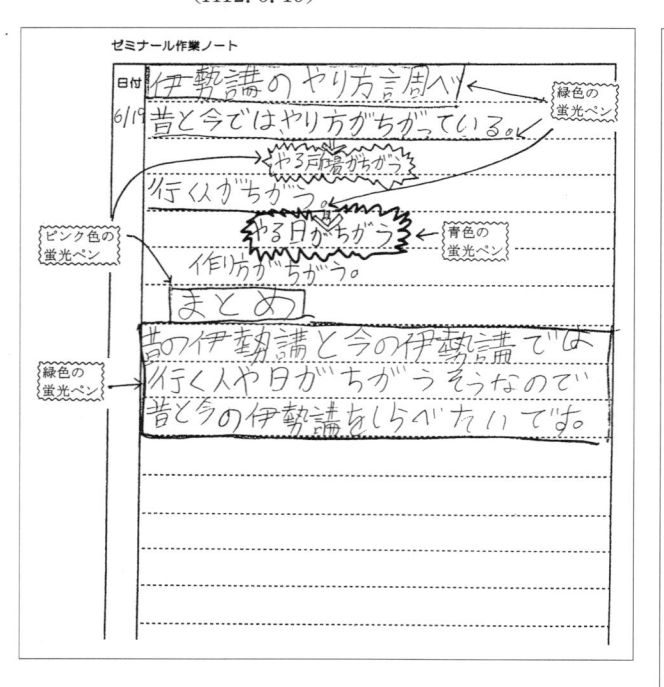

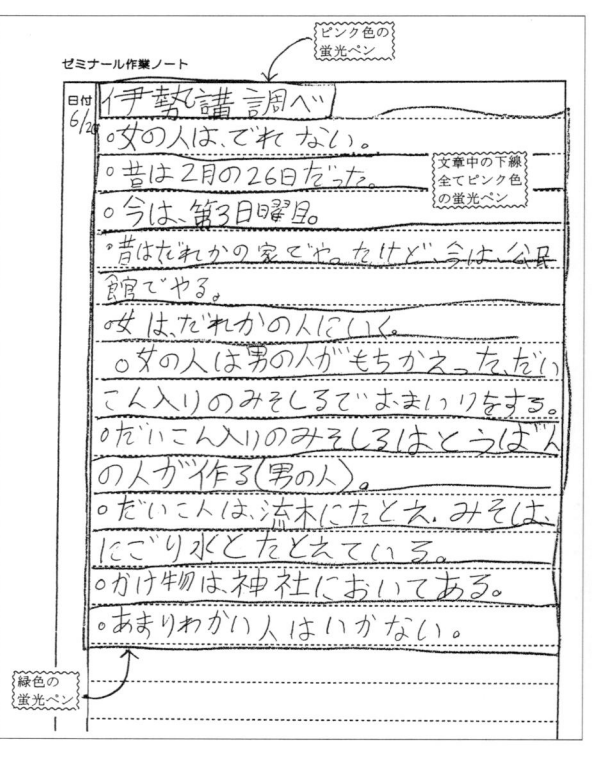

資料10（ゼミナール作業ノート）
日付 6/19
伊勢講のやり方言周ベ　←緑色の蛍光ペン
昔と今ではやり方がちがっている。←緑色の蛍光ペン
　→やる戸援がちがう
行く人がちがう。
　→やる日がちがう　←青色の蛍光ペン
作り方がちがう。　←ピンク色の蛍光ペン
まとめ
昔の伊勢講と今の伊勢講では行く人や日がちがうそうなので昔と今の伊勢講をしらべたいです。　←緑色の蛍光ペン

資料11（ゼミナール作業ノート）
日付 6/20
伊勢講 調べ　←ピンク色の蛍光ペン
○女の人は、でれない。
○昔は2月の26日だった。
○今は、第3日曜日。
○昔はだれかの家でやったけど、今は公民館でやる。
○女はだれかの人にいく。
○女の人は男の人がもちかえった、だいこん入りのみそしるでおまいりをする。
○だいこん入りのみそしるはとうばんの人が作る（男の人）。
○だいこんは、流木にたとえ、みそは、にごり水とたとえている。
○かけ物は神社においてある。
○あまりわかい人はいかない。　←緑色の蛍光ペン

※文章中の下線 全てピンク色の蛍光ペン

の意欲がより持続すると思ったからです。資料9は、剛君の洪水科における評価規準カード（小単元の振り返りの時に使ったもの）です。

この小単元で、剛君は「まとめアイテム」と「リサーチアイテム」の2つを評価規準に選びました。ここで注目すべきは、剛君が再び「まとめアイテム」を選んでいることです。前回の小単元で「まとめアイテム」を選び、学習の手応えを感じたことでさらなる伸びをめざしたのでしょう。こうしたことからも、前回の小単元から引き続き剛君の学習の中に「まとめアイテム」の評価規準が深く息づいていることがわかります。

剛君は、この単元でもシートをきれいにまとめることを心がけていきます。資料10と資料11は、洪水科における剛君の作業シートですが、色を使ったり、内容をうまく整理しながらシートをしっかりまとめていこうとする態度がうかがえます。

しかし、ここで剛君のシートをよりよく変えていくきっかけが同じグループの琢磨君より与えられます。資料12は、その児童からの剛君に対するコメントですが、色使いについて「色を使いすぎて、見にくい」という評価を下したのです。この評価に対し、剛君は、自分の評価規準をもう一度考え直す必要に迫られることになりました。

ここで、剛君の中の「よりよいまとめ方をする」という目的意識が弱ければ、そのまま受け流したことでしょう。しかし、友だちからの評価は、自己評価にしっかりと反映されて、剛君の学びのよい材料となったのです。それは、資料9「洪水科のアイテムの振り返り」からうかがい知ることができます。琢磨君からの評価をしっかりと受け止め、「ちゃんと見やすくかけていた所もあったけど、色の使いすぎでみにくかった所もあった」と反省しています。ここで、シートをよりよくするために新たなる目的意識が生まれ、自分の学びをさらに深めていく自己評価ができたのです。

［資料12］　剛君の作業シートへのコメント
　　　　　　琢磨君（H12.6.20）
　　　　コメント下部は、教師のコメント

> （琢磨より）
> 色を使いすぎて見にくい。
> 使いすぎもよくないのですね。
> 前にも書いたことがあるぞ。さがしてみよう。

活動は、次の小単元「川の恵みについて調べよう（「恵み科」という小単元名をつけた）」に進んでいきました。資料13は、剛君の恵み科における振り返りシート（実践途中の毎時間ごとの振り返りに使用したもの）です。

この小単元に入る時の評価規準の見直しで、剛君は「まとめアイテム」と「ダメダメアイテム」の2つを目当てとして選びました。ここでもやはり注目すべきは、剛君が「まとめアイテム」を選んでいることです。これで剛君は、小単元3回とも一貫して「まとめアイテム」

[資料13] 剛君の毎時間振り返り「恵み科用振り返りシート」（H12.11.中旬）
シート左は単元導入時に作成，右および下の振り返りは毎時間終了時に記入。

＜チェック・ザ・アイテム・スリー ヴァージョン＞　　　月　日　曜日

＜今日の活動＞

アイテム	このアイテムを達成するためには？	今日のアイテムふりかえり
まとめ	きれいに色は、ほどほどにつける	ちゃんとほどほどに、色をつかえた。
ダメダメ	しゃべらずきちんと集中する	ちゃんとしゃべらず集中できた。

たったの一言感想
大事な所だけ色をつかってきれいにまとめられた。
↑これが大切!!

[資料14] 剛君の作業シート「ダムを見学して」（H12.11.中旬）

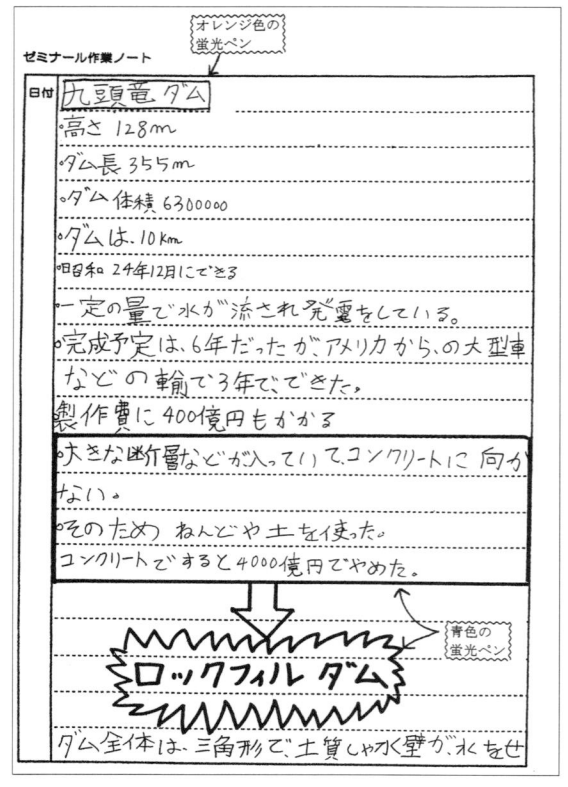

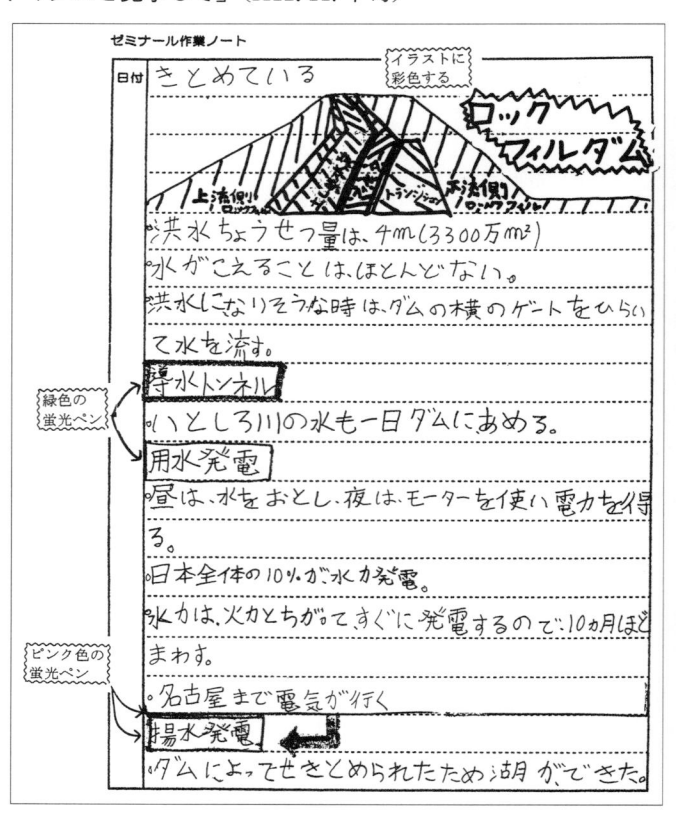

ゼミナール作業ノート　　　　　　オレンジ色の蛍光ペン
日付　九頭竜ダム
・高さ 128m
・ダム長 355m
・ダム体積 6300000
・ダム湖 10km
・昭和 24年12月にできる
・一定の量で水が流され発電をしている。
・完成予定は、6年だったが、アメリカからの大型車などの輸で3年でできた。
・製作費に400億円もかかる
・大きな断層などが入っていて、コンクリートに向かない。
・そのためねんどや土を使った。
コンクリートですると4000億円でやめた。
　　　　　　　　　　　　　　青色の蛍光ペン
→ロックフィルダム←
・ダム全体は、三角形で土質しゃ水壁が、水をせ

ゼミナール作業ノート　　　　　イラストに彩色する
日付　まとめている
　　　　　　　　　　　　　　　ロックフィルダム
・洪水ちょうせつ量は、4m(3300万m³)
・水がこえることはほとんどない。
・洪水になりそうな時は、ダムの横のゲートをひらいて水を流す。
緑色の蛍光ペン
→導水トンネル←
・いとしろ川の水も一日ダムにあめる。
→用水発電←
・昼は、水をおとし、夜は、モーターを使い電力を得る。
・日本全体の10%が水力発電。
・水力は、火力とちがってすぐに発電するので、10ヵ月ほどまわす。
・名古屋まで電気が行く
ピンク色の蛍光ペン
→揚水発電←
・ダムによってせきとめられたため湖ができた。

第5章　小学校と養護学校におけるポートフォリオ実践

を選んだことになります。こうして3回通してまとめアイテムを選んだことは，本実践における剛君の学習に対する目的意識が「まとめ方を上手にする」ということで明確に意識づけられていたからだと考えられるのではないでしょうか。さらに，注目すべきは，それを具体化した剛君の評価規準です。「きれいに色は，ほどほどにつける」と，前回の小単元で生まれた新たなる自己評価の基準を明確に表現しています。

　資料14は，剛君の恵み科での作業シートです。色の数を極力抑え，大事なポイントのみに彩色するというように進化しています。以前のシートに比べれば，明らかに整理され見やすいものになっています。これは，剛君が自分の評価規準を意識し，その実現のために学習の質を向上させた証ではないでしょうか。資料13の「ちゃんとほどほどに，色をつかえた」「大事な所だけ色をつかってきれいにまとめられた」という記述からも剛君がシートを書く際に評価規準を意識していたことがわかります。

3　おわりに

　以上のように，本実践を通して剛君の学習の質は向上していきました。学習の質を高めた要因は何かというと，それは，やはり剛君の自己評価が有効に機能し，学習に対する目的意識を明確にもっていたからだと思います。

　剛君は，自分の今までの学習態度を振り返る過程で「まとめ方が苦手」なことに気づき，それを自己評価の規準としました。そして，その規準を目当てとして実現することを目的とし，学習に確固たる目的意識をもって臨んだ結果，明らかに剛君のまとめ方における学習の質は向上したのです。

　学級で列挙した評価規準から自分に合うものを選ばせ，さらに自分の特性に合うように具体化するという手立てを講じたことも，剛君が評価規準を明確に意識付けた要因ではないでしょうか。そして，実は剛君だけでなく他の児童も，このように自己評価の仕方を工夫し，それを明確に意識させることで学習に対する目的意識の向上が見られました。

　また，それだけでなくポートフォリオを関係者なら誰でも見ることができるようにし，友だち同士での相互評価を積極的に取り入れ，それを自己評価に反映させた点も，剛君の学びの深まりを助けた要因であったと考えます。剛君の意欲を支えたものは，友だちの相互評価でした。友だちからの評価を念頭に置いて自己評価をして，活動を反省したり，次の目的を設定したりしていました。その情報交換の架け橋になったのがポートフォリオです。ポートフォリオを用いて相互評価の活動を活発にさせた点も，子どもの学びの深まりを促進させたように思います。

　評価規準を一人ひとりの子どもにあったものに設定することで，学習に対する目的意識が高まり，また相互評価と自己評価を重ねる方法をとることで，結果として学習の質を向上することができたように思います。

（須甲英樹）

4 ポートフォリオで子どもの健康教育を

1 はじめに

　健康教育の一人立ちは，子どもが自分の健康を自分で守ること，つまり，自分の健康問題に気づいて，その解決に向けて取り組む力をつけることです。森目小学校では，子ども一人ひとりの健康問題は多様ですが，学校で毎日実践し，取り組みの成果が見出しやすい"歯みがき活動"を軸に健康教育を進めてきました。その手法は，さまざまな健康問題の解決に応用していけると考えます。

　特に平成11年度は，子どもたち自身が歯のポートフォリオを作って，自主的な気づきを重視しながら，意欲的に歯みがきに取り組ませるための実践を行いました。その結果，評価規準をもとに「歯みがきのポートフォリオ」を振り返ることを通して，学校だけでは見えにくい児童の実態や児童の問題点が見えてきました。

　しかし，ある程度の成果が得られた一方で，なお評価法については改善すべき点もあったので，平成12年度も引き続きポートフォリオを健康教育にどのように活用していくかについて研究を継続したいと考えました。研究のねらいは，「自分の歯の問題意識を高めることを通して，自主的に健康な歯づくりにむけて実践する力と態度を身につける」ということです。

2 実践の概要

　歯に対してより個別的に自分の問題解決に取り組めるようにするためには，問題把握 → 問題解決に向けての実践 → 振り返り → 新たな問題把握という流れの中で，子どもたちに個々の問題意識をもたせて，取り組ませていくことが効果的だと考えます。

　そのためには，評価のあり方が重要となってきますが，12年度は，①評価規準の精選，②個別の問題を評価規準の中にいれる工夫，③振り返りの仕方と問題意識をもたせるための工夫，④問題意識を高めるための評価の工夫，という4つの点に力点を置いて，より一層の健康教育を図るための実践を試みました。また，健康を広い目で見るということから，体位や体力の記録も含めたファイルを作り，その中に歯の項目についても記入するように整備しました。

3 具体的な取り組み

(1) 評価規準を精選するための工夫

　森目小学校では，毎日，歯みがきの時間を3分間設けています。子どもたちがその3分間をただ漠然と歯みがきをするか，それとも自分でどこをどのようにみがくとよいか目当てを

第5章　小学校と養護学校におけるポートフォリオ実践

(1) 意欲をもって主体的に歯みがき活動に取り組む態度の育成
(2) 目標に迫るための手立て
　a　評価規準の精選
　b　個別の問題を評価規準の中にいれる工夫
　c　振り返りの仕方と問題意識をもたせるための工夫
　d　問題意識を高めるための評価の工夫

学習活動と内容	教師の指導・支援・留意点等	子どもの学びの実際
評価規準作成（6月）	・中，高学年は児童とともに評価規準の作成 ・低学年は教師が児童の実態を加味して評価規準を作成 ・歯みがきの技術的な内容はブラッシングアイテムとして，個別の内容にした。	低学年は5つ，中学年は7つ，高学年は6つの評価規準ができた。
歯みがき練習会（6月）	・個人の問題を見つけるための支援 ・2～3人ごとに対応	みがき残し検査をしながら自分の問題点を見つけていった。 自分の歯みがきを振り返り，歯の重なっている部分を丁寧にみがく等，個別の目標を立てていった。
歯みがきがんばり週間（6月）	・学校での歯みがきの支援	学校・家庭の両方でがんばり週間を決め，評価規準を意識しながら歯みがきを実践した。 評価規準が達成できなくて次のがんばり週間はがんばりたいという反省を書いた児童がいた。
夏休みがんばり週間（7～8月）	・ワークシートの準備	家庭での実践，振り返り 1週間自分でがんばり週間を決めて実践し，評価規準を意識した歯みがきの実践ができた児童がたくさんいた。
歯みがきがんばり週間（11月）	・事前にポートフォリオに目を通し，担任，友達からも評価	学校での実践，振り返り 友達や教師からコメントをもらい，それが刺激になってそれまで夜歯みがきができなかった児童が夜できるようになったと自信をもっていえるようになった。
冬休み歯みがきがんばり週間（12～1月）	・ワークシートの準備	家庭での実践，振り返り 目当てを立ててもなかなか実践できない児童が自分を客観的に振り返り，恥ずかしいと書いていた。
歯に関する意識調査		夏休みはできなかったことが多かったが，冬休みは毎日やることができたと自分を正しく振り返ることができた。

決めて歯みがきをするか，どちらが効果的でしょう。もちろん後者の方であることはいうまでもないでしょう。

　そこで，自分が何に向かって歯みがきをがんばるのかという目当てを明らかにし，目的意識をもたせるために作ったのが"歯みがきの評価規準"です。森目小学校では，総合的な学習や算数などの教科で使う評価規準をアイテムと名付けて統一しているため，歯みがきでもこの呼び方を使って「はみがきアイテム」としました。つまり，その時々の活動の目的によって呼び方は異なりますが，目当て＝評価規準＝アイテムということです。

　子どもたちが自主的に活動を展開し，振り返るためには，そのアイテムも子どもたちで作っ

たほうが効果的でしょう。したがって，12年度も，3年生以上は，子どもたちと一緒に評価規準を作っていきました。昨年度自分たちで評価規準を作っていましたし，また，総合的な学習や教科でも経験があるためか，比較的容易に自分たちの問題を見つけて，そこから評価規準を見出していたようです。

低学年児は，発達段階の制約から自分自身をしっかり見つめて，目当てを立てるということは難しいため，評価規準を教師側で作成し，それを子どもたちに説明することによって了解を得ていきました。

[資料1] 5・6年生はみがきアイテム

①健康アイテム
歯によいカルシウムやその他の栄養を取っていますか
よくかんであごをきたえていますか

②準備アイテム
歯ブラシ，コップ，鏡の準備はできましたか
はみがきがはじめられるよう椅子に座りましたか
うがいはすませましたか

③3分アイテム
3分以上はみがきができていますか
学校で時間に遅れた場合は，自分で3分間意識していますか

④ダメダメアイテム
はみがきをする時の態度はよいですか
しゃべらない，ふざけないことも大切ですが，歯を大切にしようという気持ちも大切です。

⑤CHECKアイテム
みがいた後に，舌でさわって，ざらざらがないか確かめてみよう。

⑥ブラッシングアイテム（自分にあったみがき方アイテムをきめます）

6月に行ったアイテムづくりでは，子どもたちのそれぞれの思いで歯みがきの際に守るとよい項目を出して，よく似たものをまとめていきました。それぞれのアイテムは，内容を見て子どもたちが考えたものです。そして中学年では7つ（ハブラシ準備，集中，大切，ミラー，タイム，毎日3回，ブラッシング），高学年では6つ（健康，準備，3分，ダメダメ，CHECK，ブラッシング）のアイテムが決まりました。アイテムの数がやや多いようにも感じましたが，子どもたちの意見を大切にして，そのまま取り入れることにしました。また，いつでも意識できるように教室にもアイテム表を掲示しておきました。資料1は，5・6年生の「はみがきアイテム」です。

(2) 個人の問題を評価規準に入れるための歯みがき練習会の在り方

子どもたちから最初に出た評価規準の項目の中には，「奥歯の溝にハブラシがあたるようにする」とか「重なっているところは，ハブラシをたてにする」など，歯みがきの技術的なことに関するものがたくさん入っていました。しかし，それは学級全体の評価規準にするより，むしろ個人の問題として取り上げるほうが，歯みがきの効果が上がるのではないでしょうか。

11年度は，個人の問題も全員に当てはまると考えた結果，評価規準が多くなりすぎたという反省もあって，12年度は個人の問題を「みがき方アイテム」または「ブラッシングアイテム」として「はみがきアイテム」の中に組み込みました。

自分の問題を十分把握していない子ども（特に低学年児に多い）や問題点の絞り方がズレている子どもなどがいると予想されたため，子ども一人ひとりの問題を見つける時間として「歯みがき練習会」を設けました。この活動は，2～3人ずつ保健室に来てもらい，みがき残

し検査をしながら個別指導ができるため，数年前から取り組んでいる活動です。12年度は，より自分の問題意識と問題解決力を高めるために，自分の歯にあったみがき方を自分で考えていこうという認識をもたせるようにしました。教師のかかわりとしては，「あなたの問題点はなんだろうね？」とか「どうしたらもっとうまくみがけると思う？」という問い掛けが中心で，困った時にアドバイスするようにしました。

資料2は，勝木君の歯みがき練習会の時のワークシートですが，彼は歯ぐきの近くがみがけていないことを問題点としてあげ，その解決策として「歯と歯ぐきを一緒にみがく」ということをみがき方のポイントとしました。

［資料2］　勝木君のみがき残し検査ワークシート

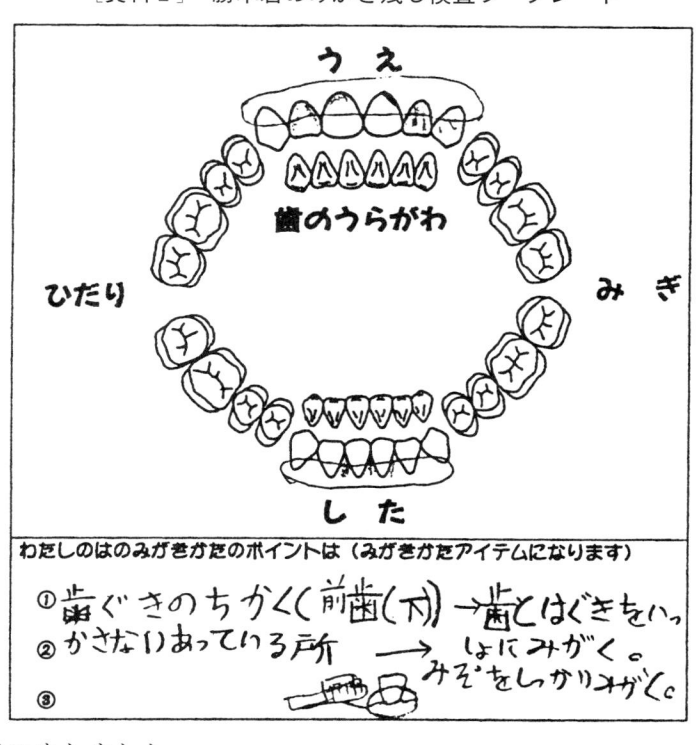

このように，歯みがき練習会を通して自分で見つけた問題と問題解決の仕方をブラッシングアイテムとしてクローズアップすることにより，より意欲と自信をもたせることができたように思います。

問題を見つけられない子どもには，歯のポートフォリオから昨年度のみがき残し検査や家での歯みがきの様子を振り返らせることで，自分の問題を意識できるように教師がアドバイスをしました。

(3) 歯みがきがんばり週間の効果的な活用の仕方

歯みがき活動は，毎日実践されるものなので，はみがきアイテムを常に活用し，振り返る過程で自分の問題点を見つけて問題解決ができることが望ましいのですが，それでは歯みがき活動がマンネリ化して，振り返りや実践が形骸化する恐れがあるため，がんばり週間を設けて，集中的にアイテムを意識した歯みがき活動を実践することにしました。年間のがんばり週間の流れは資料3に示す通り，6月・夏休み・11月・冬休みの計4回です。

学校のがんばり週間では，アイテムを全部振り返らせましたが，家庭でのがんばり週間ではいくつものアイテムを振り返らせるよりも，ポイントを絞るほうが効果的と考えたため，自分が振り返るアイテムをワークシートに一つか二つだけ事前に書き込ませるようにしました。そして，それぞれのがんばり週間ごとに振り返りを行い，その反省を次回のがんばり週間へつなげることができるように工夫しました。

資料4を見ると，その結果，浅野さんは自分の良い所や問題点をしっかり把握し，アイテムを生かしながら歯みがきに取り組んでいる様子がよくわかります。11月のがんばり週間のワークシートでは，「歯並びが悪い」という問題点を意識しています。そして冬休みには，「歯の間をしっかりみがく」と「かくれているところはハブラシをたてにしてみがく」という自分のブラッシングアイテムに目当てを絞っているのは，問題をしっかり捉えている証拠です。

こうして浅野さんは，次のがんばり週間に前回の反省を生かしてがんばり週間を効果的に活用しました。そのような実践の中で，歯みがきに対する自信がつき，意欲的に歯みがきに取り組もうとしている姿勢がよくわかります。

また浅野さんは，家庭でも自分の問題に対して真剣に取り組んでいることは，母親のコメント「歯みがきの大切さがわかっていてよくがんばっていると思います」からも推察されます。（資料5を参照）

しかし，太田君のように，態度の変容がなかなか現れない子どももいました。歯科検診時，歯科医にも協力してもらって，歯みがきの不十分な子どもには歯科医から本人に「歯みがきが雑だ」ということや「虫歯が多い」ということを直接指摘してもらうようにお願いしました。11年度までの取り組みの成果でしょうか，このような指摘をされる子どもは少ないのですが，太田君のように毎年歯みがきの不徹底さについて指摘を受ける子どももいます。歯科検診の直前にしっかりみがいただけでは，日頃の歯みがきが十分でない子は，歯科医にはすぐにわかってしまうようです。

［資料3］　歯みがきがんばり週間の流れ

6月　歯の意識調査
6月下旬　評価規準（アイテム）作成
6月　歯みがき練習会
　　個人のみがき方の問題点を見つける。
　　（みがき方アイテム決定）
6月　歯みがきがんばり週間
　（学校）　　　　　　　（家庭）
　すべてのアイテム　　　個人のみがき方アイテ
　の実践，振り返り。　　ムについて実践，振り
　　　　　　　　　　　　返り。
夏休み　夏休みがんばり週間
6月の反省から，夏休みに自分が守るアイテムを事前に決定。
　　　　　　　　　　　（家庭）
　　　　　自分のきめたアイテムに
　　　　　ついて実践，振り返り。
11月　歯みがきがんばり週間
がんばり週間を実施するにあたり，個を見つめるために，下記のような取り組みを行う。
・6月と夏休みの実践等を振り返り，良くなっているところと問題点について意識化する。
・担任に，ポートフォリオに目を通してもらい，コメントを記入してもらう。
・中高学年は友達にもポートフォリオを見てもらい，コメントを書いてもらう。（他者から見た自分を知る）
（学校）
　すべてのアイテムの
　実践，振り返り。
冬休み　冬休みがんばり週間
がんばり週間を実施するにあたり，家庭で今までのポートフォリオに目を通してもらい，感想を書いてもらう。自分のこれまでの実践から，自分の問題を克服できるようなアイテムを選んで冬休みの目当てにする。
　　　　　　　　　　　（家庭）
　　　　　自分の選んだアイテムに
　　　　　ついて実践，振り返り。
1月　歯に関する意識調査

第5章　小学校と養護学校におけるポートフォリオ実践

［資料4］　浅野さんの11月の振り返り（上）と冬休みのめあて（下）

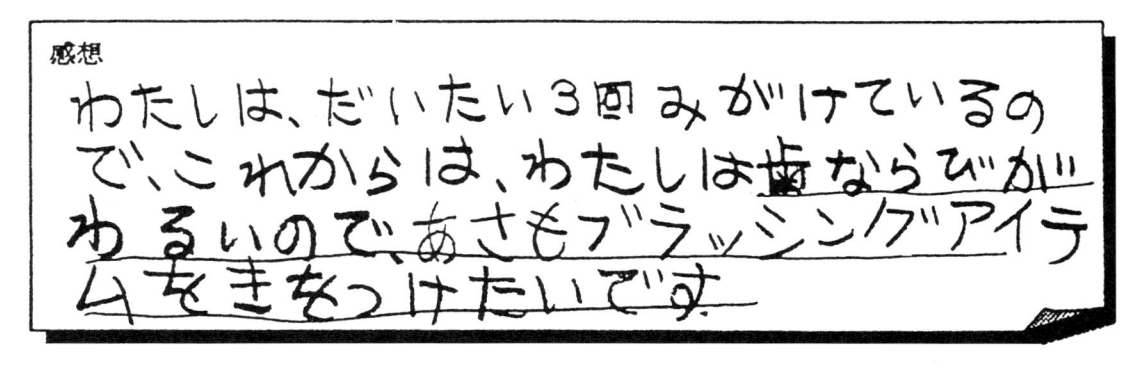

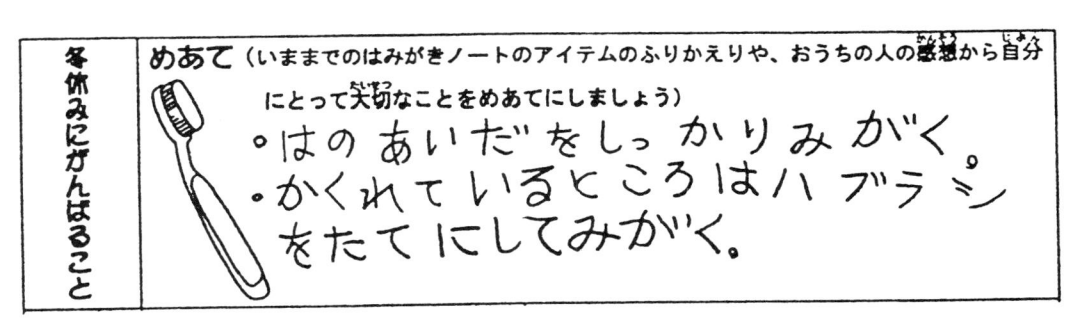

感想
わたしは、だいたい3回みがけているので、これからは、わたしは歯ならびがわるいので、あさもブラッシングアイテムをきをつけたいです

冬休みにがんばること
めあて（いままでのはみがきノートのアイテムのふりかえりや、おうちの人の感想から自分にとって大切なことをめあてにしましょう）
・はのあいだをしっかりみがく。
・かくれているところはハブラシをたてにしてみがく。

［資料5］　浅野さんの振り返り（11月）と家庭からの感想（11月）

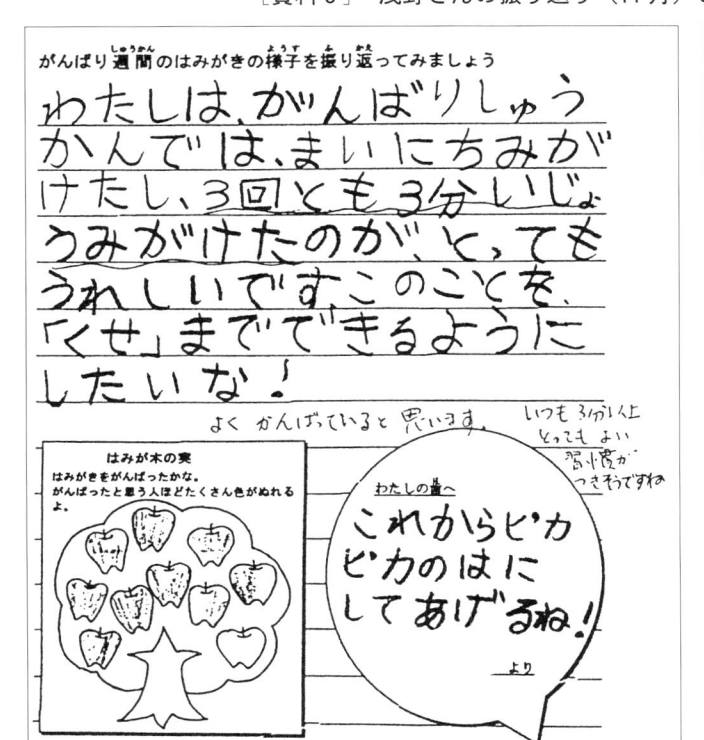

がんばり週間のはみがきの様子を振り返ってみましょう
わたしは、がんばりしゅうかんでは、まいにちみがけたし、3回とも3分いじょうみがけたのが、とてもうれしいです。このことを、「くせ」までできるようにしたいな！

よくがんばっていると思います。
いつも3分以上とってもよい習慣がつきそうですね

はみがきの実
はみがきをがんばったかな。がんばったと思う人ほどたくさん色がぬれるよ。

わたしの歯へ
これからピカピカのはにしてあげるね！
より

今までのはみがきがんばりノートを見て
（おうちの人からの感想）
歯みがきの大切さがわかっていてよくがんばっていると思います。永久歯が何本もはえてきたので歯の間もしっかりみがくようにいってほしいですね。

おかあさん　より

さらに，太田君は，歯みがき練習会では歯肉炎になっていることがわかり，やはり歯みがきの不十分さがうかがえました。歯みがき練習会では，歯科検診時のことや歯肉炎のことも振り返らせて，より問題意識をもてるようにしました。しかし，太田君の場合は，日頃の歯みがきの態度や振り返りの様子から，自分の問題は見つけられても意識が持続しないことがありました。したがって，歯科検診で校医から指摘された時点では，問題意識をもっていたように見えましたが，すぐに忘れてしまって，なかなか実践に結びついていきません。

　家庭からの感想でも，太田君のみがいていない様子がよくわかりました。担任から指摘してもらっても，その場限りの取り組みのように感じられました。態度面でもワークシートをなくしてしまったり，歯ブラシをもってこなかったりというような状態でした。

　ただ，太田君の態度にはあまり変容が見られなくてがっかりしましたが，夏休みや冬休みのがんばり週間の後，自分のことをしっかり振り返り，取り組みがまずかった自分を反省していることがわかりました。変容をあせらず，長い目でしっかり支援していくのも一つの方法なのかもしれません。一人ひとりの心に残るものが少しでもあれば，それもまた重要な意味ある教育活動ではないでしょうか，働きかけたことは決して無駄ではなかったと思っています。

［資料6］　太田君の冬休み反省

> はんせい
> 自分のめあてを守れた日はほとんどなくてとってもはずかしいです。それにこのはみがきがんばりノートをやっていてあまり自分のたてためあてを守るということは、できませんでした。

(4) 評価の仕方を工夫して，意識を高めるための取り組み

　子どもが自分自身を振り返ることは，歯みがきがんばり週間を実施するたびに心がけてきました。それに加えて，12年度は，多面的に児童をとらえるという意味から，教室での歯みがきの様子や普段の性格もよく知っている学級担任，そして普段学級でお互いの歯みがきの様子を見ている友だちにも歯のポートフォリオを見てもらい，感想をコメントしてもらうようにしました。それが児童の励ましや問題解決の意識化につながると考えたからです。

　松本君は，ずっと歯ブラシの先を使ってみがくことをブラッシングアイテムにし，それが守れるようになってきました。資料7にもあるように，みがき方を意識していることが「はみがきがんばりノート」の表紙に描かれた絵からもわかります。

　しかし，夜歯みがきをしていないという問題点が松本君の反省や保護者のコメントからうかがえました。自分でも感じていたようですが，さらには友だちや先生から指摘されたことにより，夜の歯みがきをがんばろうと決めたことがポートフォリオからわかります。

　資料8の友だちのコメント「6月の反省」では，「朝はみがいているけれど，夜はみがいていないから夜はみがきをしていくようにします」という感想が記されていましたが，11

第5章 小学校と養護学校におけるポートフォリオ実践

[資料7] 松本君の夏休みがんばりノート表紙

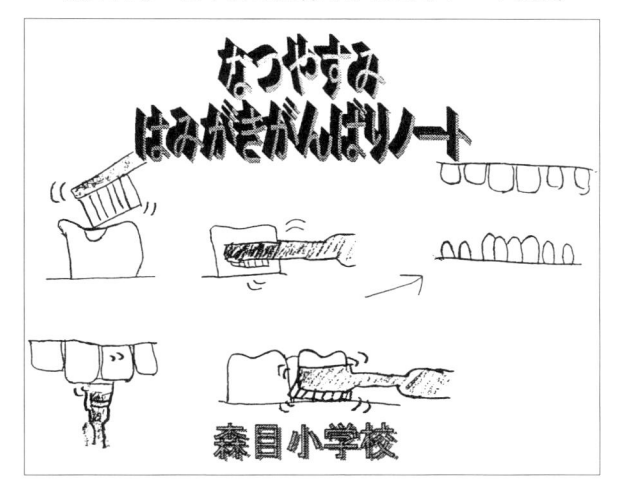

[資料8] 松本君の6月の反省

[資料9] 松本君の11月の反省

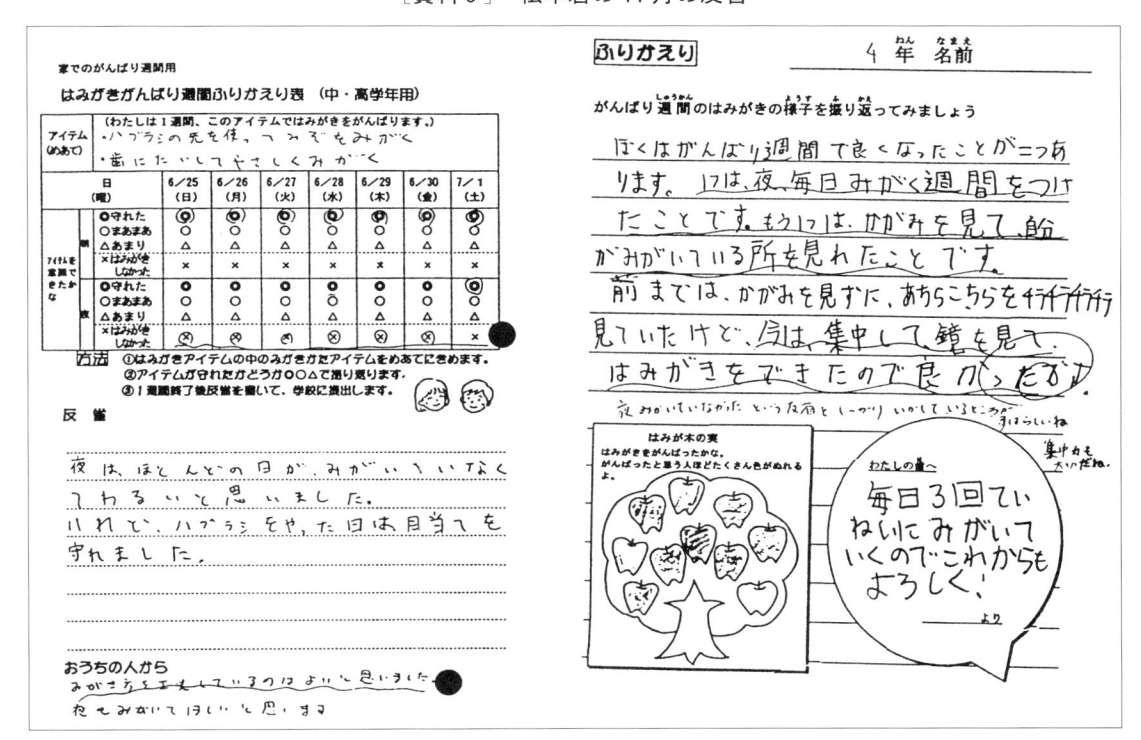

月の振り返りではよくなったことの一つとして「夜毎日みがく習慣をつけたことです。」と自信に満ちた文章で記しています。

また，友だちのポートフォリオを見たことで，自分にプラスになっていることが考えられます。いつも真剣に歯みがきに取り組んでいる友だちの様子を自分と比べていることが，資料10の広瀬君のポートフォリオに記した松本君のコメントから感じられます。それが少なからず刺激になっていたようです。

［資料10］ 広瀬君のポートフォリオより 松本君のコメント

> 広瀬さんへ
> 広瀬さんは、すごいね。
> 最後の月いがいは、みがけたのは、ぼくよりすごい。
> 続けた方がいいよ！
> 松本より

4 成果と課題

(1) 態度の変容

確かに，評価規準を作って意識しながら歯みがきを行うことがだんだん定着してきました。学級担任から，「子どもたちの歯みがきの様子が変わってきました」という声も聞かれます。評価規準により自分の振り返る目当てがはっきりしていることが良かったのだろうと思います。態度面についても，学級全体のアイテムとして取り組んでいるので，お互い影響し合って，とても良い方向で実践されているように感じられます。

(2) 家庭における歯みがきの影響

家庭からも，「歯みがきがじょうずになってきました。」「歯並びを考えてみがくようになってきました。」「ていねいにみがくようになってきました。」「すすんでみがくようになってきました。」「歯みがきの時間が長くなってきました。」などの感想をいただきました。やはり評価規準で意識化をはかることや，がんばり週間を設定することで子どもたちの歯みがきの態度や技術面に良い影響を与えていたことがわかります。教師や友だちの目のない，家庭でも実践されるようになってきたことが自分にあった歯みがきの習慣がついてきた証だと思っています。

また，歯のポートフォリオを家庭にもち帰って，保護者のコメントを書いて評価していただく過程を通して，家庭における子どもの実態を捉えることができ，家庭内でも問題意識をもってもらうことにつながりました。家庭でしっかり働きかけをしていただいているおかげで，良い方向に変容していった子どもが何人もいました。このように歯のポートフォリオは，家庭と連携させる重要な役割を果たしてくれます。歯みがきのようにしつけ的な要素が含ま

第5章 小学校と養護学校におけるポートフォリオ実践

れる分野には家庭の協力がこれからも不可欠です。

(3) 児童の実態把握のためのポートフォリオ

　こうした実践を通しながらも，家庭での歯みがきが相変わらず定着していない子どもがいることも事実です。その子どもに関する家庭の様子を保護者のコメントを通してみると，学校ではしっかりみがいている子どもが，家でも良くみがくようになっているかというと，必ずしもそうでないこともあります。

　また，がんばり週間ごとの振り返りや反省を追っていくと，問題を意識しながら自分の変容にしっかり気づいている子どもと，振り返りや取り組みがまだまだ不十分な子どもがよくわかります。取り組みに対する姿勢もポートフォリオの中に具体的に現れてきます。

　このようにポートフォリオは，学校だけでなく，家庭も視野に入れているので，児童の実態をつかみやすいといえます。これが，家庭との連携に役立てる一つの道具となり，一人ひとりの子どもを多面的に捉えていくことができることにつながります。

(4) なお意識化できない子への働きかけ

　がんばり週間において実践を重ねてきましたが，振り返りが適切で自分がしっかり見えている子どもほど取り組みに変化が現れ，実践にも生かされていることがよくわかりました。全体的には，歯みがきの態度や方法が，良い方向に変わってきています。

　しかし，ふざけてみたり，何気なく歯みがきの時間を過ごしたりしている子どももいないわけではありません。同じように働きかけをしているにもかかわらず，このような違いができるのはなぜだろうかと考えてみました。

　その原因として，子どもの性格や意識のさせ方の甘さ，家庭との連携不足，児童理解の甘さなどが考えられますが，歯みがきなどを含めた健康問題に関しては，今差し迫った問題でないのがその意識化の低さの原因になっていると思います。たとえ虫歯になっていても，今は痛くなければ，子どもたちは何ら困っていないのです。「歯みがきをしないと命を落とす」というような強迫感もなければ人に迷惑をかけるようなこともありません。誰にでも怠けたい心や楽をしたいという心があります。歯みがきには，教科のようなテストもありません。

　したがって，いかに意識化させるか，また習慣化させるかということが重要になります。そんな時の指導のきっかけとして，事実をしっかり認めさせていく点でポートフォリオが活用できるのではないでしょうか。確かに，家庭との連携という点ではまだ課題があります。この実践は，やはり家庭の協力なしでは進められません。子どもの意識を高めていくと同時に家庭の意識を高めていく工夫がこれからは一層必要になると思います。

　　　　　　　　　　　　　　　　　　　　　　　　　　　　　　　　　　（阪井和代）

5 養護学校におけるポートフォリオ検討会

1 ポートフォリオ検討会とは何か

　教育相談では，よくケース・カンファレンスというものを行います。提案者が受けもっている事例について，参加者が様々な角度から検討し，今後の方針を立てるというものです。これと同じような機能をもつのが，ポートフォリオ・カンファレンス（以後「ポートフォリオ検討会」と記す）です。ポートフォリオ検討会をひと言でいうと，「ポートフォリオについて話し合うことを通して，今までに何が達成できたかを確認し，次の課題を明確にする場」（田中耕治・西岡加名恵『総合学習とポートフォリオ評価法入門編―総合学習でポートフォリオを使ってみよう！―』日本標準，1999年12月，72頁）ということですが，参加者の構成員によって，その方法や目的は多少異なってきます。

　例えば，ショアー（Shore, E.F.）たちは，子どもが自分の学びの展開について考え自ら目標を定めることができるようにすることを目的として，子ども対教師の検討会（二者検討会）を実践しています（Elizabeth F. Shores, Cathy Grace 著，貫井正納・吉田雅巳他訳『ポートフォリオガイド―10のステップ―』東洋館出版，2001年，112-117頁）。学習中に子どもを一人ずつ呼んで，「一番だと思う学習物はどれか？」「もっと違うやり方でやりたいと思ったのはどれか？」「○○が上達したことを示しているのはどれか？」といったことを問いかけ，子どもが次の学習の目標を立てるのを支援し，2回目以降の検討会でそれが達成できたかどうか聞きます。それぞれの検討会の終わりには，成長したこと，目標，目的などを子どもと一緒にまとめていきます。一学期中に全員の子どもと話せるような計画を立てます。この実践の対象は小学校低学年以下ですが，学年の発達段階に応じて他学年にも応用することができます。学年最後の検討会に保護者が参加すれば，自分の子どもの学びを実物を通して理解できる良い機会にもなります。

　子ども同士の検討会では，例えば，数人でグループを作って各自のポートフォリオを見せ合いながら，これまでに学んだことやこれからの計画などを発表し，相互に評価し合います。相互評価というフィルターを通して独り善がりになりがちな自己評価をより適正なものにしたり，多様な見方や考え方に気付かせたりする良い機会になります。

　教師同士の検討会もあります。これから紹介するK養護学校の実践は，養護学校に限らずすべての学校の教師にとって，研修のあり方を問うものになると考えます。

2 教師同士のポートフォリオ検討会

　K養護学校では，「障害の多様な子どもたちへの，個への関わりや授業の工夫をしてきて

第5章　小学校と養護学校におけるポートフォリオ実践

いるが，一人ひとりを見ると，必ずしも課題設定や支援がうまくいっているとはいえない状況にある。それはなぜだろうか」という問題意識に立ち，その原因を明らかにしていくために，教師一人ひとりの問題意識に踏み込んだ，より実践的な研究方法を模索しています。研究初年度ということや子どもの発達や障害の多様性から，まずは7つの研究グループ（小学部普通学級，小学部重複学級，中学部普通学級，中学部重複学級，高等部，院内学級，訪問学級）に分かれ，グループ単位で研究が進められています。その中で，ポートフォリオ検討会の手法を取り入れた実践を2つ紹介しましょう。＜実践　その1＞では，1つのグループの取り組みを，＜実践　その2＞では，ある一人の先生が検討会にどのように取り組んでいったかを紹介します。その1で紹介する方法と多少違うところもありますが，基本的にポートフォリオ検討会の手法を取り入れています。

＜実践　その1＞

小学部普通学級グループでは，日頃悩んでいる指導事例を抽出し，普段の様子をビデオに撮って研修の時間に見合うというポートフォリオ検討会を，1事例につき3回ずつ実施しました。このグループでは，基本的にポートフォリオ検討会の手法（安藤輝次『ポートフォリオ検討会の発想と実際』福井大学教育実践研究，第23号，1998年，21-36頁）を取り入れ，下表のような手順で検討会を行い，教師の関わりを中心に話し合っていきました。

検討会の手順

1) 提案者は，指導上悩んでいる児童についてのビデオを提示する。
2) 参加者は"ビデオを見ての感想や疑問"を「○○さん　ビデオ分析表」（表1）に記入する。
3) 参加者は，一人ひとり自分の感想や疑問を述べる。
4) 司会者は，これまで挙げられた疑問や感想を列挙して整理する。
5) 司会者は，疑問や感想のうち最も多いものや重要なものから一つひとつ提示し，提案者がそれに応える。
6) 提案者の児童への関わり方について参加者各自が自分の実践を振り返り，話し合いを深めていく。
7) 検討会終了後，"この検討会で学んだことや気づいたこと"などを「○○さん　ビデオ分析表」に書く。
8) 提案者は，「検討会提案者記録表」（表2）に"学んだこと・気づいたこと，感想，次回目標"などを書く。

［表１］　〇〇さんのビデオ分析表　　　　　［表２］　検討会提案者記録表

```
┌─────────────────────────┐      ┌─────────────────────────┐
│     ＿＿＿＿さんビデオ分析表  │      │       検討会提案者記録表      │
│              年　月　日   │      │ 第　回　　さん　　年　月　日 │
│ ┌─────────────────────┐ │      │ ┌─────────────────────┐ │
│ │   ビデオを見ての感想や疑問  │ │      │ │学                       │ │
│ │                     │ │      │ │ん                       │ │
│ │                     │ │      │ │だ                       │ │
│ │                     │ │      │ │こ                       │ │
│ │                     │ │      │ │と                       │ │
│ │                     │ │      │ │・                       │ │
│ │                     │ │      │ │気                       │ │
│ │                     │ │      │ │付                       │ │
│ │                     │ │      │ │い                       │ │
│ │                     │ │      │ │た                       │ │
│ │                     │ │      │ │こ                       │ │
│ │                     │ │      │ │と                       │ │
│ ├─────────────────────┤ │      │ ├─────────────────────┤ │
│ │ 検討会で新たに学んだこと，気付いたこと │ │      │ │感                      │ │
│ │                     │ │      │ │想                      │ │
│ │                     │ │      │ ├─────────────────────┤ │
│ │                     │ │      │ │次                      │ │
│ │                     │ │      │ │回                      │ │
│ │                     │ │      │ │目                      │ │
│ │                     │ │      │ │標                      │ │
│ │        記入者（　　　）│ │      │ │        記入者（　　　）│ │
│ └─────────────────────┘ │      │ └─────────────────────┘ │
└─────────────────────────┘      └─────────────────────────┘
```

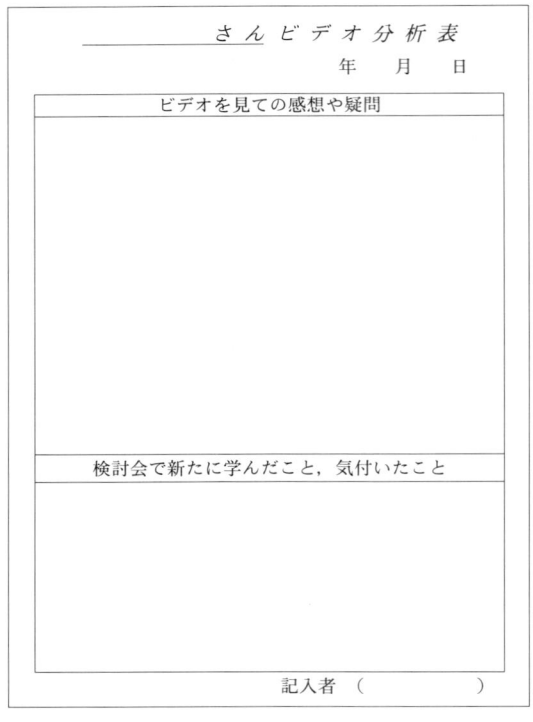

　この研究グループのビデオ検討会に関する感想や成果について，実践報告に書かれた内容をまとめると以下のようになります。

・どの提案者もビデオに撮られることに慣れておらず普段の様子を提示するのが難しかった。
・最初に提案者が自分の意見を述べて，それについて話し合うというこれまでの形式と異なったため，戸惑いを見せる者もいた。
・この形式をとることにより，参加者は自由に意見を出すことができ，提案者が思いもよらなかったことに気付いたりすることもあった。
・ビデオを通して子どもとの関わりを振り返ることで，日頃何気なく指導していたことを反省させられた。
・検討会でのアドバイスと気付きにより，余裕をもって関われるようになった。

＜実践　その２＞
　Ａ先生のクラスの田中さん（仮名）は，精神的に不安定になってパニックを起こすと，授業や集団に参加できなくなります。また，こだわりが強く，自分の気に入ったもの以外はなかなか受けつけようとしなかったり，水を見つけると水遊びになってなかなかやめられなかったりと，参加できる学習活動が限られていました。そこで，Ａ先生は，田中さんへの「願い」として次の２点を挙げ，水遊び以外の活動に興味をもたせることから取り組み始め

第5章　小学校と養護学校におけるポートフォリオ実践

ました。
- 学校でも家庭でもできるだけ安定した状態で過ごせるようになる──→学習への参加
- こだわりを少なくして，できることを増やす──→学習への広がり

　ある程度の期間が経ったところで，取り組みの中で出てきた問題点を集約し，特に指導上困難と思われる場面をビデオに撮ったり記録に残したりして，2学期以降のビデオ検討会に臨みました。A先生が，ビデオ検討会にどのように臨んだか，以下，実践報告に書かれたA先生の記述を再構成しました。

A先生のビデオ検討会への取り組み

	課題	提示ビデオ	参考になった意見	その後の様子
1学期	◎水遊びに代わる興味をもつものはないか。 ◎水遊びが「周りにとって迷惑なもの」から「役に立つこと」に変わるような場の設定ができないか。			手立て ・和紙班の水仕事でやりたいことを思う存分やり，それが肯定されれば精神的にも安定するのではないか。 ・教室の水道栓を止め，エレクトーンや本に興味・関心がいくように誘い掛ける。 ↓ ◎切った繊維をざるに集める仕事に関心を示す。 ◎作業中の指示を聞き入れてできるようになった。（2学期） ◎廊下の水道に行こうとしても「教室にいてね」というと，教室にいられるようになった。（2学期）
検討会・1回目	パニックをできるだけ少なくするにはどうしたらいいか。	◎田中さんの作業の様子（マイペースだが自分なりに分担作業に取り組んでいる場面）（ビデオ） ◎作業中にエプロンを嫌がって脱ぐ場面（ビデオ） ◎今までのパニックの記録を元に予想される原因，その時有効と思われる対応の仕方，結果	◎自分なりのペースで大好きな水仕事ができるので自主的に動けてよいのではないか。 ◎エプロンを取ってしまうが，慣れればできるようになるので，あきらめずに続ければよいのではないか。 ◎パニックを受容することも大事だが，いつも受容するだけではなく，受け入れない時や，我慢する場面を意図的に作った時にどんな反	◎1月には作業時のビニールエプロン，ウィンドブレーカー，外出時の靴下などが着用できるようになり，着実に着られる服が増えている。 ◎物を投げたり人をたたいたりすることに関して「それはいけない」とはっきり示すようにしたところ，徐々に減り，3学期には人に危害を与えることはほと

		を資料にまとめたもの	応をするか見てみるのも一つの手ではないか。	んどなくなった。同時に，苛立って癲癇を起こしてもすぐに気分を切り替えられるようになってきた。
検討会・2回目	◎水遊びをなくすにはどうしたらいいか。 ◎自分の手を使うことへの抵抗をなくして，自分の身の回りのことや活動できる学習の幅を広げるにはどうしたらいいか。	◎お楽しみ会の看板を作るための紙ちぎりを気乗りしない様子で行っている場面（ビデオ） ◎裏返ったジャンパーを直す時に袖口に手を入れるのを嫌がってやろうとしない様子（ビデオ）	◎手を使うことに抵抗があるのなら本人がやる気になるのを待つよりも，教師が一緒に手を添えて，手を使う経験の場をどんどん作る方がよいのでは。 ◎水遊びや気に入った物を何でも口に入れたり食いちぎったりする幼い面が残っているが，理解力の高いことを考えると，知的な面を伸ばせば自然と幼い面も解消されるのでは。思い切って高度な課題に取り組ませてみてはどうか。 ◎やりたくなくても自分の身の回りのことを一つでもやれるようにしていくことは必要だろう。 ◎着られなかったエプロンや新しいジャージも練習して着られるようになったのだから，今後も一つひとつ根気よく練習していくしかないだろう。	◎2回の検討会を経て田中さんは担任以外にもよく声を掛けてくれる先生に笑いかけるようになり，表情も明るい日が増えてきた。 ◎呼ぶと振り向いたり，こちらの問い掛けにうなずいたりと，意思の疎通が以前より取れるようになってきた。 ◎教室の水道栓を再び開けたが水遊びは激減し，水遊びをしていても次の行動を促す声掛けですぐやめるようになった。

　A先生は，1回目の検討会でビデオ以外の資料も提示しています。その理由として次のように述べています。「1回目の検討会に臨む頃，田中さんはまだパニックも多く，担任以外の先生方に田中さんを見てもらうのが心配だった。資料をまとめた当時は，『他の先生方にもこのように接してほしい』と考え，担任が考えたパニックの対処の仕方を紹介した。しかし，他の先生方から，『こういう接し方もあるのではないか』という意見を聞いたり，思い切って担任が離れて他の先生方に担当してもらう時間をもったりしたところ，田中さんは，担任が思っている以上に自分でできることがわかった。」そして，第2回目の検討会には，パニックは落ち着いてきたと見て，「手を使うことへの抵抗感をなくして活動の幅を広げる」という課題にステップアップしたものを提示しています。

　A先生は，1年間の子どもの指導を通して，「『生徒への共通理解をもつ』ということは『教師全員が同じアプローチをする』ということではなく，『その生徒をよく知ろうと努力し，教師一人ひとりが自分の持ち味を生かして接する』ことだと感じた」と述べています。教師は，「私はこの子の担任なのだから，自分が何とか良くしていきたい」とう責任感が強いも

第5章　小学校と養護学校におけるポートフォリオ実践

のです。確かにこの思いは大切にしなくてはなりませんが，子どもの良さを見落としてしまうこともあります。検討会を通して，A先生の考えが目標は共有しても「教師一人ひとりが持ち味を生かして接する」という，より柔軟性をもつに至ったことがうかがえます。

3　K養護学校の実践のポイント

　前述したように，K養護学校の研究はまだグループ単位に進んでいる状態ですが，それぞれの研究グループの実践には，いくつかの重要なポイントが見られます。

　まず第一に，検討会で検討してほしい児童生徒を抽出するにあたり，その子どもへの「願い」を明確にしていることです。ポートフォリオ評価では，事前に評価規準が子どもに知らされるか，あるいは教師と子どもが協同で作成し，学習のプロセスの中で常に規準と照らし合わせながら学習を振り返り，学習をコントロールしていく力を養っていくことが大切です。例えば，先述のA先生は，年度当初に明確にした「願い」を常に意識し，それを基に，「どれだけ到達できたか」「この指導でいいのか」と指導を振り返っています。つまり，「願い」が評価規準にあたるわけです。

　第二に，1番目とも関連があるのですが，ただ闇雲に普段の生活をビデオに撮ったわけではないということです。子どもたちは，ポートフォリオ・ファイルに学習物を収集するという作業に慣れてくると，子ども自身の規準でファイルに入れるものを取捨選択するようになってきます。プロジェクト・ゼロの研究員であるデ・フィナ（De Fina, A.A.）は，「どの学年の生徒も，ポートフォリオに入れるものを選ぶことを学ぶだけでなく，選択のための規準を確立することも学ぶ」（Allan A. De Fina "Portfolio Assessment : Getting Started", Scholastic Professional Books, 1992, pp.13-16）と述べています。K養護学校の先生方は，ビデオに撮る場面を「課題」という規準で選択して，ファイリング（ビデオに撮る）していったのです。教師ですからあらかじめ規準を設定することができますが，子どもの場合は，このような経験を長期的に継続して行い，設定能力や選択能力を培っていくことが重要です。

　第三に，検討会の進め方です。授業後の検討会というと，授業者の反省から始まり，参加者の感想や意見，そして講師からの講話で閉める，というのが一般的です。K養護学校の検討会

では，最初の授業者のコメントは一切ありません。このようにすることにより，参加者は，授業者の意図にとらわれることなく感じたことを自由に述べることができ，A先生の実践にもあったように，一つの事象を様々な視点からとらえることを可能にします。通常の研修会であれば，提案者の意図が反映された意見が出るでしょう。しかし，それでは提案者の視点からしか話は進んでいきません。提案者の意図にとらわれず様々な視点から見るためには，提案者の反省の弁が邪魔になることもあるのです。

　四番目は，検討会にビデオを使ったということです。ポートフォリオ検討会の目的によって検討する対象は違ってきますが，たいてい子どもの学習物が中心になります。ビデオだと教師の関わり方や指導力までさらけ出してしまうことになるので，教師にとってはかなり勇気のいることではあります。

　中学部普通学級グループでは，「子ども観や指導観，指導者の持ち味などをどのように生かしながら進めたらよいかについて検討できた」「自分の問題点が明らかになった」「双方向でのコミュニケーションを意識できるようになってきた」と実践の成果をあげています。しかしそれと同時に，「関わり方への『指摘』は担当者にとってつらさを感じさせてしまうこともあった」とも述べています。確かに，自分の指導の姿を他の人が見てああだこうだと批評されるのは気持ちのいいものではありません。それでもあえて実践したことで，中学部のB先生のように，「対象生徒に対する理解がきちんとできていなかった。その生徒が，今，何を伝えたいのか，要求しているのか，どのように対応してほしいのか，どのように受けとめてほしいのか等々，わかってあげられない場面が多かった」と気付き，教師の価値観の一方的な押し付けではなく，まず子どもを丸ごと理解することが必要であることを実感として受けとめることができたのです。

　また，小学部普通学級グループでは，「……ビデオを通して子どもとの関わりを振り返ることで，自分のペースで子どもに関わっていたり，子どものレベルに合った言葉がけをしていなかったりと，日頃何気なく指導していたことを反省させられることが多かった。検討会を通しての気付きや反省が，同じような悩みをもつ参加者にとっても，参考になったことはいうまでもない」と述べています。ビデオでは提案者の指導場面が流れていながら，参加者は自分の指導とオーバーラップさせながら見ており，提案者のみならず参加者も自分の指導を振り返るのに大変有効な資料だということがいえると思います。

　第五に，検討の対象生徒を一人に絞ったことです。せっかくの機会になぜ一人だけなのか，対象生徒の取り組みの参考になっても他の生徒の指導に役立たないのでは，と思われるかもしれません。高等部グループでは，「学年で検討する事例は一つずつであったが，振り返ってみると生徒を見つめる視点・支援のあり方について一人の見方が変わると，他の生徒の接し方にも『こんな見方ができる』『こんな方法はどうだろう』と，色々教師の関わり方について気付くことが多かった」「行動障害をもつ生徒の理解・支援について，改めて色々な考

え方・接し方を知り，深めることができた」と述べています。つまり，一つの事例を通して教師自身の専門性が高まり，それが他の子どもにも波及していく。それは，提案者ばかりでなく参加者も同様です。検討の対象児童生徒がたとえ一人であっても，一人で終わってしまうことは決してないのです。

4 先生が変わると子どもも変わる

　総合的な学習の評価としてポートフォリオ評価が注目されるようになりました。子どもの学習物を時系列にファイルに綴じることから始まるので大変取り組みやすいのですが，その先，ファイルをどう活用していくかという段階になって戸惑い，単なる学習ファイルにとどまっているという話をよく聞きます。ポートフォリオ評価では，教師は，子どもの学習物から成長の証拠を見出し，子どもに振り返りの中で自分の学びを俯瞰し見通しをもつ力をつけなければなりません。限られた時間の中で40名近い子どもの学びを理解し，子どもの自己評価能力を高めるための支援を行っていかなければなりません。教師の専門性が大きく問われます。ですから，ポートフォリオ評価に組みこまれた機能の一つである検討会，特に教師同士のポートフォリオ検討会は，教師自身が学習者となって自分自身の指導を振り返り，次にどう対処していくかを考え，教授法や生き方を学んでいく場として重要なものだと考えます。

　K養護学校の校長先生が，実践報告の巻頭で次のように述べています。「授業は学習者と教材と授業者で創り出していくものといわれています。教材の研究や学習者の達成評価はよく研究されますが，特殊教育においては学習者の表現力が弱い分授業者の占める部分が大きく意味をもってくるものと思います。その授業者の関わりを見ていこうとする本校職員に激励を送り，専門性を身につけられることを願ってやみません。」

　"専門性を身につけること"――これは，すべての教師にとっての課題です。ポートフォリオ評価が一つの流行語のようになってきていますが，ポートフォリオは，実は教師の専門性が最も必要な評価法であるといっても過言ではありません。そして，ポートフォリオ評価を通して先生が変われば，子どもも変わっていくものと確信しています。

　　　　　　　　　　　　　　　　　　　　　　　　　　　　　　　　　　　（市川洋子）

第6章 中学校におけるポートフォリオ実践

1 評価基準表づくりとその効果

1 小単元レベルの実践

　平成11年度の3学期に2年地理の「国際社会における日本」の単元をポートフォリオを用いて実験授業を行いました。それまではポートフォリオは，私の個人研究のレベルでしたが，3学期からは鯖江中学校の社会科を挙げて取り組むことになりました。

　平成11年12月から平成12年1月にかけて，福井大学の安藤先生を招いて本校の社会科部会で何度か研究会をもち，授業構想を練り上げていきました。その際に用いる評価規準は安藤先生からいただいた資料を理解することから始まりました。ウィギンス（Wiigins, G.）の提唱する「理解の6局面（Six Facets of Understanding）」を5局面に簡略化したものとハーバード大学のプロジェクト・ゼロで用いられた「理解の4次元（Four Dimentions of Understanding）」でした。

　当初，「これらはアメリカの学校で使用しているものだから，そのまま用いても日本の中学生にはなじまないのでは？」という疑問が，参加した本校の教員から出ました。そこで，本校の生徒になじむように表現を変える作業から始めようということになりました。

　まず，「理解の5局面」では，学術的な文章や言葉を生徒にわかりやすい表現に変え，カテゴリー名についても実際に用いる時にしっくりとくるように「効果的」は「応用」という言葉に，「見通し」は「視野」に，「反省的」は「振り返り」にと変えていきました。また，内容についても，漠然とした全体像から特徴的なものを取り出し，わかりやすい表現にしました。例えば，「小説的な説明」というのは聞き手にとって，結末を聞いてみたいと思わせることであろうから，「聞き手の関心や興味に訴えるものになっているか」という表現にしました。このような作業の結果完成したのが表1の評価規準です。

　次に「理解の4次元」についても同様の作業を行い，表2のような評価規準を完成させました。各カテゴリーの名称はそのままにし，①から⑧の評価規準とその説明の文章をわかりやすいように直しました。その際にも，基本的な趣旨は曲げることなく，中心的な意味を取り出し，平易な表現で文章化するように配慮しました。

第6章　中学校におけるポートフォリオ実践

[表1]　「理解の5局面」最終案

意義深さ	応用	視野	共感	振り返り
調べたことをわかりやすく，聞き手が興味をもつようにうまく説明する。	わかったことをいろいろな場面に応用して用いる。	広い視野をもち，良い点や悪い点を示し，物事の値うちを決める。	他人が調べたり，経験した話を聞いて，自分のことのように考える。	自分の知っていることと人の説明していることを比べて，もっともだと思うことは自分の主張の一部にする。

[表2]　「理解の4次元」最終案

知識	方法	目的	形態
①一部から全体へ広がる	③調べた証拠が信用できる	⑤知ることの目的がわかる	⑦多様な発表の仕方
説明されていることは一例であるが，全体を理解する上でも説得力がある。	絶対に確かなことであるという自信がもてるまで，調べたことを証拠として採用している。	発展とは何かを納得し，自分の生き方や考え方にそれを生かす。	提示物や視聴覚機器を用いて聞き手の理解を深める発表の方法を身につけている。
②多分からやはりへ	④研究者と同じみちすじ	⑥わかったことを使いこなす	⑧聞き手への配慮がある
最初はそうだろうと思わせるようなことも実際に調べた上で事実と確認して，説明する。	研究者が用いるように仮説を立てて証拠を集めて検証し，最後に自分の判断を下す。	知り得たことを，ほかの班の発表について，問題点を見つけだす手段にしている。	自班の主張に反する反論を事前に予想し，その答えを用意する準備をする。聞く人にとってのわかりやすさに配慮している。

　そして，単元の最初の時間にそれぞれの評価規準を印刷したプリントを配布して，内容を熟知させました。その際に，生徒が読んで意味のわからない表現はわかりやすいように変更するという手立てをとりました。また，④の「研究者と同じみちすじ」は，③の「調べた証拠が信用できる」と意味が同じだからという生徒の意見によって削除しました。
　また，調べ学習が進んでいく過程で，生徒の調べが拡散していくことが予想されるため，以下の4つの問いを作りました。この問いの役割は，調べが及んでいない内容について知識項目を直接示すのではなく，方向を示すことで知識への到達をねらおうとするものでした。拡散化しやすい追究の方向性を教科書等でねらう内容にできるだけ近づけるということもね

らっていました。
- 経済的発展を説明できる現象やデータは何か。
- 発展のための開発と環境保全の両立は可能か。
- 国家間のつながりを深めるものは何か。
- 日本はどのような条件で国際的パートナーを選ぶのか。

このような準備を整えて，生徒は調べ活動に入っていきました。調べる手段として，学校のパソコン（インターネットに接続済）やビデオ，市の図書館で借りてきた図書類（約20冊）と学校図書室の本を使うことを可能な限り保証しました。机間巡視をしながら生徒の進行状況をチェックし，生徒への支援は上記の4つの問いの中から選んで与えました。

そして，指導計画の中間と最後でポートフォリオ評価会を実施しました。最初に配布した評価規準に従って，自分の学習物を評価し，その中で自分の最も自信のあるところを他者に発表するというものでした。

表1と表2の2種類の評価規準を異なる教師が用いた結果，「理解の4次元」のほうが有効ではないかと思われました。とはいえ，2年の「国際社会における日本」は10時間という短い単元であったため，生徒の自己評価表の記入は不十分なものが多かったようです。実際，机間巡視をしていて多くの生徒から「評価表の文章の意味がわからない」という質問を何度も受けました。資料1のように，事中と事後を比較してわかるように自己評価表の記述や反省メモの記述はテストの成績が上位の生徒でも貧弱でした。やはり評価規準が事前に生徒にしっかり理解されていなかったということが実感としてわかりました。

2　4次元の発展型

結局，「どうしたら自己評価や反省メモが充実するのか」ということが私たちの課題となりました。この時，勇気づけとなったのが「ポートフォリオは手近なところから始めて，息長く」という言葉でした。一つの単元だけでなく，1学期や1年間続けたらどんな結果になるのかという新たな疑問が湧いてきました。

そこで，「理解の4次元」の評価規準を改良して平成12年度当初に全学年に配布し，1学期や1年という長期間使用した場合に効果が顕著に現れるかどうか確かめてみることにしました。

まず，評価基準表づくりで考慮したことは，教師が使う専門用語ではなく，できるだけ生徒の日常的な会話で用いられるような言葉を用いようということでした。例えば，「調べた証拠が信用できる」は，生徒に資料を徹底的に探させて，絶対確かであるという自信をもたせることをねらっているものですから，「とことん調べる」ではどうだろうという具合に手直ししました。

また，1年間を通して生徒がそれぞれの目標を意識していくことも必要でした。そこで，

第6章 中学校におけるポートフォリオ実践

[資料1] Y.Sの自己評価表

参考になったのが，礒田敬二氏（当時，福井県森目小学校）と松村聡氏（当時，福井県松岡小学校）の実践でした。両者とも小学校の総合的な学習に利用したポートフォリオ実践でしたが，子どもと一緒に評価規準を設定し，評価規準を「○○アイテム」といった名称を用いて子どもに身近な存在にしている点などユニークなアイデアが印象的でした。

最後に，ポートフォリオの評価をどうやって成績に加味していくかということで協議をしました。テストがある以上，我々教師や生徒もテストの点数は重要と考えています。しかし，テストの点数さえ良ければあとは適当ということにもなりかねません。そこで，ポートフォリオの評価を点数化してテストの点数に20％の重みで加えることを決め，生徒に知らせました。

このような見直しをして，平成12年4月にできあがったのが表3の評価規準です。平成12年度の私の担当が1年生4学級ということになり，5月に生徒全員にこの表を印刷して示し，内容の検討をさせました。この時，「言葉の意味がわからない」とか「これは，同じだからどちらか一つでいい」などといった修正意見は出ませんでした。

［表3］ 平成12年度用　評価規準

	知識アイテム	方法アイテム	目的アイテム	形態アイテム
	① 一部から全体へ広がる	③ 証拠についてとことん	⑤ 知ることの目的がわかる	⑦ 自分らしい表現
内容	例を挙げて説明することで全体がわかる説明をする。	証拠（資料）については，とことん探したという自信がある。	調べてわかったことは，テスト以外でも役立てるような方法があることがわかる。	写真，表，絵，グラフなどを加工し，自分で考えた言葉で説明している。
	② 多分からやはりへ	④ 研究者のように	⑥ わかったことを使いこなす	⑧ 気配りがある
内容	友達の活動を参考にして「たぶん」から「本当！」という確信をもてる。	自分の活動を振り返り，足らない部分の修正をしようとしている。	わかったことから，さらに調べたい疑問点を見つけだそうとしている。	読む人にとってのわかりやすさに配慮している。

　次に，ポートフォリオの中身をどうやって残すかという問題に直面しました。全時間を調べ学習で設定することも不可能ですから，教師主導の授業でも生徒の個性的なワークが残るものにしなければなりません。そこで，考えたのが立場討論による1時間完結型の形態です。1時間の前半を教科書や資料集あるいは教師が配布した資料などを手がかりに調べ学習を行って，後半を学級全体で討論する手法です。

　毎時間ワークシートを与え，反省メモを添付して提出させました。私は，その内容をチェックし，自分の感想やアドバイスなどを付箋紙に記入して生徒に返していきました。

　それらを中間テスト後と期末テスト後に自己評価させる時間をもちました。1学期の段階から自己評価用紙の記述欄に理由をしっかりと書ける生徒が多く出現しました。資料2

［資料2］ S．Y子の期末評価

第6章　中学校におけるポートフォリオ実践

［資料3］　S．Y子のノート

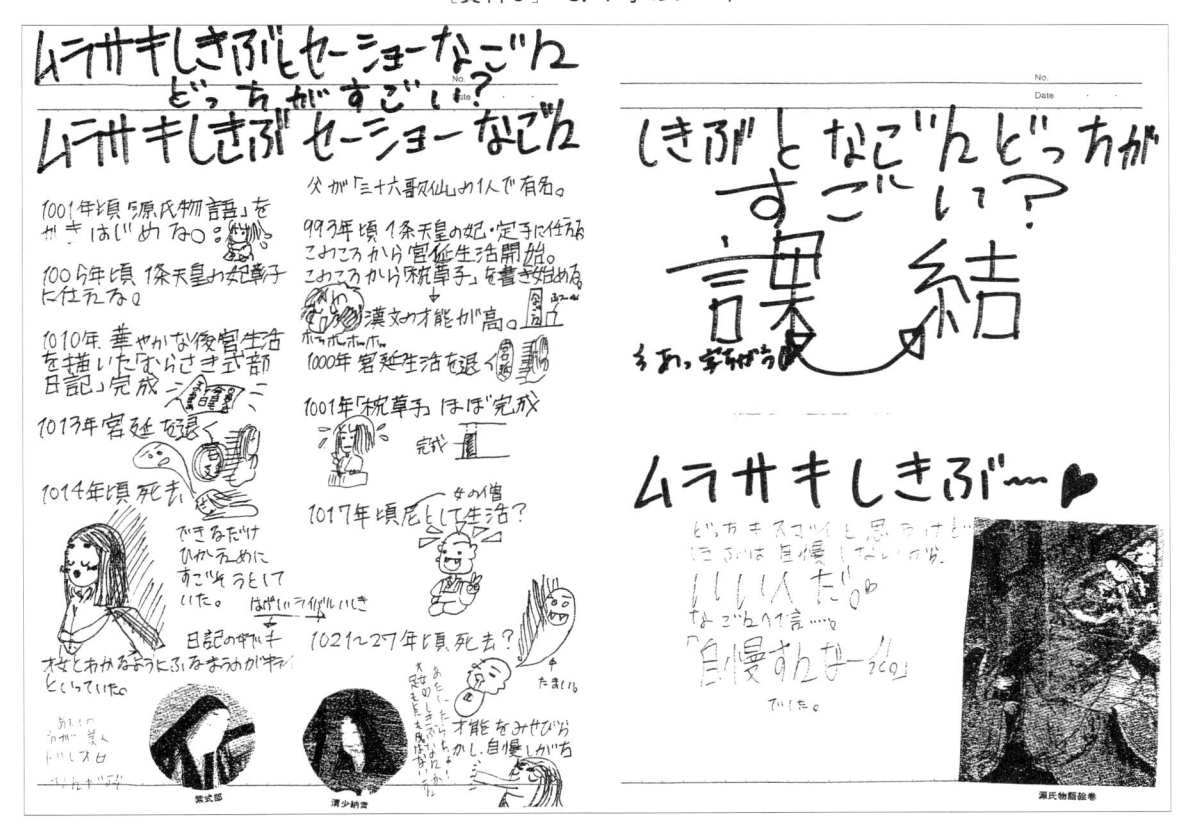

は，S．Y子の2学期の自己評価表です。彼女は④「研究者のように」をAとし，理由には図3を証拠として，「1回書いたけどそのあと家で，もう1回書き直したから」と説明しています。授業時間ではできなかったところを家で補おうとした努力を証明しています。

　⑤「知ることの目的がわかる」の規準では，中間テスト後の用紙にはレベルBで，「調べるには調べても，結論が出せないこともしばしば，だから最終的にみんなの結論を書くことが多い」と記していたのが期末テスト後では，レベルをAとし理由に資料3を証拠として「とりあえず自分で調べて書いたからAにしちゃいました」と書いています。

　中間テスト以前に他の規準の証拠として用いられた学習物に別の規準の到達を発見していることになります。

　1学期から2学期へ入ると自己評価の時間には，多くの生徒がポートフォリオの中からワークシートを取り出してながめ，評価基準表の自由記述に自分の思いや根拠を書く姿が見られるようになりました。また，AからCまでのレベルを判定するためにも自分の学習物によって証拠づけることが必要であるということで，ポートフォリオの活用が進んでいったようです。

　11年度の実践に比べて生徒のポートフォリオの中身が増えたことや反省メモの量が増え

たことなどがその原因と考えられます。自分の作品で評価する以上，その対象となる学習物は多いほどいいようです。しかし，逆に中身や反省メモの少ない生徒が出てきたのも事実です。そのような生徒についての支援については自分自身の中で次に解決してゆかねばならない問題だと感じています。

3 汎用性を意識した評価基準表づくり

　平成12年の実践で生徒の自己評価についてある程度手応えをつかめましたが，年度末の教科会の話し合いでは，「理解の4次元の評価規準の内容について，指導する教師の立場から見ても理解しにくいものがある」という意見が出されました。

　そこで，「日本の教師が使いやすい評価規準とは何か？」ということを再び考えることになりました。平成12年の末に教育課程審議会から「児童生徒の学習と教育課程の実施状況の評価の在り方についての答申」が発表され，相対評価から絶対評価への転換が打ち出されました。その後，現行指導要領の観点別評価の項目をベースに絶対評価の規準例が示されるらしいという情報も得て，ある程度の自信にもなりました。

　教科会での話し合いでは，先進国アメリカの評価規準を持ち込んで悪戦苦闘するより，現行指導要領下で最も親しみのある観点別評価の項目を利用してわかりやすい規準を作った方が自分たちにとっても実践しやすいという結論に落ち着きました。カテゴリーとして，観点別評価規準4つに「自己の振り返り」と「友達を参考に」の2つを加えて6つぐらいの量が適当ではないかと判断しました。というのは，平成12年の実践でも8つの規準を用いると，毎回の自己評価時には記述する場面で生徒にやや荷が重いという印象があったからです。

　まず，カテゴリーについて「『社会的事象に対する思考・判断』は子どもにわかりにくいということで，筋道だった考え方ができることだから『すじみち』でいこう」という風に変えました。次に，それぞれの目標の内容説明と各レベルの文章表現づくりに取りかかりました。社会科の教員がちょうど6人だったため一人が一つの項目の原案を作って，皆で検討することにしました。

　各教諭から出された文章について，それぞれの立場からさまざまな意見が出ました。例えば，関心・意欲について，最初は「調査結果をもとに」としていたのですが，表現が固いから「調べたことをもとに」にしようとか，すじみちについては「十分納得するような」を「だれもがわかるような」にしたらわかりやすいなどの修正意見がでました。

　この時に参加した先生たちの中でも意見が分かれたのがCレベルの文章表現についてです。始めは最低これだけできるというレベルをCと設定したのですが，それもできないという子どもはどこを選べばいいのかという意見でした。「～ができない」という表現を入れるか入れないかで議論がありましたが，肯定的な表現の方が生徒のやる気を喚起するだろうという理由からすべて「～できる」という表現にしました。こうして完成したのが表4の評

第6章 中学校におけるポートフォリオ実践

[表4] 平成13年度用評価基準表　　※CからAへレベルは上がる

	関心・意欲	資料活用	すじみち	知識・理解	自己の振り返り	友達を参考にする
目標の説明	学習中や学習後も新しいことを知りたいと思ったり、「はてな？」と考えることができる。	資料（証拠）についてとことん探している。その証拠を使って答えをわかりやすく説明することができる。	事実関係や結びつきについて、友達や先生が納得するような説明を考えることができる。	学習したことがらについて覚えていて、役立て方を考えることができる。	授業中の自分の態度を反省メモで振り返り自分を高めようとしている。	友達の調べ方や発表について知ろうという気持ちをもち、良いことは自分にも取り入れることができる。
各レベルの内容	A 調べたことをもとに自分の考えを明らかにでき、さらに新しい課題を見つけることができる。	A 自分の考えを説明するために自分で資料を見つけたり、加工したりすることができる。	A 事実関係や結びつきについてすじみちを立て、だれもがわかるような説明ができる。	A 学習したことがらのほとんどについて自分の言葉で説明できる。	A 反省メモに自分の学習の良いところや悪いところをたくさん記入し定期的に読み返して、自分の伸びを説明できる。	A 友達の発表について良いところを見つけるだけでなく、それを自分の内容に加えたり、修正したりすることができる。
	B 課題の中から自分なりの疑問点を探し、調べることができる。	B 自分の考えを説明するための資料（証拠）を見つけることできる。	B ある程度の事実関係や結びつきについて説明ができる。	B 学んだ内容の意味を大部分は理解している。	B 反省メモに自分の良いところや悪いところを記入して残すことができる。	B 友達の発表について自分との違いや自分では気付かなかったところを見つけることができる。
	C 与えられた課題については調べることができる。	C 与えられた資料を使ってなんとか説明することができる。	C 説明はできないが、事実関係について考えようとしている。	C 覚えようと努力する姿勢が見られる。	C 毎時間ではないが反省メモの用紙は残っている。	C 友達の発表を静かに聞いたり、文章に目を通すことができる。

価基準表です。

　平成13年の1学期を終えるまでに、2回の自己評価会を実施しました。その中で特に注目したいのがK.T子です。次の資料4は彼女の2回のものです。判定は2回ともすべてAで記されています。それも何となくという曖昧な判断ではなく、すべてにしっかりとした理由が記入されていてレベルの高さが見て取れます。特に「すじみち」について判定の根拠となっている琵琶湖の学習についても、証拠として資料5のようなノートが添えられてきました。自分で略地図を描いたり、みんなの意見の記入があったりと、教える立場から生徒に求めた

［資料４］ K.T子の自己評価表

中間後の評価

6月7日 K.T

オールAでいいのかな？
自分を見直すっていいです
たのしいっス～

評価用紙
みなさんのこれまでの学習を下の評価規準にそって評価して下さい。　　　　　　　　（ 2 ）組 氏名（ K.T ）

1、それぞれの評価規準のA、B、Cの文章をよく読んで下さい。（レベルはCからAへ上がる）
2、自分のポートフォリオを見直しながら、学習した内容がどの規準のどのレベルにあたるかを判断して下さい。
3、あてはまると思うレベルのA、B、Cに○をつけて下さい。そして、証拠となる学習物の月日や題名を（　　）に記入して下さい。下の余白にはその理由を記入して下さい。

	関心・意欲	資料活用	すじみち	知識・理解	自己の振り返り	友達を参考にする
目標の説明	学習中や学習後も新しいことを知りたいと思ったり、「はてな？」と考えることができる。	資料（証拠）についてとことん探している。その証拠を使って答えをわかりやすく説明することができる。	事実関係や結びつきについて、友達や先生が納得するような説明を考えることができる。	学習したことがらについて覚えていて、役立て方を考えることができる。	授業中の自分の態度を反省メモで振り返り自分を高めようとしている。	友達の調べ方や発表について知ろうという気持ちを持ち、良いことは自分にも取り入れることができる。
各レベルの内容	Ⓐ 調べたことをもとに自分の考えを明らかにでき、さらに新しい課題を見つけることができる。	Ⓐ 自分の考えを説明するために自分で資料を見つけたり、加工したりすることができる。	Ⓐ 事実関係や結びつきについてすじみちを立て、だれもがわかるような説明ができる。	Ⓐ 学習したことがらのほとんどについて自分の言葉で説明できる。	Ⓐ 反省メモに自分の学習の良いところや悪いところをたくさん記入し定期的に読み返して、自分の伸びを説明できることができる。	Ⓐ 友達の発表について良いところを見つけるだけでなく、それを自分の内容に加えたり、修正したりすることができる。
	Ⓑ 課題の中から自分なりの疑問点を探し、調べることができる。	Ⓑ 自分の考えを説明するための資料（証拠）を見つけることができる。	Ⓑ ある程度の事実関係や結びつきについて説明ができる。	Ⓑ 学んだ内容の意味を大部分は理解している。	Ⓑ 反省メモに自分の良いところや悪いところを記入して残すことができる。	Ⓑ 友達の発表について自分との違いや自分では気づかなかったところを見つけることができる。
	Ⓒ 与えられた課題については調べることができる。	Ⓒ 与えられた資料を使ってなんとか説明ができる。	Ⓒ 説明はできないが、事実関係について考えようとしている。	Ⓒ 覚えようと努力する姿勢が見られる。	Ⓒ 毎時間ではないが、反省メモの用紙は残っている。	Ⓒ 友達の発表を静かに聞いたり文章に目を通すことができる。
証拠となる学習物の日付や見出し・感想等	〔5/9 産業革命〕 資本主義の問題点の中から、イギリスのせんい工場で働く児童のことを調べたし、自分の思ったことを書いてあるから？	〔中部地方は北陸にみえかた〕 自分の説明を、分かりやすくなるために、地図をつかったし、自分なりに、地図と分かりやすくしたから。	〔6/5 琵琶湖について〕 琵琶湖のある程度の説明から、問題点→問題のかいけつ順に、分かりやすく自分なりに書いたから？	〔6/5 琵琶湖について〕 自分なりに調べて書いてあるから？	〔5/16 アメリカの選択は正しかったか？〕 自分の、悪い所を書いて、これから、どうするかが書いてあるから。	〔6/5 琵琶湖について〕 「琵琶湖とは、関西にとってなんなのか？」について、自分の意見にみんなの発表をつけ加えてるから。

期末後の評価

評価用紙
みなさんのこれまでの学習を下の評価規準にそって評価して下さい。　　　　　　　　（ 2 ）組 氏名（ K.T ）期末

1、それぞれの評価規準のA、B、Cの文章をよく読んで下さい。（レベルはCからAへ上がる）
2、自分のポートフォリオを見直しながら、学習した内容がどの規準のどのレベルにあたるかを判断して下さい。
3、あてはまると思うレベルのA、B、Cに○をつけて下さい。そして、証拠となる学習物の月日や題名を（　　）に記入して下さい。下の余白にはその理由を記入して下さい。

	関心・意欲	資料活用	すじみち	知識・理解	自己の振り返り	友達を参考にする
目標の説明	学習中や学習後も新しいことを知りたいと思ったり、「はてな？」と考えることができる。	資料（証拠）についてとことん探している。その証拠を使って答えをわかりやすく説明することができる。	事実関係や結びつきについて、友達や先生が納得するような説明を考えることができる。	学習したことがらについて覚えていて、役立て方を考えることができる。	授業中の自分の態度を反省メモで振り返り自分を高めようとしている。	友達の調べ方や発表について知ろうという気持ちを持ち、良いことは自分にも取り入れることができる。
各レベルの内容	Ⓐ 調べたことをもとに自分の考えを明らかにでき、さらに新しい課題を見つけることができる。	Ⓐ 自分の考えを説明するために自分で資料を見つけたり、加工したりすることができる。	Ⓐ 事実関係や結びつきについてすじみちを立て、だれもがわかるような説明ができる。	Ⓐ 学習したことがらのほとんどについて自分の言葉で説明できる。	Ⓐ 反省メモに自分の学習の良いところや悪いところをたくさん記入し定期的に読み返して、自分の伸びを説明できることができる。	Ⓐ 友達の発表について良いところを見つけるだけでなく、それを自分の内容に加えたり、修正したりすることができる。
	Ⓑ 課題の中から自分なりの疑問点を探し、調べることができる。	Ⓑ 自分の考えを説明するための資料（証拠）を見つけることができる。	Ⓑ ある程度の事実関係や結びつきについて説明ができる。	Ⓑ 学んだ内容の意味を大部分は理解している。	Ⓑ 反省メモに自分の良いところや悪いところを記入して残すことができる。	Ⓑ 友達の発表について自分との違いや自分では気づかなかったところを見つけることができる。
	Ⓒ 与えられた課題については調べることができる。	Ⓒ 与えられた資料を使ってなんとか説明ができる。	Ⓒ 説明はできないが、事実関係について考えようとしている。	Ⓒ 覚えようと努力する姿勢が見られる。	Ⓒ 毎時間ではないが、反省メモの用紙は残っている。	Ⓒ 友達の発表を静かに聞いたり文章に目を通すことができる。
証拠となる学習物の日付や見出し・感想等	〔5月9日 資本主義の問題点〕 資本主義の問題点の中から、イギリスのせんい工場で働く児童のことについて調べたし、自分の気持ちも書いてあるから…？	〔6/29 関東地方の野菜〕 全国の表の中から、関東地方のことだけをぬきだして、加工してる。分かりやすく表にして書いてある…？	〔6/5 琵琶湖について〕 琵琶湖についてのあるていどの説明から、問題点→問題のかいけつ法の順に分かりやすく、自分なりに調べてあるから	〔5/16 アメリカ（リンカーン）の選択は正しかったか〕 アメリカのことについて、自分なりに調べて、自分の言葉で説明してあるから。	〔5/16 アメリカの選択はただしかったか？〕 反省メモに、自分の悪い所を書いて、これからどうするかが書いてあるから。	〔6/5 琵琶湖について〕 「琵琶湖とは、関西にとってなんですか？」について自分の意見にみんなの発表をつけ加えてるから。

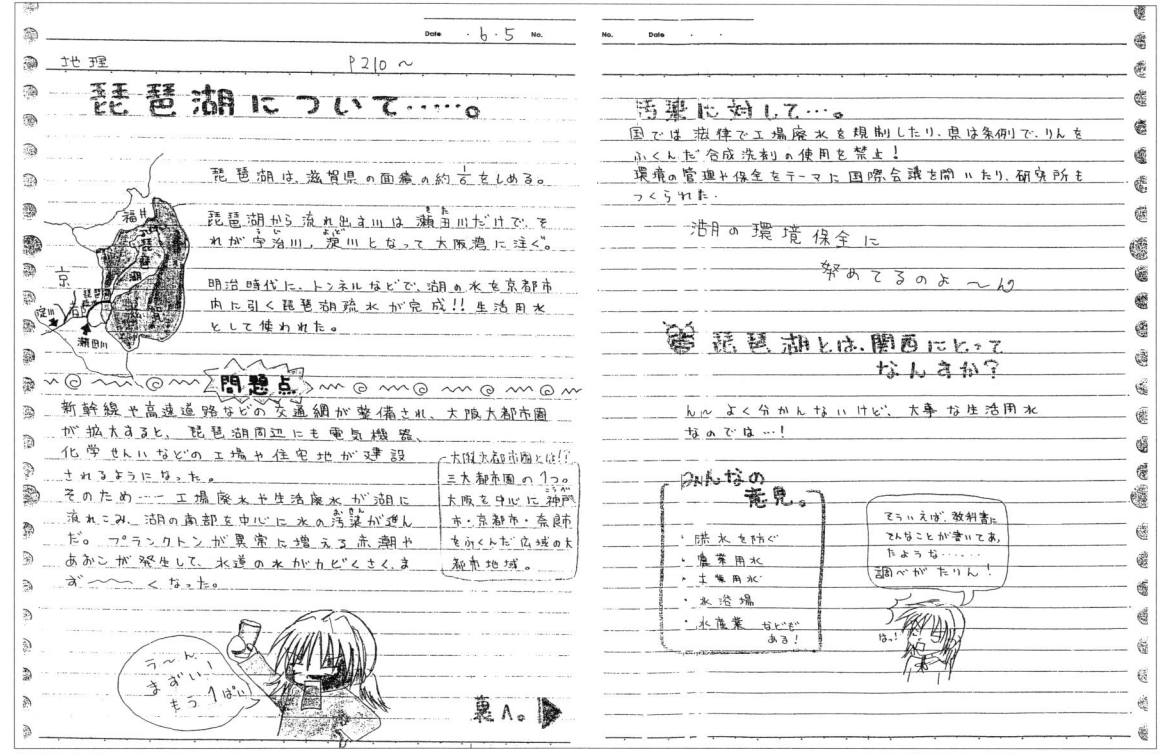

第6章　中学校におけるポートフォリオ実践

［資料5］　K．T子のノート

いことがほとんど達成されていて，取り組みがしっかりしたものであったことがわかります。

また，2回の反省メモにも「オールAでいいのかな……？　自分を見直すっていいです。たのしいっス。」（6月7日），「テスト勉強，けっこうがんばったのに，おもうようにいかなかった。でも，平均が低いから，まーまーいい方（？）中間に比べて期末の方が点数上がったから，うれしいさ〜♪　でもまだまださ〜。2学期がんばる！」（7月6日）と記され，この学習法を楽しみながら取り組んでいることがうかがえます。

4　基準表にない自分なりの目当て

1学期末に1学級を選んで，教師が用意した評価規準の他に，生徒自身が学びのよさを示すための独自の評価規準を設けて，検討するための評価会を実施しました。その要領は，下記の通りです。

> ①　自分の1学期のすべての学習物等から，友達や先生に紹介できる自分の良さを見つけ出してください。
> ②　その理由を付箋紙に書いて証拠となるページ（いくつでもかまいません）に貼ってください。

③ グループを作り，順番にみんなに説明してください。
④ そのページ（付箋紙を貼って）は，授業時間の終わりに提出してください。

　生徒が付箋紙に書いて提出した内容の中で最も目立ったのが，「色を用いて」という内容です。わかりやすさや良さの尺度として，多くの生徒が着色という条件を考えていることがわかります。しかし，見た目よりも情報量が向上しないといけないわけですから，この点を生徒に今後啓蒙してゆく必要もあります。

　他に「箇条書き」や「矢印を用いたまとめ方」などが見られました。これらは，ポートフォリオのページを作っていく上での表現方法と考えることができます。表現についてのカテゴリーは私たちの当初の実践でも組み込まれていましたから，子どもにとって最も達成しやすいカテゴリーなのかもしれません。

［資料６］　H．K子の資料

　また，「資料」という語句も多くの生徒の規準として見られました。ただ，評価基準表を用いた場合にも同じ量だけ現れていますが，「グラフや地図，イラスト，表」など具体的な資料を示す語句は今回の評価会のほうが多く出現しています。特に，H．K子の場合には，提出した付箋紙の量も多く，その中に資料６のように「手作りの和紙を実際に貼った」と述べ，自分の体験を絡めた点を強調していました。このことから資料活用についても生徒は意識してよく達成できるカテゴリーなのかもしれません。

　最後に，「１年生の時に比べて，わかりやすく説明してあるし，成長したかなって……。１年生は社会が嫌いだったけど，だんだん好きになってきました。」（K．T子）とか「自分の考えと他人の考えを比べるようになった。」（E．Y子）など自分自身の変容について挙げる生徒が見られました。学び方を教える授業では，自己の振り返りは避けて通れない要素であり，自分自身の変容に気づき，次の目標を作って，さらに学習を進めていく上でも絶対に必要な姿でもあります。

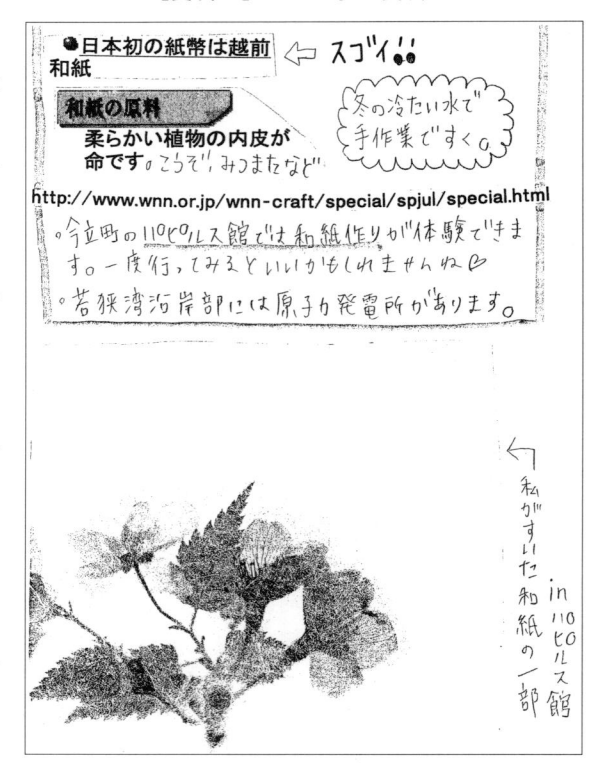

　１年間を通したポートフォリオの実践をしてみて，子どもたちの自己評価能力には確実に向上が見られたように思います。しかし，やはり評価規準を事前に子どもにしっかり理解させるには時間がかかるようです。特に，学習指導要領に示されるような文章表現を目標にそ

のまま持ち込んでも，生徒にはまったく理解されないように思います。国立教育政策研究所から示された社会科の評価規準についてもそれぞれの教師が用いるときにはわかりやすい簡単な表現を用いて書き換えなければ，生徒はいつまでも「わからない」という言葉を連発することでしょう。

　また，1学期に2回の自己評価の実践を終えて，授業中に「どのレベルにも当てはまらない場合はどうするのですか？」という質問が生徒から出され，「Ｃの下にもう1つ設けた方が良かったのかな？」という思いがよぎりました。評価基準表については，来年度始めに見直しを考えてみたいと思います。

（内藤義弘）

2　評価規準の理解を徹底する授業

1　評価規準を教える授業構想

　数年来，評価規準や評価基準表を使って社会科の授業を行ってきましたが，どうも子どもは評価規準をよく理解していないために，期待するような結果が出てこないような場面が何度かありました。それで，2年2組で次のようなアメリカの手法（Spandel, V. and Culbam, R. *Writing from the Inside Out*, Northwest Regional Educational Laboratory, 1995, p.30）を参考にして，評価規準を指導する授業（9月27日実施）を行うことにしました。

＜評価規準の直接的指導の手順＞
○基本ルール
1．学級の子どもが書いた学習物サンプルを使わない。
2．一つの規準に関して強力な学習物サンプルか著しく貧弱な学習物サンプルを使う。
3．一時に一つだけの評価規準を授業で取り上げる。
4．すべての学習物サンプルは先生が声に出して説明する。
5．子どもと評価規準を共有する前に，教師自身ですべての学習物サンプルを読んで，採点しておく。

　選んだ規準は「資料活用」です。これは，1学期末に実施した子ども自身の視点による評価会の結果，子どもの多くが「資料活用」については，単に色を用いることを到達の証拠と考えていることがわかったからです。「着色」は見た目のきれいさよりも情報を有効に伝えることで，また資料を加工することの重要性を子どもに浸透させたかったのです。

2　授業の実際

　評価のサンプルとして他の学級の子どものノートを用いました。教師の視点から上手な自己評価をしている子どもを2名，示された証拠に対して評価が良すぎる子どもを1名選んで，名前を伏せて評価の記入欄を切り取りました。そして資料として，その証拠として示されたノートの紙面も印刷して配布しました。

　最初に，A子とB子の自己評価の判定を音読し，その理由を証拠となった学習物を用いて説明しました。A子については自作のグラフやその着色，B子については数値データを平均化して相互比較したことを良さの証拠として説明しました。そして，「『資料を加工する』とはどういうことか？」という問いを発しました。良いサンプルを対象に子どもから出た解釈

授業の展開

	子どもの活動	指導上の留意点
導入	○1学期の自己評価表の用意 ・自己評価の観点の確認をする。 ○評価基準表の内容の確認 ・「資料活用」の抽出	・評価規準についての授業であることを伝える。 ・「資料活用」を抽出したわけを説明する。
展開	○サンプルの提示 ・良い例（A子・B子）悪い例（C男）の印刷物を配布する。 ・A子の学習物と評価を紹介する。 ・B子の学習物と評価を紹介する。 ・C男の学習物と評価を紹介する。 ○自己評価の体験 ・A子，B子，C男いずれかの学習物を用いて自己評価をしてみる。 ○どのレベルで判定したか挙手でたずねる。 ・良い場合の理由を説明してもらう。（数名の指名） ・悪い場合には修正のための方策をたずねる。（数名の指名）	・黒板に拡大コピーしたものを使って提示する。 ・理由や根拠が明確になるように説明する。 ・レベルの判定と同時に理由も記入させる。 ・良い例には「これは好きだから」とか「これは有効だから」という表現を用いる。 ・悪い例には「もっと学ぶ必要がある」という表現を用いる。
終末	○他の項目への拡散 ・他の5つの評価規準の内容について，疑問や意見を出す。	・評価の仕方について教師の視点を紹介する。

は，「工夫する」「必要な部分を取り出す」などです。教師としての視点からも「形を変える」ということも付け加えて示しました。

次に，弱いサンプルとしてC男の自己評価判定と理由を音読しました。「カラーペンを用いた」と記されていましたが，これだけでAと判定するには力不足であることを伝えて，Aでない理由を子どもにたずねました。すると，「見やすさはあるが，伝わる情報が不足している」「コピーでなく，自分で略地図を描くと良かった」という意見が出ました。それで，私も「絵も資料だが効果がない」という説明を付け加えました。

特産物の簡単なイラストについて「有名な特産物は何が証拠になるか？」と問いかけたところ，「売れているかどうか」と返答があります。さらに「売れている証拠は？」と返したところ「グラフで証明できる」と応答がありました。

[資料1] 配布した印刷物

A子の評価	B子の評価	C男の評価	ためしてみよう！
資料活用 　資料（証拠）についてとことん探している。その証拠を使って答えをわかりやすく説明することができる。 Ⓐ〇　自分の考えを説明するために自分で資料を見つけたり、加工したりすることができる。 Ⓑ　自分の考えを説明するための**資料（証拠）**を見つけることができる。 Ⓒ　与えられた資料を使ってなんとか説明ができる。 〔北陸について No.1〕 北陸の耕地をわかりやすくするため、絵でわかりやすくしている。 　　　　　　A	**資料活用** 　資料（証拠）についてとことん探している。その証拠を使って答えをわかりやすく説明することができる。 Ⓐ◎　自分の考えを説明するために自分で資料を見つけたり、加工したりすることができる。 Ⓑ　自分の考えを説明するための**資料（証拠）**を見つけることができる。 Ⓒ　与えられた資料を使ってなんとか説明ができる。 〔6月27日〕 意地になって平均を出してみました。(苦) 下の表は、スペースが足りないのに気付いて、しかたなく略にてます。 加工したのでA。 （あまいよ自分）	**資料活用** 　資料（証拠）についてとことん探している。その証拠を使って答えをわかりやすく説明することができる。 Ⓐ〇　自分の考えを説明するために自分で資料を見つけたり、加工したりすることができる。 Ⓑ　自分の考えを説明するための**資料（証拠）**を見つけることができる。 Ⓒ　与えられた資料を使ってなんとか説明ができる。 〔ルーズリーフから〕 重要な所をカラーペンなどを使ってまとめることができたからA	**資料活用** 　資料（証拠）についてとことん探している。その証拠を使って答えをわかりやすく説明することができる。 Ⓐ　自分の考えを説明するために自分で資料を見つけたり、加工したりすることができる。 Ⓑ　自分の考えを説明するための**資料（証拠）**を見つけることができる。 Ⓒ　与えられた資料を使ってなんとか説明ができる。 〔　　　　〕

　以上のように学習物サンプルを説明した後，AからCまでの子どもの立場を選択して評価をさせてみました。A子の立場を選択した子どもはすべてAランクをつけました。その理由として，「イラスト，細かい色を使っている」「耕地を絵で示した」「伝統工業の資料がある」「グラフを手で描いた。県ごとに分けたので見やすい」「工業出荷額のグラフがある」などの理由が出てきました。

　B子の立場を選択した子どもはいませんでした。最後にC男を選択した子どもは，すべてBランクを選択していました。理由としては，「インターネットから資料をとった。有名な歴史のある町の名前だから」「一応，資料を見つけて説明できている」「表・グラフがないとどれだけ有名かわからない」などです。

　そして最後に，1学期の自己評価表を取り出すように促して，理由の記述の書き方として「……できなかった」「……できない」という表現でなく，「……ができないといけないから」とか「……する必要がある」「……になったらAになる」など肯定的，改善的な表現を用いるようにすることを強調して授業を終えました。

第6章 中学校におけるポートフォリオ実践

3 授業後の変容

　授業後,反省メモを書かせてワークシートに添付した状態で回収しました。回収数35名のうち無記入が1名でしたが,残りのうち20名が「資料活用」のことに関する内容の記述が見られました。規準以外の内容は14名ありましたが,全く関係のない内容だったのは2名でした。このことから,クラスの半数以上にこの授業のねらいが浸透したと考えてよいでしょう。

　その後,10月9日(火)の授業でその成果を確認できる反応がありました。それは,九州地方の単元で沖縄を題材に行った授業でした。VTRを視聴させながら,下のような課題を設定してノートまとめを行いました。

① 沖縄はどんなところか
② 沖縄に住んでいて良いところは何か
③ 沖縄に住んでいて苦労するところは何か

　授業後に提出されたノートを見るとグラフや地図を描いている子どもが10名程度出てきました。とりわけ,T.S男は資料2のようなノートを作成しました。彼は,27日の反省メモに「資料などにあるグラフをあまり使っていなかったのでグラフを描いてわかりやすくしてみようと思う」と書いたノートを作り,反省メモにも「グラフなどを使って説明できるようになった」と振り返りました。

［資料2］ T.S男のノート

　以上のように,評価規準の授業を実践してその効果が確かめられたのではないかと思います。今回の授業で取り上げたのは「資料活用」の一つだけでしたが,マニュアルに示されるとおり,他の規準についても取り上げていけば内容が浸透していくことは容易に予想できます。事実,10月9日の反省メモに「『友達を参考にする』というのは,友達が発表したことを自分なりに書いていればAなのか?」という内容が,1名でしたが出現していて,これをきっかけに同じような授業を重ねていけば,教師と子どもの間で評価規準について理解の差は縮まっていくであろうと想像できます。自己評価会で子どもがどのような評価をしてくれるか楽しみです。

(内藤義弘)

3 評価規準づくりを通して地理の学習課題を吟味する

1 「学び方を学ぶ」ために

　本単元は，中学社会の新学習指導要領で新たに導入された「国家規模の地域を取り上げて実際に地域的特色を追究する調査活動を通して，自らの力で地域的特色をとらえる調べ方，学び方を身に付けさせる」ということを主なねらいとしています。そのためには，自己の学びを常に振り返りながら，「国家規模の地域的特色をとらえる，より有効な視点や方法は何であるか」を自覚的に学んでいく授業づくりが重要であると考えました。

　そこで，本実践では，「自らの力で地域的特色をとらえる調べ方，学び方を身に付ける」ことが，子どもの課題となるような授業改善を図りました。その際，有効だと考えたのが，子どもと評価規準を共有し，評価基準表を作りながら学びを展開する方法です。評価規準や評価基準表の作成を通して，子どもにとって意味ある学習課題が成立すると考えたわけです。

　本実践では，アメリカ合衆国，中国，EUの3つの地域を取り上げることにしました。今回は，移行期ということもあり，EUを国家ではありませんが，例外的に取り上げ，次のような単元を構成しました。

　第一次：各自が選んだ一つの視点から，3つの国・地域の特色を追究する。
　第二次：各自が作成した研究レポートの交流を通して，評価規準・評価基準表を作成する。
　第三次：評価規準・評価基準表をもとに，各自の研究レポートを再作成する。

2 子どもとともに評価規準を作る

(1) レポート作成後に評価規準を作る

　冬休み明けの1月12日，各自が作成してきた研究レポートを持ち寄って検討会が開かれました。まず，同じ視点で追究したものでグループを作り，互いのレポートを読み合う中で，それぞれのレポートの良さを見つけ出す場を設定しました。その際，「内容」「表現方法」「研究・調査方法」に分けて，評価規準を設けるように指示しました。

　実際には，子どもたちにはこの3つの違いを判別することは，難しかったようですが，今回は，「未来・将来の予測や課題が書かれている」「3つの国・地域を比較関連させ，その相違点を考察している」「学習課題を多様な面から調べ，追究しようとしている」など，研究内容や方法に関わる評価規準が多数提出されました。最後に，グループ内で出された評価規準が，はたして評価できるかどうかを吟味し，合意が得られたものだけを集約し，グループごとに紙に書かせて提出させました。これを教師の方で一覧表にまとめたものが資料1です。

　1月16日，評価規準づくり2時間目の授業です。まず，資料1を印刷したものを配布し

第6章　中学校におけるポートフォリオ実践

地域の規模に応じた調査（世界の国々）〜アメリカ合衆国・EU・中国を比較して〜

(1) 単元の目標
① 取り上げた視点・方法が，国家規模の地域の特色をとらえる上で有効なものかどうか判断できるようにする。
② 学習課題を多面的・多角的に追究し考察することができるようにする。
③ その地域の特色を他地域と比較・関連づけながら追究し，とらえることができるようにする。

(2) 目標に迫るための手立て
a　子どもたちが自らの力で地域的特色をとらえる調べ方，学び方を身に付けられるような工夫をする。
b　評価規準や評価基準表を子どもたちとともに作成していくことで，「学び方を学ぶ」こと自体が子どもにとって意味ある学習課題となるように工夫する。

	学習活動と手立て	教師の指導・支援・留意点等	子どもの学びの実際
第一次 1時 〜 5時 ただし，実際のレポート作成は冬休み中の課題とした。	3つの国（地域）に共通する学習課題を設定し，調べてみよう。 ① 事前アンケートをもとに，調査の視点（観点）を出し合おう。 ② 自分が調査していきたい，視点（観点）を吟味してみよう。 ③ 同じ視点（観点）を選んだものでグループを作り，学習課題を設定しよう。 ・互いのプリントを提示しながら，各自の課題を発表し合う。 ・発表を参考にして，各自の課題を再吟味し，学習課題を決定する。 ④ 学習課題について調査し，レポートにまとめよう。	・最も関心がある国（地域）を一つ選び，その理由を問う。 ・出された視点（観点）から一つを選び，3つの国（地域）について比較しながらプリントにまとめさせる。 ・3つの国（地域）の相違点を明らかにしながら，「3つの国（地域）では，〜なのはなぜか」「A国では〜なのに，B国では〜なのはなぜか」という形式で課題を設定させる。 ・ウェビングマップを作成し，学習課題を決める。	・次の13の視点（観点）から学習課題を設定し，調査していこうとする子どもたちの姿が見られた。 ①日本との関係・結び付き，②経済の発展，③日本には見られない特色，④住みやすさ（住環境），⑤自然環境，⑥農業の発展，⑦犯罪・治安，⑧外国人問題，⑨食生活・食文化，⑩工業の発展，⑪文化，⑫環境問題への取り組み，⑬生活
第二次 6時 〜 11時	レポート交流会を通して，評価規準・評価基準表を作成しよう。 ① よりよいレポートのための評価規準をつくろう。 ・同じ視点（観点）のグループでレポートを読み合い，その良さを見つけ出す。 ・学習班（異視点グループ）にもどり，評価規準を作る。 ② 評価規準をもとに評価基準表を作ろう。 ③ 中国を事例にして，評価基準表を使ってみよう。	・「内容」「表現方法」「研究・調査方法」の3つに分類しながら，評価規準を作成するように指示する。 ・各班から出された評価規準を教師の方で整理，統合した上で，子どもたちに提示する。 ・大事にしたい評価規準をいくつか選ばせ，教師の示した評価基準表の例を参考にして，自分たちで作成させる。 ・評価基準表を意識しながら，中国に関する研究レポートを作成する体験を通して，評価基準表の有効性を吟味する。	・多くのグループが共通して取り上げた評価規準は，「学習課題と結論の対応性」「資料活用」「わかりやすさ」「まとまり・簡潔さ」の4点であった。他には，「地域の課題や将来像」「課題設定の魅力・面白さ」であった。 ・「これからの課題は，他と関連，比較づけるということに決定した」と振り返りに書く子どもも出てきた。 ・評価基準表を使って，これからの自己の学びに見通しをもつとともに，自己の学習課題を吟味することができるようになった。
第三次 12時 〜 15時	研究レポートを再作成しよう。 ・評価基準表でオールAがとれるような研究レポートを作成していこう。 ・評価基準表を使って，レポート検討会をしよう。	・評価基準表を使って，自己の学習課題を再吟味させる。 ・再作成した研究レポートを評価基準表を使って，本人，保護者，教師の三者で評価し，今後の学習に生かす。	

ました。そして、「各グループから出されたものをまとめてみました。たくさんありすぎるので、似たものはないか、削除した方がいいものはないか。実際に、この評価規準で互いのレポートを評価し合って、評価規準を絞り込もう」と呼びかけました。

グループ内で、満足できるものには○、満足できないものには×で自己評価と他者評価をさせました。そして、「評価できない。社会科の研究レポートとしての評価規準としてはふさわしくない」ものには、斜線を引くように指示しました。

子どもたちは、「アンダーラインを引くとか、矢印を有効に使うなんて、個人の勝手だよね」「つまりは、わかりやすくて、読みやすいレポートになっていればいいんじゃない」「そうだよね。でも地理のレポートなんだから、地図や統計資料が使われている、というのは大事だよね」という議論を展開しながら、自分たちにとって意味のある評価規準を設定していきました。

(2) 評価規準をもとに評価基準表を作る

[資料１] 研究レポートのための評価規準

No	内容に関する評価規準
1	一つのテーマに対して色々な知識や内容が組み込まれている。
2	レポートを読んで知識が深まる。
3	課題設定の理由がはっきりしていて、明らかにしたいことがよくわかる。
4	学習課題と研究項目がうまく対応している。
5	学習課題と書いてあることが一致している。
6	学習課題が興味深く、その内容もおもしろい。
7	学習課題をどのようにして解決したかが書いてある。
8	学習課題に対する結論がはっきりしていて、わかりやすい。
9	「どうなっているか」だけでなく、「どうしているか」も書いてある。
10	メリット・デメリットが書かれている。
11	昔と今を比較して考察している。
12	研究内容の項目について、理由から結果まで細かく書いてある。
13	未来・将来の予測や課題が書かれている。
14	一つの課題について、パターンの違う複数の結果が出ている。
15	研究結果だけでなく、理由も詳しく簡潔に書いてある。
16	視点をしっかり保ってまとめている。
17	調査をしたことで、その国の特色が明らかになっている。
18	地図にあった事実が書かれている。
19	３つの国・地域を比較・関連させ、その相違点を考察したことが書かれてある。
20	身近なことから発展させて、結論を出している。

No	研究・調査方法に関する評価規準
1	いろいろなもの・人などを利用して調査している。
2	学習課題を多様な面から調べ、追究しようとしている。
3	最後までの見通しを立てて、調査を進めている。
4	順序に沿って研究や調査を行っている。
5	豊富な資料を収集し、調査を進めている。
6	３つの国・地域を比較しながら、調査を進めている。
7	身近な資料や少ない資料でも効果的に利用している。
8	最新で正確な情報・資料を使って調査している。
9	学習課題に適した調べ方をしている。
10	一つ一つのことを奥深くまで調べている。
11	複数の資料を比較・関連づけて、相違点を見つけだしている。

No	表現方法に関する評価規準
1	項目と項目の間に間が空いている。
2	大事なところにアンダーラインが引かれている。
3	ていねいな字で書いてある。
4	矢印を有効に使っている。
5	難しい語句の説明をするなど、わかりやすくしている。
6	絵や年表・図表・グラフなどが使われている。
7	大切なことを抜き取り、簡潔にまとめて読みやすい。
8	たくさんの資料・情報が使われているにもかかわらず、簡潔でわかりやすい。
9	簡潔な文章で書かれている。
10	結論が簡潔に書かれてあり、わかりやすい。
11	大事なところには色をつけるなどして強調している。
12	一つ一つのまとめをしっかり書いている。
13	具体的な例を挙げて説明がなされている。
14	小見出しが効果的に使われている。
15	資料をそのまま写さずに、自分で解釈してから自分の言葉で書いている。
16	資料を整理して、わかりやすく書かれている。
17	地図が使われているため、その事象の分布がよくわかる。
18	統計資料を使って、数字が示されているので説得力がある。

１月17日、資料２の評価基準表を子どもたちに提示しました。ただし、この段階では、資料２の中の③～⑦の規準は、設定されておらず、空白のままのものを子どもに配布しています。①と②は、子どもたちが提出した評価規準をもとに、教師の本単元での意図も加味して設定したものです。教師が例を示して、子どもたちに実際に評価基準表を作らせようと考えたわけです。

まず、「自分たちが最も大事にしたい評価規準を選び出し、例にしたがって、そのための評価基準表をグループで最低一つ作成してみよう」と呼びかけました。その際、自分たちのグループがどの評価規準を取り上げて基準表を作成しようとしているかということが、他の

第6章 中学校におけるポートフォリオ実践

[資料2] 社会科研究レポート評価基準表

評価規準	十分満足できる (A)	まずまず満足できる (B)	あまり満足できない (C)	かなり努力が必要 (D)
① 学習課題をできるだけ多面的・多角的に追究し考察する。	取り上げた地理的事象がなぜそこでそのように見られるのかを、2つ以上の要因や背景（環境条件・他地域との結び付き・人間の営みなど）に着目して追究しており、その説明も十分納得できる。	取り上げた地理的事象がなぜそこでそのように見られるのかを、2つ以上の要因や背景（環境条件・他地域との結び付き・人間の営みなど）に着目して追究しているが、その説明は不十分である。	取り上げた地理的事象がなぜそこでそのように見られるのかを、1つの要因や背景（環境条件・他地域との結び付き・人間の営みなど）からしか追究していないが、説明は十分である。	取り上げた地理的事象がなぜそこでそのように見られるのかを、1つの要因や背景（環境条件・他地域との結び付き・人間の営みなど）からしか追究しておらず、説明も不十分である。
② その地域の特色を、他の地域と比較・関連付けて追究し、とらえる。	取り上げた地理的事象が、そこでしか見られないのか、他の地域にも見られるのかを、他地域と比較・関連づけて、地域的特色を追究し、説明している。	取り上げた地理的事象が、そこでしか見られないのか、他の地域にも見られるのかを、他地域と比較・関連づけて、地域的特色を追究しようとしているが、その説明は不十分である。	取り上げた地理的事象が、そこでしか見られないのか、他の地域にも見られるのかを、他地域と比較・関連づけて、地域的特色を追究しようとしていないが、その説明は十分である。	取り上げた地理的事象が、そこでしか見られないのか、他の地域にも見られるのかを、他地域と比較・関連づけて、地域的特色を追究しようとしておらず、その説明も不十分である。
③ 学習課題と結論の対応・一致	明らかにしたいことを、学習課題や課題設定の理由で、明確に示しており、その解決結果も、結論部分を読むと十分に納得できる。	明らかにしたいことを、学習課題や課題設定の理由で、明確に示しているが、その解決結果は、結論部分を読んでも、あまり納得できない。	学習課題や課題設定の理由では、明らかにしたいことがあまり明確に示されていないが、その解決結果は、結論部分を読むと納得できる。	学習課題や課題設定の理由では、明らかにしたいことがあまり明確に示されておらず、その解決結果も、結論部分を読んでも納得できない。
④ 複数の資料を比較・関連付けながら、課題の解決を図る。	異なった2つ以上の資料を比較・関連づけながら課題を解決しようとしており、その調査結果も十分説得力がある。	異なった2つ以上の資料を比較・関連づけながら課題を解決しようとしているが、その調査結果は説得力にやや欠ける。	一つの資料からだけしか課題を解決しようとしていないが、その調査結果は説得力がある。	一つの資料からだけしか課題を解決しようとしておらず、その調査結果もあまり説得力がない。
⑤ 絵・地図・資料（図表・グラフなど）を効果的に使う。	絵・地図・資料などが効果的に使われており、そのことで文章記述の内容がよりわかりやすく理解でき、読みやすい。	絵・地図・資料などを使って、わかりやすくまとめようとしているが、文章記述の理解には、あまり役立っていない。	簡潔な文章で記述されており、内容は理解できるが、それを裏付けるような絵・地図・資料が不足しており、全体としてわかりにくい。	絵・地図・資料があまり使われておらず、文章記述も理解しにくく、大変読みづらい。
⑥ 地域の課題や将来像などについての考察	自分の調査結果をもとに、その国や地域の課題を明らかにし、将来像について予測・推測している。	自分の調査結果をもとに、その国や地域の課題を明らかにしているが、その将来像についての予測・推測についてはなされていない。	その国や地域の課題や将来像について考えようとしているが、自分が調査した結果との関連性が弱く、単なる思いつきになっている。	単に事実や現状を調査しただけであり、その国や地域の課題は明らかになっておらず、将来像についても考えられていない。
⑦ 課題設定の魅力・面白さ	大変興味ある面白い学習課題を設定しており、その課題に対する解決も十分になされている。	大変興味ある面白い学習課題を設定しているが、その課題に対する解決は不十分であり、あまり理解できない。	学習課題には、あまり興味関心はわかないが、の課題に対する解決は十分なされており、理解しやすい。	学習課題にも、あまり興味関心はわかないし、その課題に対する解決も不十分で、あまり理解できない。

グループにもわかるようにしました。多くのグループが共通して取り上げた評価規準は，「学習課題と結論の対応性」「資料活用」「わかりやすさ」「まとまり・簡潔さ」の４点です。他に，「地域の課題や将来像」「課題設定の魅力・面白さ」という評価規準もありました。

　子どもたちは，互いのレポートという具体物を提示しながら，「このレポートのこの部分は，私たちの設定した評価基準表では，Ａだよね」「この部分は，もっとこうすればＡになるよね」という議論を交わしながら，評価基準表を作成していきました。このようにして，資料２に示した評価基準表が作成されたわけです。

　この評価基準表は，中学校社会科地理的分野「ウ世界の国々」の評価規準の具体例（国立教育政策研究所教育課程研究センター）と次のような対応関係にあります。
- ○　評価規準⑦→社会的事象への関心・意欲・態度
- ○　評価規準①②③⑥→社会的な思考・判断
- ○　評価規準④⑤→資料活用の技能・表現

　例えば，評価規準①は，教育課程研究センターが示している「世界の国々の地理的事象を基にして設定した課題を，地域の環境条件や他地域との結び付きなどと人間の営みとのかかわりに着目して多面的・多角的に考察している」を具現化したものです。この評価基準表では，２つ以上の要因や背景に着目しているかどうかで基準を設定しています。さらに，評価規準②は，同じく「世界の国々の諸事象を位置や空間的な広がりとかかわりでとらえ，地理的事象として見出している」かどうかを具現化したものです。評価基準表では，他地域と比較・関連づけて地域的特色を追究し，説明しているかどうかで見ようとしています。なお，評価規準①②⑥⑦は，自己の設定した学習課題が適切かどうかを吟味する上でも有効です。したがって，評価規準①②⑥⑦を総合的に見れば，「世界の国々の地理的事象を基にして適切な課題を設定している」かどうかの評価規準としても使えます。

　また，評価規準④と⑤は，「世界の国々の地域的特色をとらえるために，地図の読み取り，統計のグラフ化や地図化などを通して，有用な情報を適切に選択して活用している」かどうかを見るためのものです。特に「有用な情報を適切に選択して活用している」かどうかを，評価基準表では，異なった２つ以上の資料を比較・関連づけながら課題を解決しようとしているか，使われている図表・グラフなどが文章記述の理解に役立っているかどうかで見ようとしています。

　この評価基準表は，よりよい社会科研究レポートを作成するためのものですから，全体として見た場合，センターが示している資料活用の技能・表現の「世界の国々の地域的特色を追究し考察した過程や結果を地図化したり報告書などにまとめたり，発表したりしている。」という評価規準の具体例を具現化したものともいえます。

(3) 評価基準表を使って振り返る

1月19日，評価基準表を使って，これまでの学習を振り返りました。まず，各自が自己評価を行った上で，グループ内で検討会を行いました。

検討会では，「なぜ自分はそのような評価を下したのか。研究レポートを提示しながら発表する」ように指示しました。教師は，各グループを回りながら，コーチングしましたが，子どもの多くは，自分の取り組みについて反省や感想を述べ合うだけで，なかなか研究レポートを具体的に提示して，説明できません。検討会の具体的な進め方の例を実演してから，始めるべきであったと反省しています。

次に，検討会を終えたグループには，振り返りとこれからの課題を記入するようにいいました。その際，「どうして自分は，Aがとれなかったのか，自分自身の取り組みを反省するだけでなく，先生がもっとこうしてくれていれば，という要望も書きなさい」と指示しておきました。すると，例えば，藤原君は，次のような意見を書きました。

「資料集めが冬休み中できなかったので，もっと資料を集めたかったです。⑤では，グラフなどはレポートに載せてはいけないと思っていたので，もっとレポートの書き方について事前に具体的に説明してほしかったです。⑥については，全く考えていなかったので，最初に評価基準表を作った方がいいと思うし，先輩の作品などを先生が例として紹介してくれると，どんなレポートを目指せばよいのか具体的にわかると思います。」

藤原君は，最初に評価基準表が示されていれば，もっと自覚的に自分の学びが展開できたと書いています。さらに，評価事例集の提示を求めています。このような意見を書いている子どもも多くおり，今後，検討していかなければならない大きな課題です。

3 評価基準表を使って授業を組織する

(1) 子どものレポートから，学習課題を作る

これからの授業についての要望を子どもに聞いたところ，「全員が共通の課題で取り組んでみて，その上で，評価基準表で振り返った方が，評価規準の意味がよく理解できるし，自分の課題も明確になる」という意見が出されました。

そこで，計画を変更し，中国を事例的に扱って，評価基準表の効果を確認することにしました。この活動は，藤原君のような子どもの要望に応えるものにもなると考えたからです。

ここでは，評価基準表を意識することで，よりよい学習課題を設定する方法を学ぶことに重点を置いて学習を展開することにしました。

そこで，「中国ってどんな国なのかを明らかにするためには，どのような学習課題を設定すればよいだろうか」と，問いかけてみました。評価基準表を見ながら，すべての評価規準でAがとれるような中国に関する学習課題を考えてみることにしました。

①〜⑦の評価規準の中で，学習課題設定に直接的に関わる部分は，①②⑥⑦です。そこで，

次のような学習課題設定の条件を提示しました。
　①　多面的・多角的に追究できる課題
　②　他地域と比較・関連付けて追究できる課題
　⑥　その国の課題や将来像を考察できる課題
　⑦　自分だけでなく，他者にとっても意味のある課題
　これらの条件を満たすような中国に関する学習課題を設定しようと呼びかけたわけです。環境問題について興味のある木村さんが所属するグループでは，彼女から，「環境問題を中心にすれば条件を満足する学習課題が設定できるのではないか」という意見が出されました。彼女は，第一次のレポートづくりを通じて，環境問題の各国・地域の取り組みに温度差があることに疑問をもちました。特に，環境問題では一番深刻な状況にある中国があまり国際的に熱心でないことに疑問を感じていたのです。木村さんは，「環境問題は，中国の人口問題や食料問題と密接に関わっていそうだし，だから多面的・多角的に追究できると思うし，中国が抱える諸問題を明らかにするためにも有効だ」と主張しました。
　私は，木村さんのグループの会話を聞きながら，実際に中国について調査した子どものレポートを使って，授業を組み立てようと考えました。
(2)　川上さんのレポートをオールAにしよう
　1月23日，まず，「どうして中国は，米や小麦の生産量が多いのか」という学習課題に取り組んだ川上さんのレポートを紹介しました。彼女の評価基準表を使った自己評価は，①B，②D，③B，④B，⑤C，⑥D，⑦Bであり，②⑤⑥の評価規準が不十分だと感じていました。そして，「自分の調査をもとに，もっと発展させたい。自分の調査内容を，裏付けるような資料をもっと収集したい」という，自分の課題を書いていました。
　川上さんは，中国の米・小麦などの食料生産が盛んな理由を，生産責任制の導入，地形や気候などの自然環境，輸出入（人口増加）の3つの要因から考察し，次のような結論を出しました。
　「中国は生産責任制を導入し，各農家が努力次第で収入がかわるようになり，農民の生産意欲を高めた。また，中国は国土が広いので，その気候にあったものを作ることができ，大きな川があるので水が豊富にあって土も肥えて，畑作や稲作をさかんに行うことができるので生産量が多いのだろう。最近中国では人口が増え，たくさんの米や小麦が消費されるので，これほどの量を生産する必要もあるのではないかと考えることもできる。」
　授業では，川上さんのレポートを全員で読み合いながら，意見交換をしました。生産責任制との関わりの部分については，「導入される前と比較するともっとわかりやすくなる」という意見が出されます。また，自然・気候との関わりの部分については，アメリカの農業を調べた子どもたちから，「アメリカでも適地適作という農業が行われており，中国とアメリカの農業を比較すると，中国の農業の特色がもっとはっきりする」という意見が出されまし

た。さらに，輸出入との関わりについては，「アメリカは小麦を大量に輸出している。だけど中国は大量に生産しているが輸入が輸出を上回っているのはなぜだろう」「しかも最近，どんどん輸出が減り，逆に輸入が増えているのはなぜだろう」という疑問も出されました。

そこで，私から「川上さんは，この調査を活かしてさらに発展させたいと思っているのだけど，どんな学習課題を設定して取り組んでいけばいいだろう」と問いかけてみました。

子どもたちは，「やっぱりよくわからないのは，輸出入の部分だ。川上さんは，食料生産の多さを人口増加と関連させているけど，はたしてそれだけなのだろうか。ほかの理由はないのだろうか」という意見が出されました。さらに，「それなら，なぜ最近，小麦の輸出が急激に減って，輸入が急激に増えているのか説明がつかない。そんなに人口が増えているのだろうか。教科書の中国の人口推移のグラフでは，人口増加の伸びは，近年そんなに変わっていないし，一人っ子政策も実施しているのに，人口増加だけが原因とは考えにくい」という意見も出されました。それで，「中国は世界有数の農業大国なのに，近年食料（小麦など）の輸入が急増しているのはなぜか」という学習課題を設定し，全員で追究していくことにしました。

(3) グループで共同して課題の解決を図る

ここからは，3～4人の小グループで共同して学習課題を追究することになります。竹上さんたちのグループは，学習課題に対して，「工業の発展」「農村人口の停滞」「人口政策」「農業生産の停滞」「環境問題」という5つの観点を設け，急激な工業発展や自然環境の悪化に伴う農業不振や若者の農村からの都市への流出が都市人口急増の要因になっていること，一方農村人口の停滞が農業生産の停滞をまねき，増え続ける人口に食料生産が追いつかない中国の現状を明らかにしようとしました。そして，彼女たちは，学習課題に対して次のように結論づけました。

「ベビーブームや一人っ子政策の不徹底で人口急増には歯止めがかからず，農業生産が人口増加に追いつかないのが原因の一つ。2つ目は，若者が増えたり，職を求めて農村から都市に流出していることと，自然環境が悪くなったりして農村人口が減り農業生産が停滞していること。3つ目は，経済特区などが設けられ，外国の企業が進出しやすくなり，合弁企業もできたこと。他にも私営や個人企業などが増え，農村にも郷鎮企業が増えるなど工業生産が伸びたこと。以上の理由から，中国は世界有数の農業生産国であるが，近年農産物の大量輸入国でもあるといえる」と。

(4) 評価基準表を使っての検討会

レポート作成が完了したグループから，評価基準表を使っての振り返りを行いました。ただし，今回は⑤の評価規準だけは除外しました。

竹上さんたちのグループは，①A，②D，③A，④C，⑥B，⑦Bという自己評価をし，彼女は，次のような振り返りを書きました。

「前回もそうだったが，他の地域と比較・関連づけていなかった。いざ関連づけようとすると，何をすればいいのか全く思い浮かばない。なので，私のこれからの課題は，他のもの（こと）と関連，比較づけるということに決定した。」

次に，2つのグループを組み合わせて発表会を行ったところ，竹上さんたちのグループは，次のようなアピールをしました。

「私たちは，学習課題に対して，急激な工業発展，農村人口の停滞，都市人口の急増という3つの方向から調べてみました。その結果，多面的に考察することができたと思います。さらに，一つの項目についても，例えば農業生産の停滞の理由を，都市人口の急増，自然環境の悪化，農村人口の停滞という3つの要因から説明しています。一つの項目についても多面的に調べ，全体としても3つの点から説明しているところが私たちのレポートの良さだと思います。」

また，竹上さんたちの発表を聞いた浦島さんは，次のような感想を書いています。

「たくさんの面から調べていて，いろいろな原因を探っている。資料を効果的に活用していて，その考えはとても納得できる。また，3つ以上の要因について，とても詳しく説明しており，結論では，すごくわかりやすくまとめてあって良かった。」

浦島さんたちは，学習課題に対して「急激な工業の発展」「農村人口の停滞」という2つの要因から説明しようとしました。簡潔に説明されているのですが，もっと多面的に調べてみる必要があったと反省しています。

一方，竹上さんたちも浦島さんたちのレポートから次のようなことを学んでいます。

「工業に力を入れるようになれば，農業が衰退していくのは仕方がないという考え方は，日本もそうだし，とても説得力があっておもしろい。でも，なぜアメリカは農業も工業も両方発展しているのだろう。新たな疑問がわいてきて，とてもためになる検討会だった。」

このように，評価基準表を使っての検討会は，評価規準がはっきりしているため，双方向のコミュニケーションを活性化させるために有効です。また，各自が新たな課題を発見する点でも役立つことがわかってきました。

4 評価基準表が学びに見通しを与える

(1) 自己の学習課題を吟味する子ども

2月13日からは，これまでの学習の成果を生かして，第一次で作った研究レポートをもう一度構成し直す第三次の段階です。

まず，それぞれの評価規準でAがとれるようにするために，自分の研究レポートをどう改善していけばよいかということを具体的に書かせました。もちろん，どうしたらよいのか見通しが立たない子どもには，教師のアドバイスを受けにくるように指示しました。

すると早速，研究レポートと評価基準表をもって木村さんがやってきました。彼女は，第

一次で「アメリカ・EU・中国は，環境問題にどう取り組んでいるのだろう」という学習課題を設定し，調査活動に取り組んだ子どもです。「環境問題といっても広いので，今回は，酸性雨と温暖化対策に絞って，各国の取り組みの違いを調べようと思っています。でも，この課題だと，①の多面的・多角的に追究し考察するという規準をどうしたらよいのか，わからないのです」とのこと。調査対象を絞り込んでみたものの，この課題でいいのか見通しをもてないでいました。

そこで，「各国の環境問題への取り組みを調べてみて，どんなことを感じたの」とたずねると，木村さんは，「EU が特に熱心で，中国については，いろいろ本で調べてみたけど，あまり載っていなくて，国によってずいぶん違いがあるなあと感じました」と答えました。それで，「そうだね。木村さんが一番調べたいことは，なぜ EU の国々は，酸性雨や温暖化対策に熱心なのか，ということじゃないの」と返してみました。

このようなやりとりの後，彼女は「酸性雨・温暖化について，なぜ各国に取り組みの違いがあるのか」という学習課題で，研究レポートを再作成していくことになりました。

木村さんは，第二次で作った評価基準表が内面化してきているようです。評価基準表に即して，これからの自己の学びの展開を予測し，吟味しようとしています。この木村さんの事例のように，評価基準表は，子どもたちの学びに見通しを与えるとともに，自己の学習課題を吟味させる上で有効なことがわかってきました。

(2) 評価規準を内面化させていく子ども

そして，学年末に，1年間の社会科学習の振り返りを行いました。すべての学習物等の中から，自分にとって価値あるものを選び出し，目次をつけながらファイリングしていく作業を課しました。いわゆるベスト・ワーク・ポートフォリオづくりです。

竹上さんは，この作業の中で，グループで共同で取り組んだ「中国は世界有数の農業大国なのに，近年食料（小麦など）の輸入が急増しているのはなぜか」というレポートの評価基準表をベスト学習物に入れました。その理由は，自分の弱点を明確に気付かせてくれたからだといいます。前述したように，竹上さんは，この評価基準表に「私のこれからの課題は，他のもの（こと）と関連，比較づけるということに決定した」と書いた子どもです。

このように，評価基準表をもとに，学習の節目節目で自己評価を繰り返すことによって，自分の学習に対する目的意識が明確になり，評価規準自体も内面化していくように思います。

（大橋　巖）

4 評価基準表を使って評定する

1 複眼的な評価を可能にする評価基準表

　これまでの授業では，評価基準表を基本的に自己評価のために利用してきました。子どもたちは，評価基準表で自分の学びを振り返ることで，課題を明確にすることをねらいとしていたからです。また，評価規準に基づいて，教師の子どもへの的確で具体的な指導や支援をするために役立つと考えていたからです。

　しかし，評価基準表をより有効なものにするためには，第三者（同じ経験を共有している子どもと授業者以外）でも評価可能なものである必要があります。また，第三者の評価が入ることで，子どもたちの学びをより本物に近づけることが可能になると考えました。

　そこで，子どもの保護者にも評価をしていただくことにしました。保護者には，説明用のプリントを配布し，協力を求め，子どもの作成した最終レポートを家庭に持ち帰らせて，資料1に示す評価基準表の保護者の欄に評価を記入していただきました。そして，付箋紙にコメントも書いていただくようにお願いしました。

　この評価基準表からわかるように，自己，保護者，教師という異なる目で子どものレポートを評価しようとしたわけです。まず子ども自身が自己評価を授業で行った後，保護者に評価を依頼しました。教師は，子どもと保護者の評価を考慮しながら，最終的な評価を行いました。さらに，教師の評価が終了した後，もう一度，子どもと保護者に評価基準表を返し，教師の評価に異議がある場合には申し出るように伝えました。

　竹上さんのお父さんは，本人の自己評価より若干厳しい評価を下し，次のようなコメントを書いてくださいました。

　「かなり難しい問題を自分なりに考えて，比較的良くまとめられていると思います。しかしながら，EUの環境に対する考え方の説明が不足していると思われます。EUは天然ガスのパイプラインが張り巡らされており，エネルギーの面でも国境の壁が低くなっています。さらに，天然ガスを利用してメタノールを作り出す点などです。これらの点を加味すれば，もっと良くなったと思います。」

　このように，評価基準表があれば，教師と子どもだけでなく，保護者による評価も可能になり，より複数の目で子どもを評価することが可能になります。

2 ペーパーテストと連動した評価を可能にする評価基準表

　しかし，たとえ評価基準表をもとに，授業を展開したとしても，ペーパーテストが変わらない限り，子どもの社会科の授業に対する意識も変わりません。これまで述べてきたような

第6章　中学校におけるポートフォリオ実践

[資料1] 竹上さんの社会科研究レポート評価基準表

2001年2月26日

社会科研究レポート評価基準表

1年　組　番　氏名

評価項目	よい (A)	ふつう (B)	あまりできない (C)	かなり努力が必要 (D)	自己	保護者	教師	自己アピール (こんな所を工夫したよ)
①学習課題をできるだけ多面的・多角的に選択し探究する。	かなり難しい問題を自らリサーチして、それらに良くまとめられている思う。			具体的な事象が、取り上げた地理的事象が、ぜんぜんそのように見られるのか、1つの要因や背景の結びつき（人間の営みなど）からの説明も出来ておらず、説明も十分でない。	C	B	B	工夫しています。
②その地域の特色を、他の地域と比較・関連づけて探究し、説明できるようにとらえる。	しかしながら、EUの探究にはつなげるだろう。EUはスズメのパイ、ブラジルよりずっと小さくても、エチオピアの倍で国民の富が集中している大国だ。サッカーを考えてもイタリー、スペインなどオランダ、イギリスをひけをとらない。			取り上げた地理的事象が、そこでしか見られないのか、他の地域にも見られるのか、地域的特色を比較・関連づけを探究しておらず、その説明も不十分である。	A	B	B	2/28 ①評価が高いですね、努力がありましたね。前回より、他のさまざまなとの関連づけた。 ③はじめには、エリアはほぼ明らかにしたが、グラフや設定場面ですらい。どうぼうせずダラダラと文章が多かったの。
③学習課題と結論の対応・一致を図る。				学習課題や課題設定の理由にたいして、明らかにしていることがあるか明確に示されておらず、その解決結果も、結論部分と納得しても説明できない。	B	B	C	明白蘭に書いた。
④複数の資料を比較・関連づけながら、課題の解決を図る。				1つの資料からだけしか課題を解決しようとしておらず、その課題結果はまり説得力がない。	B	B	B	2/28 ①について、何よりも、ポートフォリオのページを活ようにしていました。ずっとじぶんのレポートに打ち込んでいた「何ご」という姿勢は「わぁ」としてるよりもう少しっかりたらよいけど。
⑤絵・地図・資料（図表・グラフなど）を効果的に使う。	読みやすい。	主体としているらしい。		記述されているが、絵・地図・資料があまり使われておらず、文章記述を理解しにくく、大変読みづらい。	A	A	A	図を入れた。
⑥地域の課題や将来像などについての考察。	自分の調査結果をもとに、その国や地域の課題を明らかにしている。その将来像についても予測・推測している。	自分の調査結果をもとに、その国や地域の課題をとらえようとしているが、自分が問題にする課題との関連性が弱く、単なる思いつきになっている。		その国や地域の課題や将来像についての記述は、単に事実や現状を羅列しただけであり、その国や地域の課題について明らかになっていない、将来像についても考えられていない。	A	B	C	将来像も書い
⑦課題設定の魅力・面白さ	大変興味ある面白い学習課題を設定しており、その課題に対する解決も十分されている。	大変興味ある面白い学習課題を設定しているが、その課題に対する解決は十分されていない。		学習課題にも、あまり興味関心がわかない。その課題に対する解決も不十分であり、その理解もできない。	B	A	A	自分の興味のあることを課題設定にした。

授業では，ペーパーテストの点数が上がらないのではないかという不安から，知識を効率的に注入してくれる授業を望む子どもも出てきます。

　そこで，評価基準表に基づいたペーパーテストを作成することにしました。すべての設問を評価基準表に基づいて作ることはできませんが，資料2（1年3学期期末テストの一部）のようなテストを作成し実施しました。

　設問4の中国に関する問題では，授業で共同で探究した中国の農業の学習成果が問えるようにしました。特に問3では，評価基準表の④が，問4では評価基準表の⑥が，それぞれ身に付いているかどうかを測定しようとしました。

　設問5では，アメリカ合衆国に関する複数の資料を提示したうえで，巌君がどのような学習課題を設定し，探究しようとしたのかを類推させることで，課題解決能力が育っているかどうかを測定しようとしました。特に問①では，評価基準表の⑦を，問②と③では，評価基準表の④を，問④では，評価基準表の①と③をそれぞれ測定しようとしました。

　なお，今回のテストでは，子どもの知識・理解の差がテスト結果に影響を及ぼすことを，極力避けるために，教科書・地図帳の持ち込みを許可してテストを実施しました。

　評価基準表を意識して問題作成に取り組んだことで，授業と連動したペーパーテストを作成することができました。また，授業で子どもたちが培ってきた能力を，正当に評価するテストづくりが多少なりとも可能になったように思います。

3　多面的に評価し，評定を下す

　3学期の社会科の評定の仕方については，事前に子どもたちに伝えておきました。基本的には，最終的なレポートとペーパーテストの結果を均分に評価することにしました。

　具体的には，次のようにして評定を下しました。

○レポートの評価について

　評価基準表に示したように，評価の観点は7項目あり，A～Dの4段階評価です。Aには10点，Bには8点，Cには6点，Dには4点を与えることにしました。したがって，オールAならば，レポートだけで70点満点となります。

○ペーパーテストについて

　3学期は，市販テストと校内の期末テストの計2回が実施されました。市販テストでの得点を5分の1にし，加点することにしました。3学期の学習内容とほぼ一致しているため，このテストで知識・理解を見ることにしたわけです。

　期末テストは，前述したような内容で実施しました。この得点を2分の1にして加点することにしました。

　以上のように，レポート70点，ペーパーテスト70点の合計140満点で，その得点を評定の際の一つの基準としました。

第6章 中学校におけるポートフォリオ実践

[資料2] 1年社会科期末考査問題（抜粋）

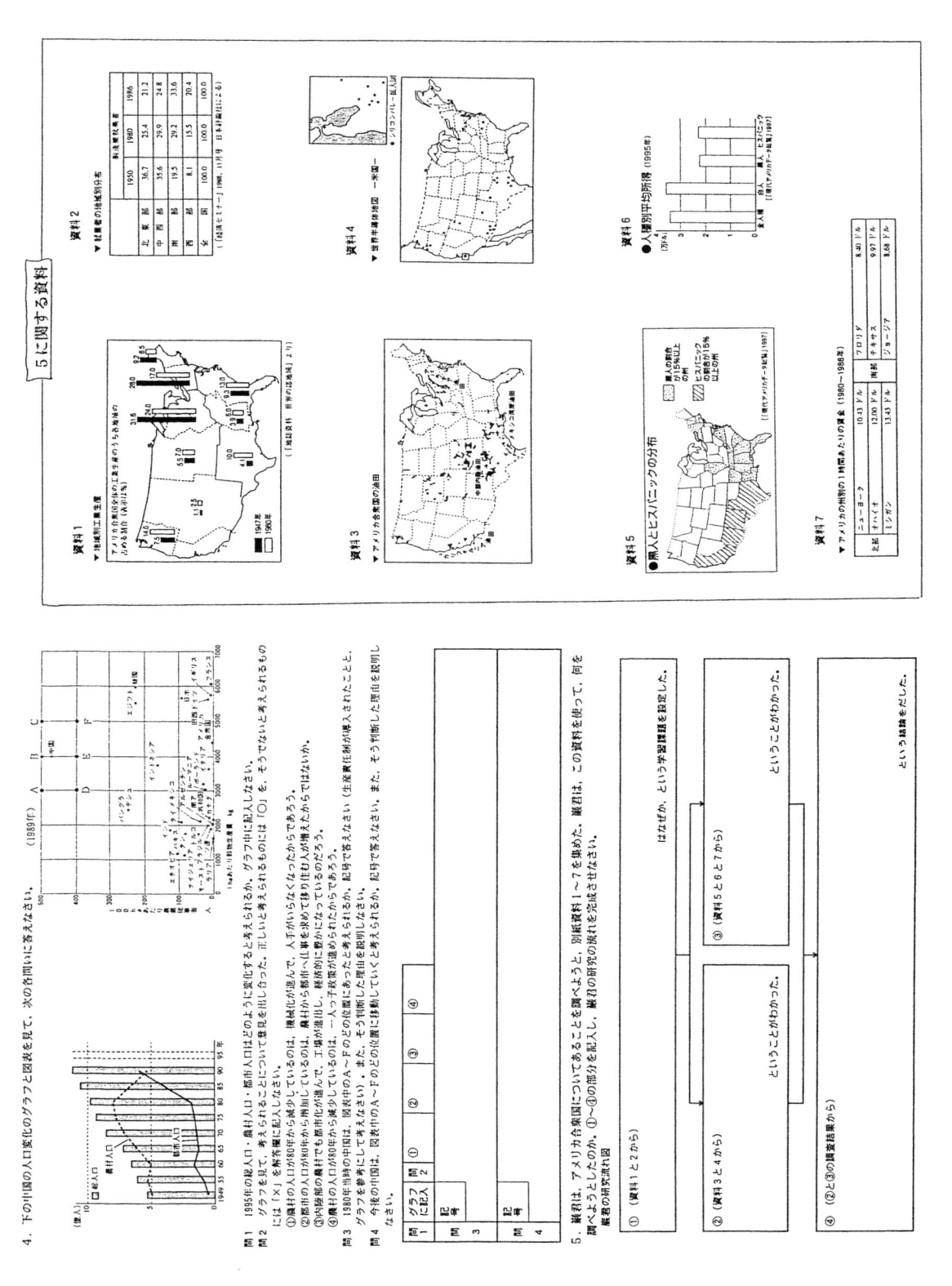

5に関する資料

資料1
▼地域別工業生産

資料2
▼就業者の地域別分布

	1950	1980	1986
北東部	36.7	25.4	21.2
中西部	35.6	29.9	24.8
南部	19.5	29.2	33.6
西部	8.1	15.5	20.4
全国	100.0	100.0	100.0

（「経済セミナー」1998、11月号 日本評論社による）

資料3
▼アメリカ合衆国の油田

資料4
▼世界半導体地図 ―米国―

資料5
黒人とヒスパニックの分布
■ 黒人の割合が15%以上の州
▨ ヒスパニックの割合が15%以上の州

資料6
人種別平均所得（1995年）

資料7
▼アメリカ各州別の1州あたりの賃金（1980〜1988年）

上位	ニューヨーク	10.43ドル	フロリダ	8.30ドル
	オハイオ	12.00ドル	テキサス	9.97ドル
下位	ミシガン	13.43ドル	ジョージア	8.68ドル

4．下の中国の人口変化のグラフと図表を見て、次の各問いに答えなさい。

問1 1995年の総人口・農村人口・都市人口は、どのように変化すると考えるか、グラフ中に記入しなさい。
問2 グラフを見て、考えられることについて意見を出し合った。正しいと考えられるものには「○」を、そうでないと考えられるものには「×」を、それぞれ解答欄に記入しなさい。
　①農村の人口が1980年から減少しているのは、機械化が進んで、人手がいらなくなったからであろう。
　②都市の人口が1980年から増加しているのは、農村から都市へ仕事を求めて移り住む人が増えたからではないか。
　③内陸部の農村でも都市化が進んでいる。工場が進出して、種苗所が豊かになっているのだろう。
　④農村の人口が1980年から減少しているのは、都市部で一人子政策が決められているからであろう。
問3 1980年当時中国は、図表中のA〜Fのどの位置にあったと考えられるか、記号で答えなさい。また、そう判断した理由を説明しなさい。
問4 今後の中国は、図表中のA〜Fのどの位置に移動していくと考えられるか、記号で答えなさい。また、そう判断した理由を説明しなさい。

問1	グラフに記入			
問2	①	②	③	④
問3	記号			
問4	記号			

5．君は、アメリカ合衆国について調べることであるように、別紙資料1〜7を集めた。君は、この資料を使って、何を調べようとしたのか、①〜④の部分を記入し、君の研究の流れを完成させなさい。

① （資料1と2から）　　　　　　　　　　　　　　はなぜか、という学習課題を設定した。

② （資料3と4から）　　　　　　　　　　　　　　ということがわかった。

③ （資料5と6と7から）　　　　　　　　　　　　ということがわかった。

④ （②と③の調査結果から）　　　　　　　　　　　という結論をだした。

また，観点別評価については，次のように実施しました。まず，評価基準表の評価項目が観点別評価のどれに対応しているかを検討しました。次のような対応関係があると判断しました。
　　○評価規準⑦→社会的事象への関心・意欲・態度
　　○評価規準①②③⑥→社会的な思考・判断
　　○評価規準④⑤→資料活用の技能・表現
　なお，知識・理解については，評価基準表よりもペーパーテストのほうが簡便で，評価しやすいので，市販テストの結果を使うことにしました。知識・理解以外の3つの観点については，レポートと期末テストの得点を加算した結果を基準としました。
　以上のようにして，評定のための基礎資料を作成した上で，日頃の授業のようすも加味しながら，観点別評価と評定を下していきました。
　テストの信憑性や評価基準表の評価規準項目と観点別評価との対応など，今後検討しなければならない問題もあります。しかしながら，評価基準表を作成したことで，以前よりは，子どもたちの学びを多面的に評価し，評定を下すことができるようになったと思います。

（大橋　巌）

5　評価規準で「読む」と「書く」活動をつなげる

1　はじめに

> 1学期の国語でいちばんがんばったのは『おいのり』だと思います。ラストシーンを考えたり，1年C組で出た疑問を解決することで新しい発見の驚きを味わうことができました。友だちの発表を聞くと，あっなるほどという気になって，新発見をしました。そして，1学期は国語に一歩前進したような気がしました。

これは，1学期最後の振り返りの時に，自分のポートフォリオを見返して，中学1年の男の子が書いたものです。自分の活動への取り組みやほかの人の意見を聞けたことを充実感をもって振り返っています。このように書けたことは，次の活動への意欲につながることでしょう。

ポートフォリオの良いところは，子どもが実際に学習物を見ることで，自分の学びを実感をもって振り返ることができることです。そして，そのことが学習への意欲を高めます。この学級の子どもたちは，ポートフォリオを作り始めてわずかしか経っていませんが，このような感想は多くの子どもに見られました。

その中には，このような活動への全体的な評価だけでなく，特定の「読む」「書く」活動を具体的な評価規準によって自己評価している子どももいます。

私は，このような子どもを育てていくことが大切だと思います。そのためには，今後どのような活動を仕組んでいけばいいのでしょうか。それを考える時に役立つのもポートフォリオだと考えます。現在，子どもたちのポートフォリオをもとに教師用ポートフォリオを作成し，それを使って授業のプランを練り直しています。「おいのり」という教材の授業では，中村君という子どもの学びに注目しました。

2　「おいのり」の授業構想

中学1年の国語教科書（光村出版）の中の「おいのり」という小説は，ユウゾウさんという誰に対しても優しい人物についてネコの視点から描いた三木卓さんの作品です。物語は，ユウゾウさんが救急車で病院に運ばれるところから始まります。何度目かの入院らしく今度は助からないのではないか，と心配するネコたち。前半では，そのネコたちの会話を通して，ユウゾウさんの優しい人柄が伝わります。後半は，ネコたちの会話やダイジロウというリーダー格のネコの回想を通して，ユウゾウさんのもう一つの面，孤独な一面が描かれていきま

す。「ユウゾウさんが亡くなって，息子があとを継いだらどうなるだろう」。ダイジロウは，不安を抱きながらも，ユウゾウさんのためのおいのりを呼びかけます。物語は，そのおいのりを終えネコたちが顔を上げたところで終わります。

この作品は，「ユウゾウさんはどういう人なのか」とか「これからネコはどうなるのか」というようなさまざまな疑問が浮かんでくる作品です。子どもたちにとっても親しみやすく，同時に味わい深い作品です。

最初，私は表1のような展開を考えました。これは，基本的には福井大学附属中学校伝統の「課題読み」による展開です。「課題読み」は子ども自身が課題を作って一人で探究した後，全体で討論をするというもので，総合的な学びの類型でいえば，典型的な「プロジェクト学習」といえるでしょう（参照：安藤輝次『ポートフォリオで総合的な学習を創る』図書文化社，2001年，79-80頁）。「作品をより深く読む」という漠然としたゴールはあっても，具体的にどうするのかという点は子どもと共有されていません。しかも，子どもによりさまざまな課題を立てさせるので，下手をすると読みが浅くなる問題点があります。そこで，探究をもとに何らかのパフォーマンスや作品づくりをさせることを心がけています。具体的には，下の表の8と9が作品づくりです。ただし，この段階では，どのようなものにするかは，まだ考えておらず，子どもの活動を見ながら考えることにしていました。

［表1］「おいのり」学習の流れの構想

```
第1次
  1  教師の通読を聞く。事前アンケートに答える。           ——学習物①
  2  「季節はいつか」を考え，この課題は良いか悪いかを考える。
  3  事前アンケートの疑問の一覧を見て，それぞれの関係を考える。——学習物②
第2次
  4  自分で課題を決め，ワークシートにまとめる。           ——学習物③
  5  同じ課題のグループで意見交換し，ワークシートに記録する。——学習物④
  6  話し合った結果を発表しあう。
第3次
  7  「この話のつづき」について，立場を決めて討論する。
  8  「もう1つのラストシーン」を書く。                    ——学習物⑤
  9  「もう1つのラストシーン」をお互いに読んで自己評価する。
第4次
  10 振り返りの作文を書く。                              ——学習物⑥
           2001年5月 作成（ただし7〜9の課題については未定であった）
```

3　授業の実際

(1) 初発の感想から

　作品を通読した後で登場人物を確認しました。「ダイジロウ」「ヨシロウ」「ミエコ」。子どもたちは次々と名前をあげていきます。私は，登場するネコたちの名前を一通り書いた後，「ユウゾウさん」といった声の方に「ユウゾウさん？　ユウゾウさんは登場人物ですか。」と問いかけました。

　「ちがいます。ユウゾウさんはネコの話に出てくるだけで，登場してはきません。」

　「そうですね。この話ではユウゾウさんはとても大切な人ですが，登場人物とはいえませんね。」

　この話がネコの視点で書かれていることを確認した後，「じゃあ，この話の中心人物，つまり話の中で大きく変わった人は誰かな？」と聞きました。

　しばらく時間をとって，手を挙げてもらうと「ユウゾウさん」と「ダイジロウ」という反応がほぼ半々。ごくわずか他のネコたちを挙げる子どももいました。

　ここで「事前アンケート」というワークシートに感想を書いてもらいました。国語科では，作品と最初に出会って書く感想を「初発の感想」といってとても大切にしています。そして，中村君は，次のように書きました。

［資料１］　中村君の事前アンケート（学習物①）

作品名「おいのり」　１年Ｃ組　中村哲夫

１　この文章は読んで（おもしろかった）

理由　話がネコの視点から書かれているところ。ネコがこの後どうなっていくかが想像
　　　できるところ

２　この文章は（好きだ）

理由　ネコが本当にユウゾウさんを好きで，「なんとかしないと」とかこれからのこと
　　　を考えたりするから

３　この作品の中で一番興味をもった人物はだれですか。
　　ダイジロウ（ネコたち）

４　この作品の中で一番印象に残った場面はどの場面ですか？
　　最後にユウゾウさんに対して「助かって」というおいのりをしているところ

５　この作品の中で，反発や共鳴を感じたことがあったら書きなさい。

反発　ネコたちはユウゾウさんに頼りすぎだと思う。もっと自分で何かをしたりすると
　　　いい。

６　疑問に思ったことや授業の中で話し合いたいことがあったら書きなさい。

これからネコたちはどうなっていくのかという点。
　7　素晴らしい（印象に残った）表現があったら書きなさい。
　　　ネコたちがユウゾウさんに対しておいのりをしているところ

(2)　良い課題って何だろう？
　私は，これからの授業は自分たちで作った課題を調べたり考えたりすることになることを予告しました。あわせてこれまでにそのような国語の授業を受けたことがあるか聞いてみたところ，手が挙がったのはわずかに2名です。予想したよりも少ない数でした。
　そこで，一つ課題を出してみました。
　「じゃあ自分たちで課題を考える前に，私が一つ課題を出します。この話の季節はいつだと思いますか。春夏秋冬のどれかで答えてください。」
　予想は冬と春が多く，わずかに夏，秋と答える子どももいました。そこで，次のように問いかけました。
　「感じ方や考えが分かれました。（小説を読む場合）人それぞれということもあるでしょう。この作品ではどうでしょう。文章の中から証拠を探すとするとどんなところが挙げられますか？」
　子どもたちは，相談して次の場所を探してきました。
・「カラスミにするボラの子を干していたんだ」……ボラの捕れる時期を調べれば良い。
・「ダイジロウは，夜空を仰ぎました。オオイヌとコイヌの星がぎらぎらとかがやいています」……星座の見える時期や時間を調べるといい。
・「シュシュシュと，冷たい風が草の間を吹いていきます」……夏ではなさそう。
・「タヌキでしょうか」……真冬ではないのでは。
　その上でもう一度聞いたところ，冬の終わりから春の初めと考える子どもが多くなりました。もちろん，この「アシナの海岸」がどのあたりなのかわからないので，厳密には季節はわからないのですが，文章中のあちこちを調べ読みをするという経験をさせたかったのです。
　それから，「調べてもらっておいてこんなこと聞くのも何だけど，この課題は課題としてはどうかな。いい課題かな」と問いかけたのですが，答えづらそうだったので，「じゃあ，この課題の良いところと悪いところを挙げてください」と聞き方を変えました。すると，子どもたちからは次のようなところが挙がりました。
　・良いところ……文章をあちこちよく読むところ。予想が分かれるところ。
　・悪いところ……作品の読みにつながらないところ。答えがはっきりしないところ。
　悪いところの「作品の読みにつながらない」というのは，私の方でかなりいいかえた表現で，子どもからは「答えが出てもふーんっていう感じ」とか「真剣に考えてもむなしい」などの表現で出てきます。「答えがはっきりしない」については，一部「だからいいんだ，話

第 6 章　中学校におけるポートフォリオ実践

し合いができるから」とか「答えがはっきりしない方が良い課題のような気がする」という意見も出ていました。

　ここでのねらいは，もちろん課題そのものの評価規準を作ることです。初発の感想で多かった疑問「ネコ食堂とはどのようなものか」を課題としなかった子どもが多かったのは一定の成果といえそうです。

(3) 疑問同士の関係を考えよう

　課題の評価規準として「文章を検討できるか」「予想が分かれるか」「作品の読みにつながるか」ができました。しかし，子どもたちの初発の感想の一覧から，それぞれの疑問が関連し合っていることが見てとれたので，予定通り疑問同士の関係を考えさせて「他の人の課題と関連しているか」という規準を意識させることにしました。

　初発の感想で出てきた疑問を簡単に整理（ここではユウゾウさんについての課題とネコについての課題とに分けた）して表した図を作り，「ある疑問が解ければ，この疑問も解ける」あるいは「この疑問を解くには，あの疑問が解けなければいけない」というような関係を線で結ぶのです。ただし，自分にとって関心のない課題同士を結んでも意味がないので，自分が取り組もうと思う課題を二重丸で囲み，その課題との関係で結ぶことにしました。もちろん課題を選ぶ時には，前の時間の評価規準を参考にします。

　中村君は，迷わずに初発の感想に書いた「これからネコはどうなっていくのか」を二重丸で囲み，関係ある課題として「息子はどんな人なのか」「ユウゾウさんはどんな病気なのか」を選び出しました。さらに「ダイジロウはユウゾウさんのことをどう見ていたか」や「ダイジロウのユウゾウさんへの心境の変化」にも丸をつけました。

　授業中の中村君と彼のワークシートを見た私の会話です。

　「ユウゾウさんの病気とネコのこれからを結んでるけど，どうつながるの。」

　「ユウゾウさんの病気が重ければ，もう魚屋はなくなるか息子があとを継ぐことになるから。同じように息子がどんな人かで魚屋を継ぐか継がないかが決まると思う。」

(4) 探究「ネコはこれからどうなっていくのか」

　いよいよ実際にワークシートに書きます。課題ごとにグループ分けをしてあるので，書き方がわからないなど必要ならば相談をしますが，基本的には一人で書いていきます。中村君は，1時間かけて次のように書き上げました。

［資料2］　中村君のワークシート（学習物③）

　　　　　題材名「おいのり」　**課題**「これからネコはどうなっていくのか？」

　　予想　ネコたちはたぶん人に頼らず自分たちで生きていくと思う。

p65 l 13〜

　息子，ダイジロウはどきっとしました。息子はもどってきてあとをつぐでしょう。お

> 父さんと同じようにお酒好きだといいます。でもネコたちに対してはどうでしょうか。
> 　息子もユウゾウさんが早く良くなってほしいと願うだろうし、もしもユウゾウさんが店を続けられないときはあとを継ぐだろう。しかし、ネコたちの世話まではやってくれないと思う。だからネコは自立して人に頼らないで暮らしていくと思う。
>
> p69 l 5～
> 「よし、ねこのおいのり、やめ」しっかりした声でダイジロウが言いました。
> 　「しっかり」という言葉から。気合いが入っていて、自分たちは自立するという決心をしたということが感じられるから。
>
> p62 l 10～
> その手間のことを思うとダイジロウも胸が痛みます。
> 　自分たちのせいでユウゾウさんに迷惑かけてしまって恥ずかしい。できれば自立したいとネコたちは思っていると思う。
>
> **わかったこと**
> 　これからネコたちは今までユウゾウさんたちに頼りすぎだったので自分たちで食料とかも採って一生懸命生きていくということ。

　その後、同じ課題の子ども同士で交流をしました。中村君の課題は選んだ人が多かったので3つに分かれて話し合いました。この時、特にメモを取らせなかったのですが、取らせるべきだったのかもしれません。本校には、他の子どもの発言を名前と内容、感想に分けて書く用紙があるので、それを使えば良かったと思いました。

　しかし、話し合いの後で、自分の学習物を見返し、探究活動や課題そのものを振り返らせたのは有意義でした。

　中村君は、自分の探究活動の良かった点として、「この課題には、（これからのことなので）答えというものがないので、これからネコがどうなっていくのかを文章に書いてあるところから想像できる点」と書き込んでいます。また、課題の予想の横に、選んだ理由として「つなげていったら一番多くの意見がつなげられて、よく考えられそうだったから」とも書いています。これは、前に挙げた「他の人の課題と関連している」という評価規準を意識してのことでしょう。もちろん中村君がこの課題を選んだのは、それだけが理由ではなく、最初からこの課題が気になっていたからなのですが、他の課題と関係が深いことから思いを強くしたと考えられます。

　彼のポートフォリオを見返すと、中村君が課題の評価規準をしっかりと内面化して振り返りをしていることがわかります。

（5）　討論「ネコはこれからどうなるか」

　私はこのころ、他の課題を選んだ子どもの多くもこの課題に移ると考えていました。例え

ば，「ユウゾウさんはなぜもう一度結婚しないのか」という課題を選んだ松谷君は，「ユウゾウさんはワッハッハとうれしそうに笑い，着物のそでで涙をふきました。」や「『ユウゾウさん。早く奥さんをおもらいよ。』と言ってくる人は幾人もいました。けれどもユウゾウさんは，うんとは言いませんでした。『一人の方がのんびりできていいよ。』」などの表現に注目し，「ユウゾウさんは本当は一人でさみしい。しかし，昔何か奥さんが死ぬ時に（あるいは死ぬ前に）出来事があったので奥さんをもらいたがらないに違いない」と結論づけ，そのさみしさがネコとの交流のもとになっていると考えました。そして，探究活動の振り返りに，「答えが簡単に出てしまう悪い点もあるけれども，この課題は深く，他の課題のキーワードとなる点では良い課題だと思う」と書いています。

　それを見て，私は課題を「これからどうなるか」ということに一本化することにしました。
　もう一度時間をとってワークシートに書かせた後で，話し合いを始めてみると，結局次のことが問題であることがわかりました。
　①　ユウゾウさんは助かるか助からないか。
　②　（助からないとして）息子はあとを継ぐか継がないか。
　③　（息子が継ぐとして）ネコ食堂を続けるか続けないか。
　④　（ネコ食堂がなくなるとして）ネコたちは生き方を変えるか変えないか。
　このうち，①については助かると考えた子どもはいませんでした。②については，最初討論になりました。
　「父親とは仲が悪くて別居したのでは。」
　「自立したかっただけかもしれない。仲が悪いとは決めつけられない。」
　「『ネコたちは見たことがない』息子は，病気の父親をほっておいたわけだから，やはり仲が悪いのでないか。」
　「忙しくて帰れなかったのかもしれない。」
　「ユウゾウさんが亡くなった後では，たとえ仲が悪くても家に戻るはずだ。」
　「家に戻っても魚屋をするとは限らない。」
　波線の部分にあるように憶測ばかりであまり本文を検討するような話し合いともならなかったので，少々強引でしたが，④に焦点化することにしました。もしユウゾウさんが助かるとか息子がネコ食堂を続けるのであれば，ネコたちも生き方を変える必要がないですが，そうでなければネコたちが生き方を変えなければ不幸な結末が待っているからです。
　当初は「ネコたちは生き方を変える」という子どもがほとんどで反対するのは 5 名くらいしかなかったのですが，話し合いを進めてみると，意外に誰も反論できず「不幸な結末が待っている派」が議論に勝ちました。

(6) 「もう一つのラストシーン」
　予想をしただけでは面白くない，なによりも憶測ばかりのいいっぱなしになる可能性が高

い。そう思いながら子どもたちのポートフォリオを読み返し次の展開を考えていた時、ふと目にとまるものがありました。それは、「そこまでとべたら」という小説の授業の発展として以前やった「ラストシーン」を書いた原稿用紙です。この活動は、物語の構造をつかませるためにやったのですが、「変化をはっきりと表現する」「本文中の要素をつかう」という作品の評価規準も作ってありました。

　ラストシーンを書くためには、何よりもう一度本文を読み返さなければいけません。この活動をしてみることにしました。

［資料３］　中村君の「ラストシーン」（学習物⑤）

［資料４］　中村君の他の子の作品への書き込み

　「おいのり」の「息子」や「ダイジロウ」「ミエコ」はこの後どうなるかを考えて、ラストシーンを書いてください。
　前回のラストシーンで良かった点を思い出して書きましょう。

　「ユウゾウさんは死にました。」次の日の朝早く、暗い声でヨシロウが言いました。
　「あんなに元気だったのに……。」
　みんなが首をたれてがっかりしているとダイジロウはあることに気づきました。
　「息子は帰ってくるのだろうか。」
　するとヨシロウが言いました。
　「息子は帰ってきません。魚屋はつぶれてしまうそうです。」
　「そんな……。ネコ食堂はどうなるの。私たちはどうするの。」
　ミエコがさけびました。ダイジロウは言いました。
　「ぼくたちは今までユウゾウさんに頼りすぎていたんだ、これから自分たちで生きていこうよ。」
（以下略）

「さぁ。いこう。ネコ食堂へ。」ダイジロウ達は、草の中を走っていきます。細い静かな路地のお店から少し離れた所に小さくコンクリートが打ってあります。もう砂や土がかぶさっていてよごれています。小さな手で少し砂をはらおうとけむい、たちダイジロウ達のまわりをくるっとまわりました。

表現の工夫
長い時間が経っている

中村君はあとで「もう少し表現を工夫すればよかった。例えば息子は帰ってこないというところをはっきりいわないで会話で表現すればよかった」とコメントしています。これは，資料4のような他の子の作品を念頭に置いています。

中村君は波線を引いたところに「表現の工夫　長い時間が経っている」とメモしています。「事前アンケート」での自分の読みを大切にもちながら，それをどのように表現するか意識しているといってよさそうです。彼にとっての「ラストシーン」を書かせる活動の意義は，資料5の文章からもわかります。

［資料5］　中村君の振り返りの作文（学習物⑥）

＜途中から＞

　ラストシーンのところでは文章の表現，例えばおおいぬの星とかを使えたところや，ねこの気持ちになったりもできました。

　選ばれた人の作品を見ているとみんないろいろ工夫していました。東出君のはとっても感動するという感じで，文章での表現（雨なのに涙とかダイジロウの目にあたたかいものが流れました）がとてもうまいです。（中略）

　自分のを見返してみると物語にはなっているけれど，なんだかつまらない感じです。先生が選んだ作品の人のように文章の表現やたとえなんかをいっぱいつかい，見る人が面白いというような物語にしたいです。

　この物語はいろいろ未知のことを考えさせてくれるのでとってもいい物語です。この物語を題材としてみんなの一人ひとり違う意見が聞けてよかったです。

4　国語科におけるポートフォリオの利用

中村君は，国語が得意ではありません。しかし，非常に真面目に学習に取り組む子で活動をしながら，その目的をきちんとつかんでいます。教師は，このような子どものポートフォリオを見ることで，学習展開そのものの評価ができます。このような子どもが理解し表現できないような課題には無理があると考えていいでしょう。

国語科では，探究それ自体と同時にそこでの表現活動が重要です。その意味で，今回のように，ある題材の表現活動と別の題材の表現活動とをつなぐことも大切だと思います。それを進めていく上で，ポートフォリオは大きな力を発揮してくれそうです。

今後，2学期のこのクラスでは，評価規準をもとに評価基準表が作れるような展開を工夫していきたいと考えています。さらに国語教育政策研究所の評価規準も参考にしながら，評定の問題も考えていきたいです。

（高間春彦）

6 単元統合した理科ポートフォリオの実践

1 単元統合に至った経過

(1) 教室を本物の思考の場に

　平成7年度から6年間にわたって学びのネットワーク化（共同的アプローチ）を目指し，「ワードマップ」や「反証実験」を取り入れた学習展開を構想し実践してきました。そこで常に重視してきた点は，「いかに教室を共同的な思考の場にできるか？」ということでした。そのために，いろいろな単元から学習素材を取り上げて実践してきました。

　そして，これらの学習素材はそれなりに子どもたちを探究の場に導き，教室全体を思考の場にすることができたと思います。そこで，改めてそれらの素材を共同的アプローチという観点で分析してみると，何かしらの共通する条件が存在しているように思います。教室を本当の意味で思考の場にすることができる学習素材の条件を明らかにすることは，これからの理科教育に限らず教科教育全般において意味あることではないかと考えました。

　教室内がより質の高い思考の場（思考の深まり・討論の活性化）になるためにはいくつかの条件が必要になると思います。もちろん学習活動本来の条件以外にも，教室環境や生徒たちの学習態度など生徒指導上の問題等が存在していることも事実です。学級崩壊や校内暴力が生じている現在の教育現場は，社会や青少年の状況を鑑みると今後ますます悪くなる要素を孕んでいます。それら多くの問題を解決する手がかりとして，やはり教室内での学習のあり方を再考することは大いに意味のあることでしょう。

(2) こんな教室をコーディネートしよう

　理科の場合も，子どもたちの認識というのは，既習事項が正しく概念形成されて，その概念が他の内容でも応用できるようになっていれば本物でしょう。しかし，誤った情報や何となくといった感覚的なもの，あるいは既習事項を正しく認識せず誤った概念を形成していることはよくあることです。このような誤概念をもつ子どもと正概念（方向性として正しい考え方）をもつ子どもの混在する教室，あるいは，思考の自由度が高く，多くの観点で意見表出が起こる教室こそ共同的に学びを発展させる格好の場ではないでしょうか。そのような子どもたちがお互いの認識や思考を取り入れたり，反論したりしながら思考・イメージを練り上げていく活動こそが学びの本来の姿ではないでしょうか。そして，彼らの認識の変容を追いながら，私たち教師が学びの場のあり方や進行方向をコーディネートしていくことが大切になると思います。

　このような観点から教室を見てみると，私の勤める福井大学附属中学校では，理科に限らず他教科でも同様の学習素材を準備し，実践している研究同人もいます。教科は違っても彼

らの取り上げた学習素材を分析してみることには大きな意味があると思います。多くの教科にわたってそれらの学習素材が設定された意味を理解し，分析を加えることによって，教師（私自身）の「学びのネットワーク」を広げることになるでしょう。

(3) 学習素材選びはもっとも大切では

平成7年度から平成12年度までの本校教官（各教科）の研究に関わる学習素材を調べてみました。その中で私が目指している素材条件に合致するであろうと思われる学習素材を以下に挙げ，さらに，それぞれがもつ素材の特徴を次の6つに分類してみました。

① 興味関心をもちやすい素材
② 自分たちの（生徒たちの）学校生活や日常生活に密着した素材
③ 未知なる不思議な素材
④ 意見対立の起こりやすい素材
⑤ 発想の自由度の高い素材
⑥ 疑問「なぜ」を抱きやすい素材

教　科	学　習　素　材　（課　題）	分　類
国　語	●なぜ妻は，浦島に玉手箱を渡したの？	①⑤
	●キャッチコピーとコマーシャル	①②⑤
	●おとぎ話の謎を探ろう	①⑤⑥
社　会	●江戸後期の人口停滞と欧米での人口増加の比較	①④⑥
	●東アジアにおける聖徳太子の国際戦略	①④⑤⑥
	●聖武天皇の鎮護国家構想の検討	③⑤⑥
	●君は未来の政治家だ	①②⑤⑥
	●武家政権の中で，江戸幕府がもっとも長く続いたのはなぜか	①⑤⑥
	●大江戸からこれからの都市づくりを考えよう	①②⑥
	●古代文明の興亡から，未来文明のあり方を考えよう	①③⑤⑥
数　学	●正方形が語るもの	③⑥
	●私の節電計画	②⑤
理　科	●卵はなぜ割れないの	①⑤
	●使い捨てカイロを化学しよう	①②④⑥
	●えっ！　ガラスって電流を流すの？	①③④⑤⑥
	●砂糖水，どこがもっとも甘いのかな	②④⑤
	●ろうそくは化学変化の宝庫だ	②⑥
	●メッキでどうして色が変わるの	①②③⑤⑥

これらの中で私が設定しようとする学習素材のテーマがもつ条件はかなり絞られているように思います。①⑤⑥の条件のパーセンテージが大きいことは明らかです。少なくとも，これらの条件を多く満たすような学習素材の選択，あるいは発掘をして，提示することが教室を「思考の場」にする事が可能になるのではないかと思います。

(4) 教室を思考の場にできる素材の条件とは

　今まで私は学習素材の選択に注意を払ってきました。標準的な教科書記載の実験観察はもとより，「科学遊び」感覚の実験や多少高度なレベルのものまで扱ってきましたが，そのような学習素材は，生徒たちにとっては広がりの少ない割合底の浅い探究になりがちであることに気づきました。本校社会科の実践を見ると，社会科での探究は，分野を問わず，生徒たちのレベルで物事を思考し，意見交換し，結論をオープンエンド的にまとめることが可能なように思います。歴史的事象の原因追求など，結論は生徒たちの割合自由な発想で展開していってもおもしろいように思います。

　では，理科ではどうかというと，生徒たちが自由な発想の元に創造，仮説立てすることは可能です。そして，そこから展開することも常套手段でしょう。また，科学的，自然現象は生徒たちにとって不思議なことが多く，興味関心は尽きないでしょう。しかし，探究を深めていけばいくほど，内容的レベルが急激に高まりを見せます。中学生段階で理解可能な内容をはるかに超越してしまわなければ結論に達しないということが多々あります。結局，生徒にとってはいつまでたってもブラックボックスのままで，思考の場の出口がなくなってしまいかねません。つまり，学習の結末をクローズさせなければ，出口の前で疑問をふくらませたまま探究を終了せねばならないことになります。したがって，思考の場でのはい回りに注意しながら学習素材を見つけ出す必要があります。そのような意味で必要な条件は，先に述べた①から⑥が考えられます。

　これらの中で「①興味関心をもちやすい素材」「⑤発想の自由度の高い素材」「⑥疑問『なぜ』を抱きやすい素材」などは，かなり重要な条件となるように思います。そして，以前からいわれているような"概念砕き"ができる素材であれば申し分ないでしょう。それらの素材は，教科書に限らず多くの文献や情報の中から探し出す必要があるでしょう。

　生徒たちの探究心を刺激するに足る興味関心を引き，固定観念にとらわれずに自由な発想を保証し，単純な「なぜ？」という探究の場に誘うことができる素材こそ，思考・イメージを練り上げ，共同的アプローチできる条件を満たしているといえます。

　このような点からいえば，平成8年度実践の「使い捨てカイロを化学しよう」はかなり必要条件を満たした学習素材といえるのではないかと思います（参照：福井大学附属中学校研究紀要『意欲を育て，可能性を開く学習活動の展開』第26号，1997年，90-97頁）。

　その実践展開を大まかに述べると，次のようになります。

Ⅰ．身近にあって，生徒がよく使っている使い捨てカイロの発熱原因を探るというテーマ

で，カイロの発熱原因の仮説を立てる。ワードマップを描く。摩擦による発熱と考えていた生徒が8割近くいる。

Ⅱ．各グループの仮説に対する検証実験をいろいろ設定・実施する。その後，各グループの検討会での発表を経て，ワードマップを描くと摩擦による熱発生説が数％と減少していた。

Ⅲ．最終的には，鉄粉が酸素を使って酸化したための発熱と捉えることができるようになった。

この時の生徒の思考の変容を図示すると，次のようになります。

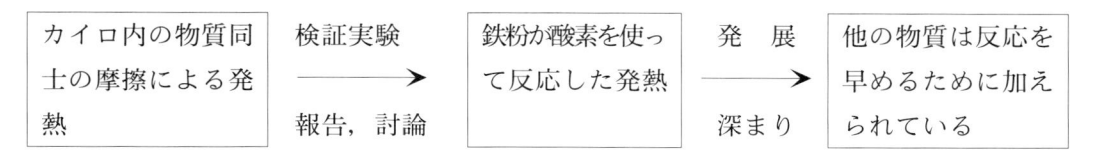

| カイロ内の物質同士の摩擦による発熱 | 検証実験
――――→
報告，討論 | 鉄粉が酸素を使って反応した発熱 | 発　展
――――→
深まり | 他の物質は反応を早めるために加えられている |

"概念砕き"のできた素材は，「えー？　○○じゃないの？」という探究の入り口に生徒たちを誘うにもってこいです。また，自分たちで検証実験を設定し実施できることで探究の必然性が得られ，意欲をもって取り組めたはずです。検討会においては，探究の思考，イメージの練り合いが行われ，学級全体で一つの結論，探究の出口へ到達できたようです。

(5) 理科の学習展開にもっとストーリー性を

上述の条件を満たした学習素材のもと，探究が展開されれば，それなりに効果は得られるでしょう。しかし，理科の学習にはもっとストーリー性がほしいように思います。年間の学習が，脈絡のない羅列された単元の追体験に終始するように思えて仕方がありません。このことは理科学習に限らず，他教科との関連においても必要ではないでしょうか。

科学の探究は，クローズドエンドが多いため，いくつかのクローズドエンドを経て，探究が展開するストーリー性が必要になります。その意味で，平成11年度実践の「ろうそくは化学変化の宝庫だ」（化学変化と原子・分子）では，ストーリー性をかなり意識して学習素材を用意したつもりです。ファラデーの『ロウソクの科学』による展開は，本当に素晴らしく，ろうそくという身近な素材から探究が広がりを見せていきます。ろうそくの燃焼という一つの現象を足がかりに，化学変化の世界という探究の場に生徒たちを引きずり込むには面白く，ストーリーのある学習素材です。実際の授業展開では，他の単元内容との重複が見られ，ストーリー性をもって実施することができませんでしたが，1年生当初から計画的に理科学習を行っていけば可能ではないかと思います。このようにストーリー性のある主題の展開を，仕組んでいくことが必要と考え，実践に移しました。

2 実践「砂はどのようにして形成されるのか」

(1) 主題が含む単元について

本主題「砂はどのようにして形成されるのか」は，2分野大単元「大地の変化と地球」の中の活動する大地（火山，岩石），けずられる大地と1分野大単元「身のまわりの科学」の熱と物質の世界を統合したものです。

この主題のもとに単元を統合する理由は，第一に，大地を形成する岩石や土の元は，地球内部で液体状態で存在するマグマ（マグマ様のもの）であり，それが凝固することで作られる，第二に，火成岩組織の違いは，鉱物（物質）の融点等の差による，第三に，物質には色や性質に違いがあることを火成岩の色や，火山灰中の鉱物の違いにより，実感しやすい，第四に，風化や流水の働きをイメージしやすい，ということです。

(2) 展開について

教師：ここに福井県内の各海岸で採集された砂のサンプル（資料1）があります。これらのサンプルを見て，何か気づいたことはありませんか。

生徒：砂の粒の大きさが違います。

生徒：砂の色が白っぽいところと黒っぽいところがあります。

教師：砂といっても，みんな同じではありませんね。さて，では砂はいったいどのようにできるのでしょうか。思ったこと考えたことをワークシートに書いてみてください。

ここから「砂はどのようにして形成されるのか」の内容へと展開していきますが，ここで書き始めるワークシートが最初の学習物1『砂はどこから？ ①』（資料2）になります。

［資料1］ 福井県の各砂浜の砂
（Y子さん，平成9年自由研究）

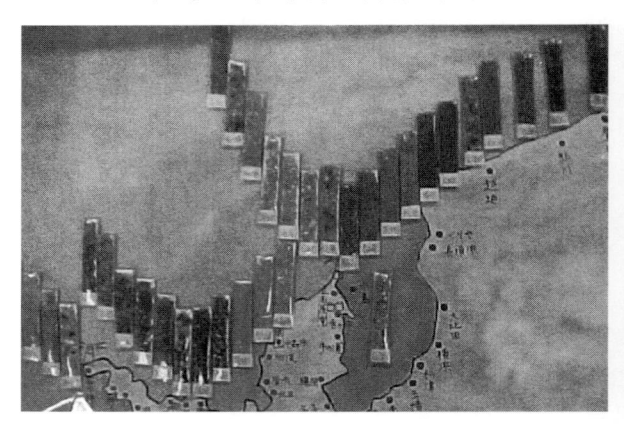

［資料2］ K君の学習物1

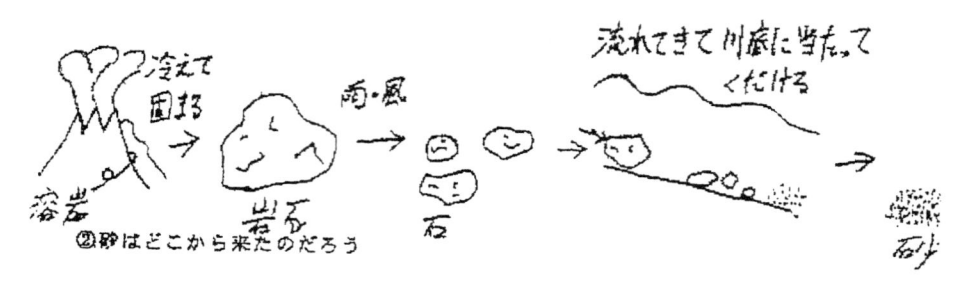

第 6 章　中学校におけるポートフォリオ実践

そして，生徒の書き上げた学習物 1 をもとに仮説の意見交換をしながら，次のようにして今後の展開の方向付けを行っていきました。

　　生徒：地球の地面が削られて，石が砂になるんでしょう。
　　教師：どのようにして削られるの？
　　生徒：それは，川の中で石と石や底がぶつかってできるんです。だから河原の石は丸いんです。
　　教師：では，その「石」は何からできてるの？
　　生徒：火山です。火山から出てきたマグマが石になります。
　　生徒：それはマグマじゃなくて溶岩じゃないですか。
　　生徒：私は，海の貝殻の粉が砂だと思います。
　　生徒：僕は，宇宙から来た隕石だと聞いたことがあります。
　　教師：いろいろな意見がありますね。それでは最も多くの説があった火山について勉強していきましょう。

　さて，この学級全体の仮説の傾向をまとめたものが図 1 です。

　このような仮説立ての傾向はあらかじめ予想されたことで，火山説へと傾倒していくことを見越して，1 分野「熱と物質の世界」との単元統合を仕組んだのです。本実践を始め，計画段階にある多くの主題も，同様に生徒の認識構造や思考パターンを予め予想し単元統合したものであって，表 1 のような流れで単元展開を構想しました。液体状態のマグマが温度低下により固体に状態変化し，結晶していくことの関連づけをねらいました。

　その後，火山噴出物の観察や火山灰の観察・スケッチの学習を経て，統合した 1 分野「熱と物質の世界」に進み，次のようなやり取りがなされました。

［図 1］　クラス全体の仮説の傾向

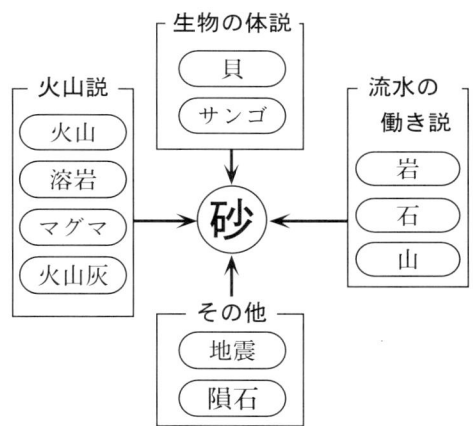

火山説：火山／溶岩／マグマ／火山灰
生物の体説：貝／サンゴ
流水の働き説：岩／石／山
その他：地震／隕石
→ 砂

　　教師：火山灰を観察して見られた石英や長石，角閃石，カンラン石，磁鉄鉱などの鉱物の元は何だったでしょうか？
　　生徒：マグマです。
　　教師：マグマはドロドロした液体のようです。マグマのような液体が固まるとは，いったいどんなことなんでしょうか。ここからは，液体とか固体といった物質の性質について勉強していきましょう。

　ここから 1 分野「熱と物質の世界」の学習に入ることになります。しかし，この単元の学

[表1] 砂はどのようにして形成されるのか？

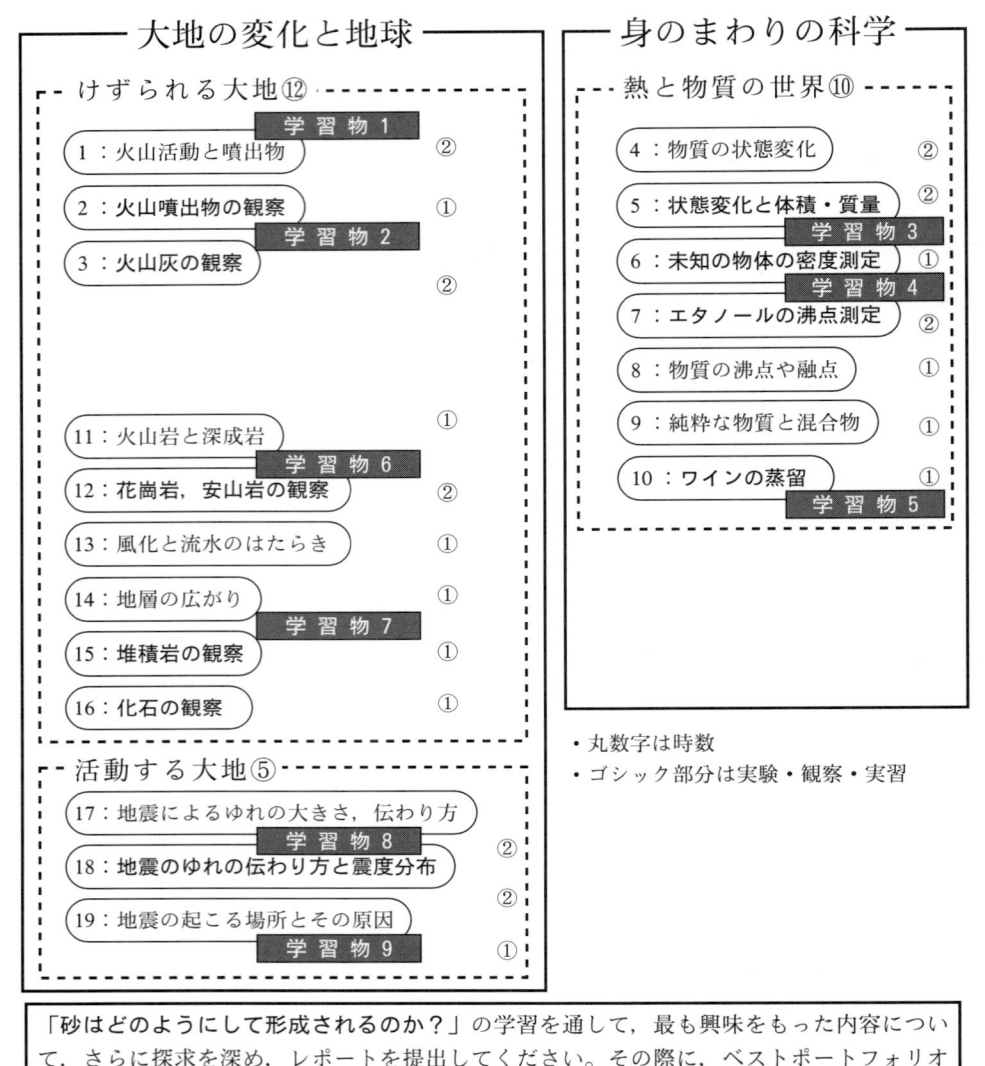

大地の変化と地球

けずられる大地⑫
- 1：火山活動と噴出物　【学習物1】②
- 2：火山噴出物の観察　①
- 3：火山灰の観察　【学習物2】②
- 11：火山岩と深成岩　①
- 12：花崗岩，安山岩の観察　【学習物6】②
- 13：風化と流水のはたらき　①
- 14：地層の広がり　①
- 15：堆積岩の観察　【学習物7】①
- 16：化石の観察　①

活動する大地⑤
- 17：地震によるゆれの大きさ，伝わり方　【学習物8】②
- 18：地震のゆれの伝わり方と震度分布　②
- 19：地震の起こる場所とその原因　【学習物9】①

身のまわりの科学

熱と物質の世界⑩
- 4：物質の状態変化　②
- 5：状態変化と体積・質量　②
- 6：未知の物体の密度測定　【学習物3】①
- 7：エタノールの沸点測定　【学習物4】②
- 8：物質の沸点や融点　①
- 9：純粋な物質と混合物　①
- 10：ワインの蒸留　【学習物5】①

- 丸数字は時数
- ゴシック部分は実験・観察・実習

「砂はどのようにして形成されるのか？」の学習を通して，最も興味をもった内容について，さらに探求を深め，レポートを提出してください。その際に，ベストポートフォリオとして授業で作成したものを含めて提出すること。　【学習物10】②

習はポートフォリオを使うこと以外はほとんど通常の授業展開であるため割愛します。

「ワインの蒸留」の実験後に，学習物5『物質の性質（沸点や融点），分離などは，火山の噴火や火山噴出物とどう関連するか？』（資料3）の作成に入ります。

この学習物を作成した意図は，第1分野の「熱と物質の世界」の単元を，第2分野の単元の中に単元統合をしたことの意味付けをよりはっきり生徒たちに認識させるためです。マグマという混合物が状態変化することでいろいろな火山噴出物や火山岩，深成岩となっていくこと，さらには，物質の性質の違いが鉱物の形や色の違いとなって現れてくることが実感しやすいと思われるからです。つまり，前時までの学習が，たとえ内容が変わっても今の学習

第6章　中学校におけるポートフォリオ実践

［資料3］　K君の学習物5 『物質の性質（沸点や融点），分離などは，火山の噴火や火山噴出物とどう関連するか？』

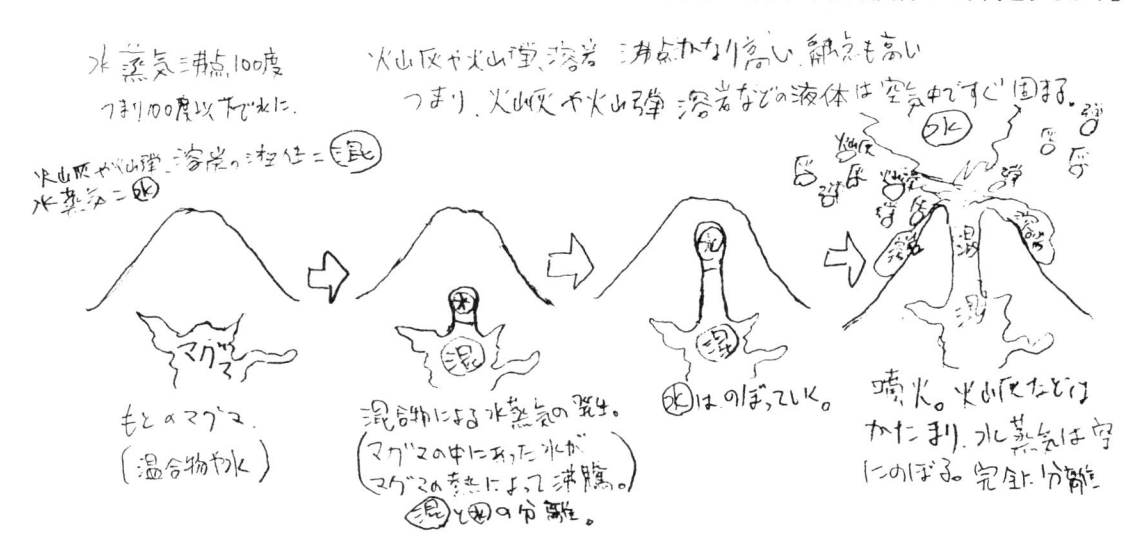

に関連性があれば何ら問題なく，それどころかかえって概念形成の手助けや意味付けがはっきりするのではないかと考えます。このことは，K君の学習物5（資料3）を見ても明らかでしょう。マグマから火成岩を含め多くのマグマを要因とする噴出物の成因に物質の性質が関連していることが指摘されています。ここで，表2にこの単元の学習に当たって作成した学習物の一覧を挙げておきます。

　これらの学習物の利用法は色々考えられます。例えば，学習物2『火山灰の観察』です。この内容は，国立教育政策研究所による中学校理科評価規準では，観察・実験の技能・表現に該当する「双眼実体顕微鏡などを使い，火山の噴出物の観察を行い，整理し記録することができる」の項目に当たります。観察・スケッチの後，グループ内で相互評価を行いました。Sさんの例を次に挙げておきます。

　また，自分自身の学びを振り返るために，学習物2（資料4）と学習物6『火成岩の観察』（資料5）を比較しました。観察の仕方や着眼点の置き方，スケッチの仕方などにおいて上手になったところや不十分な点を自己評価することで，学びの積み上げが確認できることをねらいました。W君の学習物6を例に挙げておきます。

［表2］　学習物の紹介

No	内　　容
1	砂は何からできたのだろう
2	火山灰の観察
3	密度を使って物質を調べよう
4	エタノールの沸点の測定
5	物質の性質（沸点や融点），分離などは，火山の噴火や火山噴出物とどう関連するか？
6	火成岩の観察
7	堆積岩の観察
8	地震のゆれの伝わり方
9	砂は何からできたのだろう
10	ベスト・ワーク・ポートフォリオ

[資料4] 相互評価の例（Sさんの学習物2『火山灰の観察』）

スケッチ			
特徴	全体的に黒いが、ところどころ白い物がある。	黒くて長細い。	白い物でいろいろな形がある。
含有率	30％	18％	50％

[資料5] 学びの振り返りの例（W君の学習物6『火成岩の観察』）

	名前　安山岩	名前　花こう岩
スケッチ	→細かい粒 黒い柱 うす黄の粒	たたみのようにある白いもの 黒い粒
特徴	黒くて細長い粒が一部に集中している。そして、その周辺をうす黄（外観は白っぽい）の大きい粒がとりまいている。よく見ると細かい粒が多数ある。	黒くて、でかい粒がところどころにある。その周辺を、うすい色の白い鉱物が、たたみのようにしきつめられている。全体的にうすい灰色。

●気づいたこと
・くわしくスケッチできるようになった
・スケッチ内に、コメントが付けられた

第6章 中学校におけるポートフォリオ実践

このように，以前に自分が創り上げた学習物と後で創ったものとを比べることで，自らが学びの内容を吟味することになります。

生徒自身が何らかの変容を捉え，自分の学びに評価を与えることでよりいっそう学ぶ意欲を高めることになります。さらに，他（教師）から与えられた学びから，自分が見つけ出した学び（必然性のある学び）へと，学びの質の向上（高次思考）にもつながるのではないかと思います。

この後，地震に関する学習を行いました。生徒たちの関心は，やはり大陸移動（プレートテクトニクス）に関することでした。ヒマラヤ山脈のエベレスト付近から貝の化石が発見されたことやインドの大陸がユーラシア大陸にぶつかったことから，ヒマラヤ山脈がどのようにして形成されたかを，多くの生徒が考え推測することができました。

単元統合した一連の学習を終えた段階で，「多くの海岸線に見られる砂浜の砂は，いったいどのようにしてつくられ，現在のような砂浜になったのだろうか。（今まで学んだ，火山や地層，地震，物質の性質などを考えに入れてまとめなさい。）まず，ワード（単語）を使って，自分の考えを羅列しなさい（ワードマップの作成）」という課題を与えて，学習物9（資料6）を作成させました。今回は，Sさんのように，以前から利用しているワードマップの形式をとらせました。

［資料6］ ワードマップを利用したSさんの学習物9

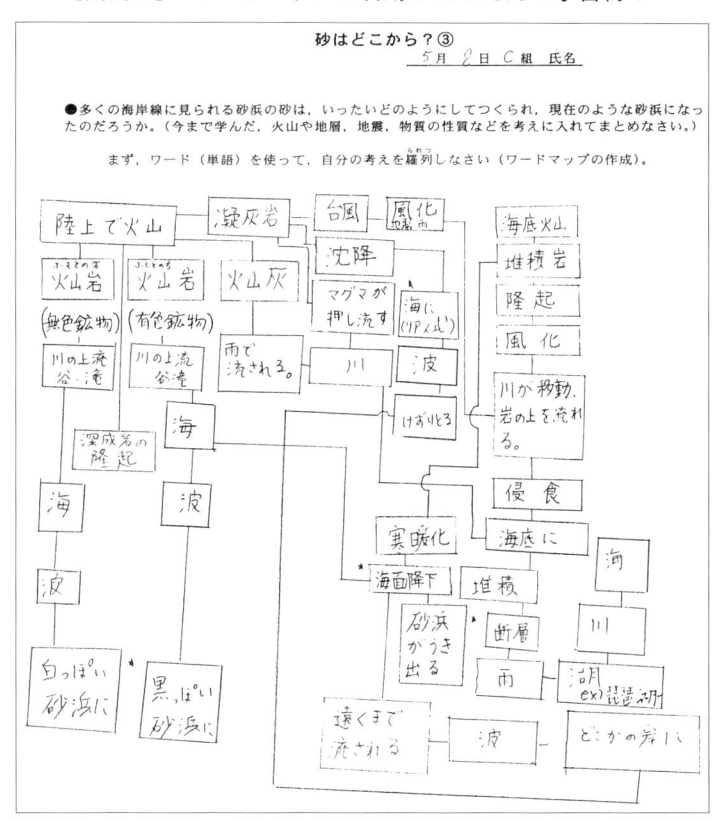

Sさんの学習物を今回の授業設計の点から分析すると次の3点を指摘することができます。

① 砂の成因を追うことで，マグマ，火山や火成岩，鉱物の成分，堆積岩，風化，侵食などの地学的事物・現象については，概念獲得できているようです。

② 地震や化石といった単語が見当たらず，直接，砂の形成に関与していないと判断したようです。

③ 統合した単元（第1分野）の『熱と物質の世界』の内容には触れられていず，Sさんにとってあまり意味のある統合ではなかったようです。

最後に，全単元を通してもっとも興味関心をもった内容に関して，発展的に探究したレポートを課題としました。例えば，ステゴザウルスの背のトゲは，放熱のためにあったのではないかといった，おもしろい内容のレポートもありました。

3　まとめ

　今回初めて単元の枠を取り払って，主題のもと，単元統合された一連の学習展開を試みました。また，多くの学習物をポートフォリオとして「自己評価」や「相互評価」に利用しました。

　単元統合に関しては，構想を始めたばかりで，内容の吟味をさらにしていく必要があると思います。

　ポートフォリオは，ワードマップタイプでは，各人の認識構造の学びの表現方法として，観察・実験タイプでは，観察結果の整理や記録，発表の素材として有効利用できることがわかりました。生徒にとってはやや面白味に欠ける学習素材かもしれませんでしたが，今後3年間のスパンで，単元統合しながら学びの関連性を重視し，本物の学びを目指した学習を構築していきたいと思います。

（大谷祐司）

7 美術ポートフォリオで創ってつなげる

1 自分の作品を集める

　昨年度，ハーバード・プロジェクト・ゼロの実践やポートフォリオについて知る機会を得ました。題材が終わり作品ができあがると同時に子どもたちの意識の中で「これはこれでおしまい」と考えることが多いように感じていたこともあって，早速，福井大学の池内慈朗先生のご協力を得てポートフォリオを試すことにしたのです。題材ごとに他者の作品と比べてしまうことが多く，子どもも教師も作品を相対的に評価してしまう危険性が大きい現状を変えられるのではと期待した面もありました。

　本来，美術ではアイデアスケッチや下描きなどの発想の過程がクロッキー帳に残っていたり，スケッチブックに作品がたまっていったりして，自分の学習の振り返りが自然にできるようになっていました。だから美術科においては，ポートフォリオ自体は，今までも無意識に活用されてきた学びといえます。

　しかし最近，題材も多様化し，すべてがスケッチブックに入りきらなくなってきました。また掲示を活用して鑑賞環境を整えていくことで作品をスケッチブックから切り離していくことも多くなり，個人の作品がバラバラに保管されることも多いように思います。子どもたちは，題材ごとに横並びで掲示されているものを見る機会は多くありますが，自分の美術作品の時間的な流れを一度に見ることはあまりないのです。今回は自分の作品を一つの入れ物に入れて保存する方法にしました。美術では，元々"紙ばさみ"のことをポートフォリオと呼んでいたそうで，子どもたちに対してもそのように話して用意しました。

［資料１］　美術科ポートフォリオ

2 「15歳の自分探し〜自画像〜3年生」の実践

　自画像は，美術だからこそできる自分探しの時間です。中学生では思春期特有の照れくささや気恥ずかしさが先立ち，自分をまともに見つめることに大きな抵抗を示す傾向が見られます。しかし，目をそむけずに自分に真剣に向き合い自己理解を深めることは，中学生くらいの精神的発達を遂げた年頃には必要なことと思います。

今回は，写実的な傾向の作品ばかりでなく，表現主義的な作品や抽象化傾向の強い作品，ポップアート的な作品やシュールレアリスムの作品など多様な表現様式の作例を見ることで，子どもの多様な感じ方やとらえ方を引き出すことから始め，かたちや輪郭線が似せて描けないといった悩みが問題ではないことを演習を通して感じさせたいと思いました。というのは，2年次の木炭で自分を描いた時，単に「そっくり」に描けているかどうか，といったことのみに子どもの興味が片寄りがちになる傾向があったためです。それら学習物や過去の自分の作品を見ながら構想を練り，描きたい自分を効果的な表現方法を選択しながら制作していければと考えました。できあがった作品は評価基準表を使って鑑賞し合うなど鑑賞と表現活動を相互に取り入れつつ，関連をもたせ学習効果を上げていく展開を試みました。

［資料2］　授業の展開

	学習内容	学習の流れと生徒の活動
1	さまざまな人物表現を鑑賞する。 **みること** 評価規準を考える。	作者はどんな性格の人なの？　どの絵が好き？ ○作品をもとに作者の内面と造形との結びつきについて理解を深め，自画像で大切なことをまとめ，評価規準を考え，評価基準表を作る。
2	さまざまな表現手段 **つくること**	○○ふうアレンジに挑戦。いろんな描き方を体験しよう。 ○ゴッホふう，ピカソふうなどの簡単な演習を通して輪郭線または色のタッチなどの造形的要素と内面の出し方の関連性に気付く。
3	自分や友達の性格などについて考える。	自分ってどんな人？　友達はどんな性格？ ○私の四面鏡・ワードマップづくりなどのエクササイズを通して自己を理解し，他者についても考え，自分に関するキーワードを見つける。
4	自画像の構想を練る。	さあどんな自画像を描くつもり？　学習物から考えよう。 ○今までの作品や学習物を使って自分の造形活動を振り返り，そこから気付くことを大切に仲間とともに検討する。
5 6 7	自画像を制作する。 **つくること**	15歳の自分を描こう。自分流の自画像追究 ○描きたい自分を大切にしながら，アイデアスケッチを参考に制作していく。
8	作品を鑑賞しあう。 **みること**	評価表を使って作品を見てみよう。作者の個性はどこに出ているかな？ ○自分の作品を評価表によって振り返る。また友達の作品についても評価表をもとにその人らしさを具体的に感じ合う。

第6章　中学校におけるポートフォリオ実践

3　子どもと一緒に評価基準表を創る

　作品を見る場において，自画像で大切だと思われる内容，造形的な特徴などを話し合い，自分たちで評価規準を作成します。評価項目を考えることで多様な視点をもって制作をすることとなり，「どういった自画像をめざせばよいのか」といった，より具体的に描きたい自分，描くべき自分が見えてくると考えました。またできあがった作品を評価基準表を使って振り返ることでより多角的かつ具体的な振り返りができ，同じ観点で仲間の作品を客観的に見ることができます。そして自分や仲間の個性がよりはっきり見えてくると考えました。

　作品を見ながら作者の内面と造形との結びつきについて考え，自画像で大切だと思われることを洗い出しまとめ，子どもと一緒に評価規準を考えました。

　まず，15歳のピカソの写真を見せて，「これはある画家があなた達と同じ15歳の時の写真です。誰だと思いますか？」と問い掛けた後，ピカソであることを述べ，ピカソの16歳から26歳の自画像，晩年の人物画における変化を追いました。子どもたちは「その時々の気持ちで全然絵が変わるんだと思った」「その時のエピソードを聞くと，なるほどと思った」というような感想を述べます。

　次に，ムンクの自画像を見せて，「この人はどんな人に見える？　性格とかどんなんだろうね」と問い掛けると，「神経質そうに見える」とか「暗い性格」という答え。「なぜそう思ったの？」とたずねると，「目つきや顔の色が白いし，バックが暗い」といいます。そこで，「この人はね，この絵を描いた人です」と，ムンクの「叫び」を見せます。子どもは「ああー，なるほど納得」といった感じでした。続いてエゴンシーレ，クレー，ゴッホなどその自画像と作品，その後，他校の子どもの作品と順に見ていきました。

　絵の見方は，子どもによって異なります。最初に注目する場所（エントリー・ポイント）が違うことを利用していろんな視点を出して評価項目を作ります。まずは好きな理由を考えることから「自分がひかれる作品はどれかな？　理由も考えてみて」とたずねると，「髪を掻き上げた作品が好きです。表情がいいし，私的に細い線で描かれているところが好き」とか「派手な感じの色がいい。こんな色使いもあるんだと思った」といいます。そして，「みんなの意見を参考に自画像で大切なものを考えてみようか」と促すと，次のような言葉があがりました。

　○その時の自分をありのままに描くこと。
　○自分の心を出す。
　○表情を工夫する。
　○気持ちを背景に出す。
　○自分のイメージを出す。
　○色の工夫をする。
　○自分らしさ（個性）を出す。

[資料３] 自画像の評価基準表

15歳の自分探し　〜自画像〜　　　　評価基準表　H13
　　　　　　　　　　　　　　　　　　　　年　　組　氏名

項目	十分満足できる ○○	まあまあ満足できる ○×	あまり満足できない ×○	かなり努力が必要 ××
色彩	独自の色を作るなど色の工夫が見られ表現意図がよく伝わってくる。	色の幅はあまりないが、表現意図が伝わってくる。	色の工夫はしているが、表現意図があまり伝わってこない。	気持ちはわかるが色の工夫が見られず、表現意図が伝わってこない。
構図	ポーズや画面の配置を工夫し、意図がよくわかる。	ポーズや画面の配置の工夫はあまり見られないが、意図が伝わってくる。	ポーズや画面の配置の工夫は見られるが、意図があまり伝わってこない。	ポーズや画面の配置の工夫も見られず、意図も伝わってこない。
内面性	性格や気持ちなど自分の内面についてよく考えて描いていることが伝わってくる	性格や気持ちなど自分の内面について考えて描いていることはまあわかる。	性格や気持ちなど表そうとしているが、あまり伝わってこない。	性格や気持ちなどがどこかちぐはぐで伝わってこない。
背景	内面とのつながりが感じられ、バランスも考えて効果的に工夫している。	内面とのつながりは感じられるが、背景が目立つなどバランスがいまひとつ。	背景に工夫は見られるが、内面とのつながりがあまり感じられない。	背景にあまり工夫が見られず、内面とのつながりも伝わってこない。
外面特徴	自分の特徴をしっかりとらえ表情などに生かしていて、見た目にも誰とわかる。	表情などに工夫があり、見た目に誰とわかるが、特徴があまりでていない。	特徴をとらえ強調したりしているが、見た目あまり誰とはわかりにくい。	特徴があまり感じられないし、見た目誰とはわかりにくい。
仕上げ	最後までていねいに、全体を見て細かいところまで仕上げてある。	あまりていねいとはいえないが最後まで仕上げている。	ていねいに細かいところまで描いているが最後まで仕上げていない。	あまりていねいとはいえないし、最後まで仕上げていない。
制作意欲	よりよい作品にしようと自分なりに追究しながら、一生懸命取り組んでいた。	時間いっぱいまじめな授業態度で参加していたが、追究活動はいまひとつ。	追究しようとする気持ちはあったが、取り組みがいい加減であった。	無駄口が多く、何の努力もしなかった。

（この評価基準表は３Ｂの意見をもとに作成しました。）

第6章　中学校におけるポートフォリオ実践

それで,「この言葉から班で評価基準表を作ってみよう。まずは評価規準をまとめてください。次にその項目で『十分満足できる○○』の内容を考えてみましょう。余裕があったら全部考えてみて」と指示しました。そして,残り時間いっぱい使ってグループで評価基準表を作り提出してもらいました。

板書をもとに項目はすぐ決まったように,評価規準の抽出は比較的易しいのですが,評価基準表となると時間の問題もあって,最後までやり遂げたグループはまれでした。

規準も基準表も子どもたちの言葉を組み合わせながら,今回のクラスの評価基準表ができあがりました。

できあがった基準表は,もう一度子どもたちに戻して,おかしいと思うところはないかを確かめます。その上で今回の自画像は,この評価基準表でいくことにしました。

4　美術の評価基準表ってこれでいいの？

今回の評価基準表づくりは,本校が"学年プロジェクト"と称する総合的な学習の時間で取り組んだ評価基準表を参考に教科でも使えないかと思って始めました。しかし,いくつかの疑問点が出てきました。一つは4段階評価で「まあまあ満足できる○×」「あまり満足できない×○」との間で判断に迷いがちになっていることです。

以前,他学年で取り組んだ「みんなで遊べるボードゲームをつくろう」では,「いいボードゲームとは？」から考え出し,はっきりとした具体的な規準と内容で評価基準表を作成することができました。そこでは原案の「○×」「×○」の内容について意見交換が行われ内容が入れ変わりました。果たしてどちらを重要視するのか,子どもたちが価値を考えて話し合うことで,評価基準表が子どもたちの中に入っていきました。その評価基準表は,鑑賞会においてもボードゲーム作品を具体的に自己評価・他者評価でき,とても使いやすいものでした。

この感覚で今回の評価基準表づくりに入ったわけですが,「工夫をしている」とか「自分らしさ」「表現の意図が伝わる」など抽象的で感覚的なものが多いため,内容についての意見交換が活発に行われずに,どちらかというと達成目標のような評価基準表になってしまいました。今回のように個人の価値観に大きく左右される絵画彫刻などでは「工夫」とはどういったことなのかをもっと話し合い,単純化・強調・材料の組み合わせなど具体的な言葉になるように内容を考える必要がありそうです。そうすることで子どもが理解しやすく,評価しやすい基準表になると思います。さらに美術科の評価の観点「発想や構想の能力」「創造的な技能」と対応させるには,絵画彫刻ではアイデアスケッチの段階と最終作品の段階で,デザイン工芸ではプラン作成と最終作品の段階で評価基準表を使って自己評価してみると造形的要素の創意工夫の部分が子ども自身にもわかり,教師側にも見えてきます。また仕上げや制作意欲の項目では「美術への関心・意欲・態度」が関連してくるといえます。

[資料4] ボードゲームの鑑賞会ワークシート

みんなで遊べる手作りゲーム盤をつくろう。まとめ

2年 C組　氏名

① ゲーム盤名　アンティーフ｢1王すごろく（見た目）｣

② 評価基準表をもとに自分のボードゲームを自己評価してみよう。
（あてはまるところを○でかこむ。）

その他自分が評価したい項目・内容があれば書いてください。

項目	十分満足できる ○○	まあまあ満足できる ○×	あまり満足できない ×○	かなり努力が必要 ××
内容	ルールがわかりやすく、誰が勝っても楽しめる。	ルールがわかりにくいが、楽しい。おもしろい。	ルールがわかりにくく、あまりおもしろくない。	ルールがわからず、おもしろくない。
実用性	とても丈夫で、コンパクトに収納できて持ち運びが楽にできる。	持ち運ぶ時は大丈夫だが、あまり丈夫ではない。	丈夫さは大丈夫だが、もちはこんだりして持ち運ぶに不便である。	持ち運ぶに時間がかかり、片付けに不便がかかる。
見た目	内容にあった色や絵が成立どの工夫もあって、きれいに仕上げている。	内容にあった色や絵の工夫はされているが、仕上げに不十分さが見える。	内容と色や絵の工夫が合っておらず、きれいに出来ていない。	内容とは関係なく、きれいにできていない。
材料	廃材の特色をよく利用して、生かしてつくっている。	廃材は利用しているが、廃材の利用の仕方に工夫がない。	材料に工夫が見られず、買ったものばかり利用している。しかも何の工夫も見られない。	廃材も利用していない。工夫もしていない。
独創性	完全に内容も、ボードもオリジナルである。	自分でいろいろな準備物を用意し、一生懸命製作している。	今まであった内容を上手く取り入れているが、ボードは今までと同じ。	今までにあったゲームの内容とほとんど同じ。
製作意欲	自分でいろいろな準備物を用意し、一生懸命製作している。	準備物を用意するが、自分でほとんど用意しておらず、製作意欲にかける。	ほとんど準備物を用意せず、制作態度にも加減をもつ。	準備物も用意せず、たち歩いて無駄な行動が多い。
計画性	先を見通して計画書を使って、時間を上手く使って制作している。	計画は真剣に取り組むが、制作を始めるとそれに沿った組み立てがない。	計画書はあるが、それに沿った組み立てができない。	計画も行動も無計画である。

③ できあがった作品や制作全体を振り返って感想を書こう。
（この評価基準表2の意見をもとに作成しました。）

おもしろいことは おもしろくできたと思う。
｢一生懸命に作ろう｣
｢時間を大切にしよう｣

④ 友だちに評価してもらおう。

[評価シート ○○さんへ 氏名]

感想：ゆうつもバッチリだし、見た目も ゲームの内容もすばらしい。コマパーツがないところが評価があがるとすごくよかったですね。

[評価シート ○○さんへ 氏名]

感想：ルールが筆でにすぐに分かるところが面白い。

⑤ みんなにもらったのは 最優秀グループ1位で 賞です。

186

第6章　中学校におけるポートフォリオ実践

5　子ども同士のポートフォリオ検討会の試み

　なかなか描き出せない子どもたちのため，描きたい自分をはっきりさせ，自分像を捉え直す機会をもちました。

　「○○さんらしい自画像ってどんな感じ？」と問い掛け，自分のポートフォリオから過去の学習物（木炭の自画像，友達の絵，輪郭線の演習作品，色のタッチ演習作品，自己理解のワークシート）を取り出して並べ，その人間像についてみんなで考える時間をとりました。まずは，クラス全員で一人の子どものポートフォリオを取り上げ，作品を貼って，教師が本人に質問したり，仲間からアドバイスをもらいます。何人かの子どもを例として取り上げることで，検討会の流れをつかませ，そのやり方を周知させるためです。

　鈴木君の場合：彼は，ユーモアがあって，周りに動ぜず自分の気持ちをいえる子どもで，クラスでも目立つ存在です。しかし，いつもなかなかアイデアが浮かばず，他の話題で時間を過ごしてしまい，制作に入るまでかなりの時間を要します。最後に，あわてて色塗りなどすることが多くありました。

　まず，私と鈴木君との間で，次のようなやり取りをしました。

　　教師：鈴木君は友達のどんなところを大切に描いたのかな？（友達の絵を指して）
　　鈴木：女っぽいところ。
　　教師：そのためにどんな工夫をしたの？
　　鈴木：髪型を似せた。あとポーズも考えた。
　　教師：最初に髪から塗ったのかな。（そう）何で？
　　鈴木：一番感じが出てるから。

［資料5］　鈴木君が描いた友達の絵

［資料6］　鈴木君が描いた木炭画

　そして，子どもたちに鈴木君の絵の特徴についてたずねたところ，「色使いが原色で派手」とか「輪郭線とか太くて強い」という反応です。

　その後，鈴木君が「自分に対してどう思っているか」「皆が鈴木君をどんな人だと思っているか」というキーワードを確認しました。すると，鈴木君は自分のことを「天才」など自信ありげな言葉でまとめ，周りは彼のこと

を「明るい」「おもしろい」「活発な」と特徴づけます。

　そこで、「これらのことから鈴木君はいったいどんな自画像を描くと鈴木君らしい自画像になるか、みんなで考えてアドバイスをあげよう」と投げかけると、「表情を笑顔とかにしてオレンジとか明るい色を使うといいと思います」とか「いつも仕上げが雑な感じなので今回は最後までていねいに塗るといいと思います」という提案が返ってきました。

　これらの意見をもらった鈴木君は、席に戻って、鏡に向かって笑ってみたりなど、使える表情を探し始めました。

　グループに分かれた検討会では順番を決め「何と何だっけ？」といいながら、作品を並べました。検討会にすぐに入ることができたグループは、お互いに気付いたことをいい合ったり、順番に意見をいってすすめます。その場で意見が出ないグループは、作品とワークシートを回しながら自分の意見を記入しています。自分が納得していない作品は、ポートフォリオから出さない子どももいます。その後ワークシートに描きたい自分を表してみたり、評価規準で重要視したいものをはっきりさせながら、描きたい自分をアイデアスケッチしました。

［資料7］　思いを色と線で表す演習作品　　　　　［資料8］　自己理解のワークシート

6 仲間と学び合おうとする美術の授業へ

「みんなのアドバイスにもっと色をたくさん使うといいといわれ，確かに限られた色しか使ってこなかったなあと今までの作品を見て思った。表情とか色とで自分を表せたらいいなあと思って，色彩を大切にしてみた。テーマは笑顔いっぱいの自分で色も今までになく多く工夫して使った。でももう少し背景なんかも工夫すればよかった。」（鈴木君）

「みんなは清楚系だと思っているが自分は元気な感じだと思っているので明るく元気な自分を描きたいと思った。今まで別に気にしていなかったが，背景も内面性を表す大切な要素だと思うので背景で自分の雰囲気のようなものを表したいと思った。」（佐藤さん）

［資料9］　検討会をしている佐藤さん

このように子どもたちは，振り返りの中で評価規準に照らして自己評価を行っています。また仲間からの言葉を自分なりに考えて，制作に活かしたことも伝わってきました。1年や2年の絵画からこのような取り組みを続けていけば，この自己評価が次のつくる過程に活かされるでしょう。

評価基準表づくりやアイデア検討会，グループ内やクラス内の鑑賞会などお互いの作品から学び合ったり，お互いのことを考えて意見をいえることができるような時間の確保は美術の時数削減の現在，とてもむずかしいことです。もっと気楽に，たとえば今回のポートフォリオを使っての振り返りなども表現したい自分，目指したい自画像を探すことができれば良いのです。それは個々の子どもたちの課題です。しかし，時数削減の今だからこそ学校でしかできない美術を考えなければいけない気がします。そのためにはお互いが安心して発言でき，より多くの子どもたちが自分のため，相手のために素直に意見をいえる学習集団づくりが大きな課題です。

7 ポートフォリオを見てもらうこと

作品を今までのように学期末，学年末で持ち帰らずポートフォリオに集めているために，なかなか保護者の方が子どもたちの作品に触れる機会がありません。そこで今年は保護者会の待ち時間を利用して子どもたちの美術作品を見ていただきました。各教室の廊下にそのクラスのポートフォリオを置いておくだけです。「先生，子どもがこんな作品を作っていたとは知りませんでした。これいいですね」と感想を述べて帰られるお母さんもいらっしゃいました。今は美術室に並べて置いてあるだけで，まだ個人の所有物の感があり，誰かが友達の

ポートフォリオを見ようとすると「やめてや。恥ずかしい」といやがる傾向があります。それでも他のクラスの友達，親しい先輩などのポートフォリオは休み時間などに来て見ています。もう少し誰もが見られる，誰にでも見せられるそんな存在のポートフォリオにしていく必要がありそうです。

(石堂和代)

執筆者一覧

安藤　輝次	福井大学教育地域科学部教授	第1章，第2章，第3章，第4章－1
池内　慈朗	福井大学教育地域科学部助教授	第4章－2
斉藤　園子	福井県大野市立森目小学校教諭	第5章－1
礒田　敬二	福井県鯖江市立神明小学校教諭	第5章－2
須甲　英樹	福井県大野市立森目小学校教諭	第5章－3
阪井　和代	福井県大野市立有終南小学校養護教諭	第5章－4
市川　洋子	千葉大学教育学部附属 教育実践総合センター非常勤職員	第5章－5
内藤　義弘	福井県鯖江市立鯖江中学校教諭	第6章－1，2
大橋　　巌	福井大学教育地域科学部附属中学校教諭	第6章－3，4
高間　春彦	福井大学教育地域科学部附属中学校教諭	第6章－5
大谷　祐司	福井大学教育地域科学部附属中学校教諭	第6章－6
石堂　和代	福井大学教育地域科学部附属中学校教諭	第6章－7

※上記の所属は執筆時（2001年11月），本文中の校名は実践時のものです。

〈初出論文〉

○11頁3行目から13頁11行目まで
　「89　知識・理解の評価」高階怜治編『学校経営相談12ヵ月（№4）　教育指導・教育評価』教育開発研究所，2001（平成13）年11月。

○23頁7行目から24頁25行目まで
　「総合的な学びを評価する三つの鍵」『松風』第71号，群馬県総合教育センター，2001（平成13）年9月。

○61頁2行目から62頁6行目まで
　「立証としてのポートフォリオ」『ホップ・ステップ・ジャンプ』第26号，光村図書，2001（平成13）年5月。

編著者紹介

安藤　輝次

　1950年，大阪生まれ。大阪教育大学卒業，大阪市立大学大学院博士課程単位取得退学。現在，福井大学教授，同大学附属中学校長。著書に『同心円的拡大論の成立と批判的展開』（風間書房，1993年），『ポートフォリオで総合的な学習を創る』（図書文化社，2001），共著に『総合学習のためのポートフォリオ評価』（黎明書房，1999年），論文に「アメリカ小学校社会科における統合の共通基盤と検討課題」（カリキュラム研究，創刊号，日本カリキュラム学会，1992年），「アラン・グリフィンの歴史教師教育論」（アメリカ教育学会紀要，第8号，アメリカ教育学会，1997年），「ポートフォリオ評価法によるカリキュラム改革と教師の力量形成（I）」（福井大学教育実践研究，第22号，1998年），「教育実習生用ポートフォリオ」（福井大学自然総合教育センター年報，第4号，2001年）などがある。

評価規準と評価基準表を使った授業実践の方法

2002年3月1日　初版発行
2003年2月10日　6刷発行

編著者　安藤　輝次
発行者　武馬　久仁裕
印　刷　株式会社　一誠社
製　本　協栄製本工業株式会社

発行所　株式会社　黎明書房

〒460-0002 名古屋市中区丸の内3-6-27 EBSビル ☎052-962-3045
　　　　振替・00880-1-59001　　FAX 052-951-9065
〒101-0051 東京連絡所・千代田区神田神保町1-32-2
　　　　南部ビル302号　　☎03-3268-3470

落丁本・乱丁本はお取替します　　　　ISBN 4-654-01699-6
©T.Ando 2002, Printed in Japan